Franz Grothe
Werkverzeichnis

Zusammengestellt von Ludowica von Berswordt

Zweite Auflage
Völlig neu bearbeitet und erweitert von Wolfgang Schäfer

Herausgegeben von der Franz Grothe-Stiftung

Weitere Informationen über den Verlag und sein Programm unter:
www.allitera.de

Bibliographische Information der Deutschen Bibliothek

Die Deutsche Bibliothek verzeichnet diese Publikation
in der Deutschen Nationalbibliographie;
detaillierte bibliographische Daten sind im Internet
über <http://dnb.d-nb.de> abrufbar.

Mai 2008
Allitera Verlag
Ein Verlag der Buch&media GmbH, München
© 2008 Buch&media GmbH, München
Umschlaggestaltung: Kay Fretwurst, Freienbrink
unter Verwendung eines Fotos von Kurt Bethke
Herstellung: Books on Demand GmbH, Norderstedt
Printed in Germany · ISBN 978-3-86520-208-6

Inhalt

Franz Grothe-Stiftung VI
Vorwort zur Neuauflage VII
Maurus Pacher: Auf den Flügeln realer Träume IX
Biographie in Stichworten XXXIX

Franz Grothe Werkverzeichnis

Allgemeine Bemerkungen 3
Abkürzungen 3
Werkverzeichnis 5
Bühnenwerke 85
Melodien-Incipits 89
Filmographie 107
Fernsehproduktionen 147
Diskographie Franz Grothe (CDs) 151
Franz Grothe-Sampler (CDs) 181
Film-DVDs 183

Anhang

Titelregister und Text-Incipits 189
Autorenregister 217
Quellenverzeichnis und Literaturhinweise 220
Verlagsverzeichnis 222

Franz Grothe-Stiftung

Rechtsfähige öffentliche Stiftung des bürgerlichen Rechts
Sitz München

Die Franz Grothe-Stiftung wurde 1958 von Franz Grothe in Bad Wiessee ins Leben gerufen und ist heute Rechtsnachfolgerin seines künstlerischen Gesamtschaffens.

Anschrift	Franz Grothe-Stiftung
	Rosenheimer Straße 11
	81667 München
	Tel.: (089) 48003-00 (über GEMA)
	Fax: (089) 48003-450
	E-Mail: stiftung@franzgrothe-stiftung.de
	Internet: www.franzgrothe-stiftung.de
Vorstand	Dipl.-Oec. Rainer Hilpert
	Prof. Dr. Michael Karbaum
Beirat	Dr. Harald Heker
	Stellvertreter: Gert Wilden
	Prof. Dr. Siegfried Mauser
	Stellvertreter: Dr. Alexander Krause
	Gerd Natschinski
	Stellvertreter: Thomas Bürkholz
	Kurt Seggewiß
	Stellvertreterin: Petra Vorsatz
Ehrenmitglieder des Beirats	Dr. Frank Schubert
	Prof. Dr. h. c. Erich Schulze
	Kurt Graunke †
	Gerda Grothe †
	Dr. Gerhard Korb †
Archiv der Franz Grothe-Stiftung	Alexander Schatte
	Bayreuther Straße 37
	10787 Berlin
	Tel.: (030) 81 29 66 28 (privat)
	E-Mail: archiv@franzgrothe-stiftung.de

Vorwort zur Neuauflage

Der Komponist Franz Grothe (1908–1982) hat ein bemerkenswertes Kapitel deutscher Unterhaltungsmusikgeschichte des 20. Jahrhunderts geschrieben. Seine Melodien, die meisten mit Texten seines kongenialen Vetters Willy Dehmel (1909–1971), wurden von einem großen Publikum angenommen und haben sich unverlierbar in das kollektive Gedächtnis von Musikfreunden im In- und Ausland eingeschrieben. Bedeutende Interpreten und Publikumslieblinge ihrer Zeit haben sie gesungen und populär gemacht: Richard Tauber, Marta Eggerth, Helge Roswaenge, Comedian Harmonists, Johannes Heesters, Elisabeth Schwarzkopf, Erna Berger, Kirsten Heiberg, Marika Rökk, Zarah Leander, Erika Köth, Rudolf Schock, Anneliese Rothenberger, Renate Holm, René Kollo, Ingeborg Hallstein, Vico Torriani, Caterina Valente, Peter Alexander, Hugo Strasser und viele andere mehr. Groß ist die Zahl der Evergreens, doch sind diese nur Teil eines umfassenden Œuvres. Im musikalischen Nachlaß finden sich Noten und Partituren zu etwa 170 Filmen unterschiedlicher Genres, Bühnenwerke, Kammer- und Orchestermusik. Ein Gesamtwerk von beeindruckender Dimension und Vielseitigkeit, das in der vorliegenden erweiterten Neuausgabe des Werkverzeichnisses erfaßt ist.

Franz Grothe vermachte der Nachwelt nicht nur seine bezaubernde Musik. Ein Werk ganz besonderer Art, das in seinem Werkverzeichnis Erwähnung finden muß, ist die Franz Grothe-Stiftung. Sie ist das kulturelle und soziale Vermächtnis des Komponisten. Der Gründungsgedanke und der Stiftungszweck reflektieren die Erinnerung an die schwere Zeit des Anfangs, als der heranwachsende Musiker Grothe nach dem frühen Tod des Vaters für seine Mutter und sich sorgen mußte, ohne daneben die künstlerische Ausbildung zu vernachlässigen. Gegründet 1958 – der Komponist feierte seinen 50. Geburtstag und befand sich auf dem Höhepunkt seiner künstlerischen Erfolge – entfaltet die Franz Grothe-Stiftung seit dem Tod der Witwe Gerda Grothe (1920–1989) als Alleinerbin seines Nachlasses die vom Stifter beabsichtigte soziale und kulturelle Wirkung. In unzähligen Fällen hat die Stiftung besonders begabten und bedürftigen Musikern unbürokratische Hilfe gewährt, Aufführungen und Musikproduktionen gefördert, die andernfalls nicht hätten stattfinden bzw. verwirklicht werden können. Mit besonderer Aufmerksamkeit pflegt sie das Andenken an den Stifter und sein Werk. Franz Grothe zum 100. Geburtstag mit der erweiterten Neuauflage des Verzeichnisses seiner musikalischen Werke zu ehren und die Freunde der Musik von Franz Grothe auf diese Weise zu beschenken, sind Ziel und Absicht der Verantwortlichen in Vorstand und Beirat der Stiftung.

Vorwort

Die vorliegende erweiterte Neuauflage beruht auf der vergriffenen Erstausgabe (zusammengestellt von Ludowica von Berswordt) von 1988. Berücksichtigt wurden neben notwendigen Berichtigungen zahlreiche neue Einträge, die den Überblick über die Fülle eines beeindruckenden Lebenswerkes vervollständigen. Die Neuausgabe enthält zusätzlich ein Incipit-Verzeichnis, das die Identifizierung von Titlen und (ausgewählten) Melodien erleichtert, ferner eine aktuelle CD-Diskographie sowie ein Verzeichnis von Filmveröffentlichungen auf DVD. Maurus Pacher überarbeitete seinen lesenswerten Grothe-Essay »Mister Evergreen vom Tegernsee« unter dem Titel »Auf den Flügeln realer Träume«.

Die Herausgeberin wußte die Redaktion bei Wolfgang Schäfer, der durch seine Verlagstätigkeit Grothe kannte und schon die erste Auflage redaktionell betreut hatte, in den besten Händen und dankt ihm an dieser Stelle ausdrücklich für seine Arbeit. Wertvolle Unterstützung leisteten ihm Gerhard Riethmüller (1919–2000), Alexander Schatte (Archiv der Franz Grothe-Stiftung) und Dr. Günter Vollmann.

Komponisten-Werkverzeichnisse teilen ein gemeinsames Schicksal, dem auszuweichen so gut wie unmöglich ist. Sie sind work in progress und vermutlich nie ganz abgeschlossen. Die Herausgeberin dankt aufmerksamen Lesern, Freunden und Kennern des Werks von Franz Grothe heute schon für Kritik und Hinweise auf Verbesserungen sowie Werke und Titel, die bisher unberücksichtigt geblieben sind.

München, Mai 2007 *Prof. Dr. Michael Karbaum*
Mitglied des Vorstands der Franz Grothe-Stiftung

Maurus Pacher
Auf den Flügeln realer Träume

Ich glaube, für viele meiner Generation stellvertretend sagen zu dürfen, Franz Grothe war und ist für uns ein Idol. Nicht im heutigen Sinne »so zum Anfassen«. Wir haben ihn verehrt. Nicht, weil er so viel Erfolg hatte, sondern weil er so viel konnte. Er war ein Komponist, der seine Musik auf vielfältige Weise verwirklichen konnte; sei es am Klavier, sei es als Instrumentator oder als Dirigent.

Und diese Musik hatte immer »Hand und Fuß«. Und »Hand und Fuß« ist hier Pseudonym für Einfall, und Einfall wurde durch seine Persönlichkeit zum Erfolg. Oftmals hatte ich die Gelegenheit, in seinen wunderbar sauber geschriebenen Partituren zu blättern. Das sah alles so einfach aus und klang so gut. Glaubte ich, ein beständiges Dur entdeckt zu haben, schaute schon im Seitenthema ein Grothesches Moll um die Ecke ... Franz Grothe hat für 170 Filme komponiert. Hinzu kommt das, was dieser Komponist, dessen Beruf auch sein Hobby war, sonst noch geschrieben hat. Und das war nicht eben wenig. Das konnte nur jemand schaffen, der die Arbeitsdisziplin und Präzision eines Franz Grothe hatte.

(Josef Niessen in seinem Nachruf auf Franz Grothe am 23. September 1982)

Franz Johannes August Grothe wurde am 17. September 1908 in Berlin-Treptow geboren. Der Vater, Hans Grothe, war Pianist und Vertreter für Blüthner-Flügel, die Mutter, Bertha Grothe-Hentschel, Konzertsängerin im Fach jugendlich-dramatischer Sopran – eine Familie, in der das Wort MUSIK Tag für Tag in Noten buchstabiert wurde. Mit fünf Jahren bekommt er seine erste halbe Geige, mit acht beginnt ernsthafter Klavierunterricht, mit zehn macht er erste Kompositions-Versuche. Namhafte Instrumentalisten verkehren im Elternhaus, so der Geiger Franz von Vecsey, der ihm Unterricht gibt. Mit zwölf beherrscht Franz Grothe bereits das Mendelssohn-Konzert. Der Weg in die E-Musik scheint vorgezeichnet.

Nach dem Gymnasium belegt Grothe an der Berliner Musikhochschule Klavier bei dem russischen Pianisten Leonid Kreutzer, Harmonielehre und Instrumentation bei Walter Gmeindl und die Dirigentenklasse von Clemens Schmalstich. Mit sechzehn, als der Vater stirbt, muß er dazuverdienen. In der Barberina-Bar spielt eine englische Jazzband unter

Mann am Klavier: Franz Grothe in Berlin mit der »Arizona Band« (Foto: privat)

▲ *Foto oben: Franz Grothe zu Kaisers Geburtstag 1914* (Foto: Franz Grothe-Stiftung)

»Clive William Jazz-Band« (alias Dajos Béla), Berlin 1927
(Foto: Franz Grothe-Stiftung)

dem Star-Saxophonisten Eric Borchard, Grothe stellt sich bei ihm vor – und wird als Pianist engagiert. Die *Vossische Zeitung*, die »Tante Voss«, vermerkt: »Eric Borchard spielt jetzt mit Kindern …« Tagsüber Studium, abends Auftritt, nachts Komponieren, die Belastung ist zu groß: Schon nach acht Tagen kippt das »Kind« in der Barberina vom Klavierhocker.

Doch Franz Grothes Frühbegabung ist evident. Im Frühsommer 1926 kommt seine Chance. Er wird zu Hugo Hirsch bestellt. Die Publicity-Sucht des Meisters blendet ihn. Vor dem Haus ein Mercedes mit einem silbernen Notenbanner »Wer wird denn weinen, wenn man auseinandergeht«, Hirschs populärstem Schlager, im Salon überall die eingestickten Initialen »H. H.«. In einem kleinen Nebenzimmer ist alles »eine Etage einfacher«: ein Klavier, ein Notenblatt, auf dem die Melodiestimmen der zehn Musiknummern aus der neuen Revue *Wieder Metropol* notiert sind – nicht mehr. Hugo Hirsch spielt das »Knochengerüst« vor und sagt dann: »So, und jetzt sind Sie dran. Sie instrumentieren meine Revue für ein Orchester von 58 Mann, außerdem brauche ich eine Ouvertüre und eine Jazz-Suite …«

Die Diskrepanz zwischen Pomp und Arbeitsdisziplin ist für Grothe ein Schlüsselerlebnis ebenso wie die Bewältigung seines eigenen Pensums in knapp vier Wochen. Understatement wird ihm zur Weltanschauung (er ist sozusagen ein »leiser« Berliner), und Präzision bis ins kleinste Handwerksdetail bestimmt sein künftiges Leben mit der Musik.

Wieder Metropol hat am 16. September 1926 Premiere – einen Tag vor Grothes achtzehntem Geburtstag. Er sitzt erstmals in einem großen Orchester am Flügel, auf der Bühne agieren Lori Leux, Hans Albers, Max Hansen. In der Generalprobe hört ihn Dajos Béla und engagiert Grothe als Nachfolger von Mischa Spoliansky für sein Orchester.

»Manchmal muß ein Mann ganz oben anfangen«

Dajos Béla macht in dieser Zeit ausschließlich Schallplattenaufnahmen. Da muß alles fix gehen. Am Anfang hält Grothe im Tempo nicht mit, freut sich naiv und akustisch unüberhörbar in eine Schlußpassage hinein, jammert ebenso unüberhörbar über einen Verspieler. Trotz der häufigen Wiederholungen aber beschleunigt sich das Tempo seiner

Stars der frühen Jahre: Richard Tauber und Franz Grothe … (Foto: Franz Grothe-Stiftung)

... *u. a. mit diesem Lied* (Foto: Dreiklang-Dreimasken Bühnen- und Musikverlag)

Karriere – nach Dajos' Devise »Manchmal muß ein Mann ganz oben anfangen«. Bald taucht er auch als Komponist auf. Einen Titel aus seiner in der Schublade schlummernden Operette *Ehe auf Zeit* bringt 1928 eine Schallplatten-Aufnahme mit Richard Tauber zu internationalem Erfolg: »Rosen und Frau'n« – die Mistinguette baut das Lied in ihre Revue ein, Maurice Chevalier nimmt es in sein Repertoire und bringt es bis nach Amerika. Im selben Jahr wird Grothes Jazz-Fantasie *Olympia* vom Lindström-Konzern mit 5000 Dollar prämiert.

1929 hält Dajos Béla die Zeit für große Live-Auftritte seines Orchesters für gekommen. Am 10. März findet im ausverkauften Großen Schauspielhaus eine Matinee mit Rundfunkübertragung statt. Die Zeitungen bedenken auch Franz Grothe (»der geniale erste Pianist«) mit Superlativen und merken über *Olympia* und seine *Dajos Béla-Rhapsodie* an: »Grothe, dessen Sachen einen gediegenen, für ein Tanzorchester beinahe zu ernsten Stil aufweisen, und von dem man noch viel Wertvolles erwarten kann.«

Vom Stammhaus Hotel Adlon geht das Orchester auf Tourneen durch ganz Europa. In Kopenhagen wird im Etablissement Vivel neben dem Tivoli eine »Filiale« gegründet. Einmal in der

(Foto: Bebeton-Verlag)

»Tournee Dajos Béla Berlin – Bukarest« um 1930/31, Franz Grothe hintere Reihe, 2. v. l.
(Foto: Franz Grothe-Stiftung)

Woche dirigiert der Chef, assistiert von Grothe, dort persönlich. Ein voller Terminkalender. Doch auch als Komponist hat Franz Grothe seinen festen Platz. Die anderen Tanzorchester übernehmen seine Jazz-Fantasie *Hallo Moskau*. Der Tauber-Schlager »Wenn die Violine spielt« (Text: Fritz Rotter) wird im ersten deutschen Tonfilm *Die Nacht gehört uns* verwendet (Premiere: 23.12.1929).

1930 tut sich Grothe mit dem Textdichter Karl Wilczynski zusammen. Der kommt eigentlich aus einer anderen Richtung, seine Verse, Novellen, Grotesken und Satiren sind von Alfred Kerr und Maximilian Harden gefördert worden, und nach dem Krieg hat er auf dem literarischen Brettl die Mode des Dirnen- und Ludenliedes eingeführt. »Alles für euch, schöne Frau'n«, in dem Film *Tingel-Tangel* von dem prominenten Rundfunk-Pionier Alfred Braun gesungen, wird rasch populär. Damenfriseure führen die Hauptzeile lockend im Schaufenster. Der Volkskomiker Gaston Briese baut um den Schlager eine Volksoperette und hat damit einen Serienerfolg – als sommerlichen Dauerbrenner im Theater am Kottbusser Tor, danach im Neuen Theater am Zoo.

Zwei beliebte Schlagerautoren: Franz Grothe mit seinem Partner und Textdichter Karl Wilczynski (Foto: Jakobi)

Ende 1930 ist Franz Grothe als Aktiver bei Dajos Béla ausgeschieden, komponiert immer häufiger für den Film und übernimmt auch die musikalische Leitung für berühmte Kollegen wie Franz Lehár (in *Die große Attraktion*) und Emmerich Kálmán (in *Ronny*, beide 1931). Am 10. Oktober 1931 eröffnet der knapp 23jährige am Kurfürstendamm seine eigene »Edition Franz Grothe«. Sein Partner ist auch hier Karl Wilczynski, der sich allerdings »nach Kräften bemühte, den Verdacht zu zerstreuen, er sei Mitinhaber oder Mitbeteiligter der neuen Edition«. Als Strohmann fungiert Sascha Gorlinski, der langjährige Werbemann von Dajos Béla. Die ersten Titel der Edition sind der »Automaten-Tango« (»Zieh am Automaten was für mich«), der Marsch »Keine Feier ohne Meyer« aus dem gleichnamigen Tonfilm und der Boston »Sei mir gegrüßt, du geliebte Frau«. Der Verlag floriert von Anfang an. Allein der dritte Schlager wird aufgenommen von Richard Tauber, Willy Domgraf-Faßbaender, Herbert Ernst Groh, Dajos Béla, Marek Weber, Efim Schachmeister, Paul Godwin, Fred Bird. Weitere Interpreten des rasch wachsenden Katalogs: Franz Völker, Helge Rosvaenge, Leo Monosson, Austin Egen, Max Mensing, die Kapellen Jack Hylton, Oskar Joost, Juan Llossas, Barnabas von Géczy.

1932 hat Grothe noch einen Interpreten – völlig außerhalb des breitgesteckten Rahmens. In der Verfilmung des Bestseller-Romans *Gilgi – eine von uns* von Irmgard Keun unter dem Titel *Eine von uns* singt Ernst Busch, der »Barrikaden-Tauber«, sonst auf Eisler und Brecht geeicht, zwei Grothe-Chansons: »Der erste Schritt vom rechten Weg ist oft ein Walzerschritt« (das dürften Buschs politische Freunde auch gesagt haben) und »Nur auf die Minute kommt es an«.

Zeichen einer anderen Zeit

Wie diese passen auch andere Zeilen der Zeit in die Landschaft. Ein Schlager für den Georg Jacoby-Film *Der große Bluff* wird noch vor der Filmpremiere im Rundfunk gesendet, und zwar zufälligerweise am Abend des 30. Januar 1933 nach der Ernennung Hitlers zum Reichskanzler und nach der Übertragung des großen Fackelzugs: »Und nun spielt für Sie das Orchester Dajos Béla. Als erstes hören Sie von Franz Grothe ›Es ist alles Komödie, es ist alles nicht wahr‹ ...« Daß alles doch wahr ist, muß Franz Grothe, der total Unpolitische und nur an der Ausübung seiner Musik Interessierte (und diese Eigenschaft wird er ein Leben nicht ablegen), bald genug zur Kenntnis nehmen. Dajos Béla, Karl Wilczynski, Fritz Rotter und all die anderen jüdischen Partner und Freunde müssen nach und nach Deutschland verlassen. In seinem bisherigen Kreis bleibt er als einziger übrig, und auch sein eigener Glücksstern scheint zu sinken. Während der Musikaufnahmen zu dem Ludwig-Berger-Film *Ein Walzerkrieg* verunglückt er mit dem Auto schwer, ist Wochen ans Bett gefesselt.

Dabei hat diese Arbeit (der Walzerkrieg zwischen Lanner und Johann Strauß Vater) neue Dimensionen erschlossen. Erstmals wird hier der vorweg durchkomponierte Soundtrack (analog Walt Disney, der das Prinzip erstmals 1928 für seine Micky-Maus-Filme verwendete) in einem deutschen Spielfilm eingesetzt. Ein Film, in dem die Musik den gesamten Rhythmus des Bildes bestimmt, ist für den Komponisten das große Los. Und ausgerechnet diese Arbeit kann Grothe nicht abschließen. Alois Melichar stellt die Partitur fertig. Was danach – durch eine Ungeschicklichkeit der Pressestelle der UFA – geschieht, schlägt sich im Dialog der populären Zeitungsfiguren Pick und Puck nieder:

Eine »Band« der Berliner Kapellmeister mit Billy Bartholomew, Franz Grothe, Bizony, Dajos Béla, Kramer, Efim Schachmeister, Bernard Etté, Ilja Livschakoff, Paul Godwin und Otto Stenzel (Foto: Archiv Lange)

Auf den Flügeln realer Träume

Puck: »So ein ›Walzerkrieg‹ scheint ansteckend zu wirken.«
Pick: »Wieso? Du meinst, was die gute Laune und Walzerstimmung anbelangt?«
Puck: »Das natürlich auch – aber im Augenblick meine ich die kriegerische Stimmung unter den Komponisten.«
Pick: »Also der Lanner und der Strauß haben sich gezankt – im Film wenigstens – aber wer denn noch?«
Puck: »Die Herren Bearbeiter! Auf die ist anscheinend die streitlustige Stimmung des Films übergesprungen. Besonders Herr Franz Grothe ist sehr böse, weil die UFA ihn nur als Komponisten des Liedes ›An der Donau, wenn der Wein blüht‹ nennt, und erklärt, er habe bedeutend mehr Anteil an der Musik.«
Pick: »Wenn er ebensoviel wie der andere getan hat – wie heißt er doch? Er hat so einen komischen Namen!«
Puck: »Warte mal ... Alois – ja, Alois Melichar ...«
Pick: »Noch nie gehört – also, wenn der Grothe ebensoviel komponiert hat wie der Alois, dann muß man ihn aber doch auch gleichberechtigt nennen, nicht wahr? Und er hat schon recht, wenn er sich beschwert.«

Nutzlos wären Beschwerden, was die verordnete Auflösung der »Edition Franz Grothe« betrifft. Eine Zeitungsmeldung »Schicksals-Schlager – Kleine Tatsachen ohne Kommentar« informiert lakonisch: »Der Verlag des bekannten Jazz-Pianisten und Meisterarrangeurs, die Edition Franz Grothe G.m.b.H., hat aufgehört zu existieren.«

Andererseits versucht die gleichgeschaltete Presse bereits früh, ihn auf die Habenseite zu buchen. Bereits am 11. März 1933 wurde unter der Überschrift »Schlager-Schwerindustrie ins Ausland abgerückt!« mitgeteilt: »Diesen Schwerverdienern des Volksliedes ist scheinbar der Boden in Deutschland zu heiß geworden und sie haben sich schnell mit dem Geld, welches ihnen in großen Mengen vom deutschen Volk nachgeworfen wurde, ins Ausland geflüchtet ... Im Gegensatz zu diesen Geflüchteten arbeiten die beiden Komponisten Franz Grothe und Will Meisel in alter Frische weiter ...«

Doch Franz Grothe läßt sich nicht auf den neuen Kurs und die Forderung nach »deutscher« Unterhaltungsmusik ein. Er ist mit der Tochter des Filmproduzenten Gregor Rabinovitsch liiert, die mit ihrem Vater nach Wien gegangen ist. Grothes häufige Wien-Aufenthalte bedürfen beruflicher

Autogrammkarte, ca. 1929 (Foto: Jacobi)

Begründung. Und da trifft es sich gut, daß Rabinovitsch Partner von Willi Forst geworden ist. In der Schlußsequenz des Forst-Films *Ich kenn dich nicht und liebe dich* läßt Grothe ein Jazz-Tanzorchester swingen, daß sich die Balken biegen, mit allen Zutaten des »amerikanischen und negroiden Einflusses«. Forst hat die Dirigenten-Allüre so gut einstudiert, daß er bei der Berliner Premiere am 2. Februar 1934 die Nummer sogar live absolvieren kann.

Die Gesetze der Filmmusik

Die wirklichen Probleme für die »Musik im Unterhaltungsfilm« umreißt Grothe in einem Artikel für den *Film-Kurier*: »Wenn ich mich heute als Fünfundzwanzigjähriger für die leichte und Schlagermusik äußere, so ist es der Wunsch eines jungen Komponisten nach einem allgemein höheren Niveau auch für diese Musik. Um den ›Schlager‹ ist dabei nicht herumzukommen; denn in welchem Unterhaltungsfilm ist er nicht enthalten? Aber ist es denn immer der Komponist, der den Schlager wünscht? Oft ist es der Produzent, der Autor oder der Regisseur. Doch die Zusammenarbeit, die nötig wäre, um den Schlager motiviert in die Handlung des Films einzupassen, ist zwischen allen diesen Beteiligten und dem Komponisten in den meisten Fällen nur unvollkommen ... Es ist daher immer wieder zu fordern, beim leichten Film vielleicht noch mehr als beim ernsten Film, dem man an und für sich wohl eine größere Vorarbeit widmet, den Komponisten von vornherein stärker bei der Ausarbeitung des Drehbuches und zu den Regiebesprechungen heranzuziehen.«

Auch weiterhin folgt er den Gesetzen, die er musikalisch für richtig hält (und schlägt später, als die Direktiven immer strenger werden, den in Stilrichtungen ganz und gar nicht sattelfesten Aufpassern oft genug ein Schnippchen). Noch im selben Jahr 1934 entwickelt sich, wie es die Dramaturgie der Filmhandlung verlangt, eine Grothe-Spezialität – die Gegenüberstellung von Swing-Touch und Dreivierteltakt. In *Heinz im Mond* ist Heinz Rühmann Bräutigam auf zwei Verlobungsfeiern, die Wand an Wand im selben Lokal stattfinden. Die Musik untermalt in einer köstlichen Montage, wie er von Feier zu Feier hetzt. Der Psychologie der Familien entsprechend steht ein altväterischer Kaffeehaus-Walzer gegen flotten Swing-Rhythmus.

Grothes Bandbreite wird immer größer. In dem Wessely-Forst-Gründgens-Film *So endete eine Liebe* komponiert er für die Wiener Sängerknaben ein großes Te Deum-Finale. Und zu den Tenor-Liedern kommen nun auch Lieder für Sopran, für Marta Eggerth. Der erste gemeinsame Film ist *Ihr größter Erfolg* um das Leben von Therese Krones, die Ferdinand Raimunds erste »Jugend« im *Bauer als Millionär* war. Ein Reporter ist beim ersten Arbeitsgespräch dabei und gibt Einblick in die Grothe-»Werkstatt«:

»Grothe muß an den Flügel und etwas vorspielen. Trotzdem er sich sträubt und behauptet, noch ›gar nichts‹ zu haben außer ein paar Skizzen auf seinen Notenblättern, fängt er gleich darauf an, dazwischen noch immer erklärend, wie er sich das denkt, Marta Eggerth ist ganz Ohr – als er aufhört, ruft sie begeistert: ›Noch mal ...‹, und schon beginnt sie mitzusingen. Grothe muß noch einmal und noch einmal wiederholen – beim viertenmal setzt sie bereits mit völliger Sicherheit ein und entwickelt an den passenden Stellen ihre Koloraturen – sie singt das ganze Lied ohne eine Zeile Text – und während Komponist und Sängerin völlig versunken und begeistert arbeiten, sagt Direktor S. schmunzelnd: ›So geht das immer: Der Grothe kommt an und sagt, er hat nichts – und dann hat er doch schon was ... und w a s !‹«

Wiedersehen mit Marta Eggerth in den 1970er Jahren (Foto: Kurt Bethke)

Was Marta Eggerth sich wünscht, »eine Einheit von Handlung und Musik, für die sich der volle Einsatz aller künstlerischen Kräfte auch wirklich lohnt«, ereignet sich gleich darauf ein zweites Mal in *Die blonde Carmen*. Für eine der vier Hauptmelodien, die leitmotivisch immer wiederkehren, hat sich Franz Grothe »schwere Sorgen um 1000 muntere Noten« gemacht:

»Nur ein Lied fehlte noch. So sehr ich auch mein Hirn quälte, es wollte mir nichts gelingen. Ein Tag nach dem anderen ging dahin, und die Jagd nach der Melodie machte mich kränker und kränker. Wieder klingelte das Telefon, der Autor des Films, Hans H. Zerlett, erkundigte sich nach meinen Fortschritten. Noch einmal beschrieb er mir die Szene für das Liedchen: ›Der Komponist und der Dichter, die beiden Hauptpersonen des Films, sehen zum Fenster hinaus. Beide sind niedergeschlagen, weil ihnen nichts mehr einfällt ...‹ – Welch eine Ironie des Schicksals! Dachte ich im stillen in meiner Not – ›... da sehen sie das junge Mädchen den Weg zu ihrem Haus heraufkommen, und der Dichter, verliebt wie immer, spricht die Worte: ›Also dieses junge Mädchen – direkt schön wie der junge Frühling.‹ Das wirkt bei dem Komponisten Wunder. Er stürzt zum Klavier, und schon ist die Melodie gefunden ...‹ Bums, da flog der Hörer meines Telefons in die Gabel. Im nächsten Augenblick saß ich am Flügel. Mochte Zerlett so lange anrufen, wie er wollte, diese Gelegenheit durfte ich mir nicht entgehen lassen. Meine Melodie war wie in jener Filmszene durch die Inspiration des Augenblicks gefunden.«

»Schön wie der junge Frühling« textet Zerlett unter dem Pseudonym Hans Hannes. Der Text des zweiten Evergreens aus dem Film, »Musikanten sind da (Mein Herz will ich dir schenken)«, ist von Willy Dehmel, der sein Debüt bereits 1932 mit dem »Automaten-Tango« gegeben hat. Dehmel, ein Cousin von Franz Grothe, geboren am 26. Februar 1909 in Berlin, stammt aus einer Beamtenfamilie mit künstlerischen und vor allem musikalischen Interessen. Nach dem Abitur hat er Theaterwissenschaft studiert und Schauspielunterricht genommen. Über Jahrzehnte wird er der Haupt-Textdichter von Grothe sein, kongenialer Partner der meisten Erfolgstitel nach der Maxime: »Lieder müssen natürlich wachsen wie eine Pflanze.«

Der nächste Eggerth-Grothe-Film *Ein Schloß in Flandern* fällt auch in Hollywood auf, ist nicht nur vom Sujet her ein Schicksals-Film, sondern verändert auch Grothes Karriere und Leben beinahe grundlegend. Hier ist die Einheit von Handlung und Musik für den Komponisten ideal:

Franz Grothe mit seinem Textdichter und Vetter Willy Dehmel (Foto: Hans Grimm)

Im Ersten Weltkrieg hören englische Offiziere in einem Schloß in Ypern immer wieder die Platte einer ihnen unbekannten Sängerin: »Ein neues Leben fängt an«. Sie geloben, sich nach dem Krieg an Ort und Stelle wiederzutreffen. Einer wird tags darauf als gefallen gemeldet. Anfang der zwanziger Jahre kommt die Sängerin auf einer Tournee in das Schloß. Als sie, unter mysteriösen Umständen alleingelassen, am Flügel das Lied singt, steht der vermeintlich Gefallene vor ihr ... (Das beschwörende Sehnsuchts-Lied, das die Filmszene zu Hitchcock-Format hochstilisiert, sie »adelt«, wie ein Bericht über die Dreharbeiten vermerkt, hat Grothe kurz vor seinem Tod als Thema eines Klavierkonzerts wiederverwendet, das postum im Dezember 1983 in Frankfurt zur Uraufführung kam.)

Auch eine ganz ungewöhnliche Revue-Szene kommt vor. In eine Maschine, die Roboter stanzt, ist ein »Mensch mit Herz« geraten – Reminiszenz an die Maschinen-Ballette der zwanziger

Sechs goldene Ufa-Hände: Die Erfolgs-Komponisten Franz Grothe, Theo Mackeben und Peter Kreuder proben für einen gemeinsamen Auftritt, 1936 (Foto: ADN)

Jahre, zu der Grothe eine »schaurige, atonale Musik« schreibt, »furchterregend, aber zur gewollten Illustrierung durchaus geeignet«. Der *Berliner Film-Courier* moniert dagegen, daß hier die Richtlinien verletzt wurden: »Aber vergessen wir die Zeit nicht, der Film spielt in diesem Teil um 1923 – und da mußte wohl eine Reminiszenz an inzwischen abgewanderte Zeitopernschöpfer her, ... mit Aluminiumbüstenhaltern bekleideten Roboter-Girls und viel elektrisch-mechanischem Getöse im Hinterprospekt. Die Absicht, daß man da ›ein dolles Ding‹, eine ganz ausgefallene Sache bringen wollte, wird nur allzu klar.«

Als »Indianer in Hollywood«

Die Universal Pictures in Hollywood sind an Marta Eggerth interessiert (so wie die Paramount an ihrem Mann Jan Kiepura). Die Vorführung von *Ein Schloß in Flandern* beeindruckt die Herren so, daß sie auch Franz Grothe einen Vertrag anbieten. Im Herbst 1936 fährt Franz Grothe mit der »Bremen« in die Vereinigten Staaten. Noch bevor er sich einschifft, melden auch die deutschen Zeitungen das erste Projekt. Es ist *Three Smart Girls*, der Debüt-Film des 16jährigen Koloratur-Soprans Deanna Durbin, produziert von Joe Pasternak, inszeniert von Henry Koster – ein B-Picture zwar nur, aber eine Aufgabe, die für Grothe mühelos zu lösen sein wird ...

Noch nach der Ankunft in New York heißt es: »Franz Grothe, Continental composer, formerly associated with UFA and other European producers, reached here at the week-end en route to Universal City to start on *Three Smart Girls*, first assignment under his contract.«

An Ort und Stelle sieht dann alles anders aus. Grothe ist für den Film nicht mehr eingeplant, an seiner Stelle wurde von MGM das Erfolgsteam Walter Jurmann und Bronislaw Kaper ausgeliehen – ein Aufwand, den die konkurrierenden Firmen sonst nur bei Großobjekten betreiben. Es fällt schwer, an Zufall zu glauben. Joseph Pasternak und Henry Koster stehen an einem schwierigen, mißtrauisch beäugten Neubeginn und wollen sich wohl durch bereits hollywooderprobte Komponisten absichern.

Außerdem sind – das hat Friedrich Hollaender in seinen Memoiren sehr anschaulich geschrieben – die Music Departments, die musikalischen Planungsbüros, in ihren Entscheidungen sehr autoritär und durchaus geneigt, einem Neuling die Arbeit sauer zu machen.

Der nächste Testauftrag ist eindeutig ein solches Himmelfahrtskommando, Grothes internationale Sprache war bisher die Musik, englisch kann er gerade radebrechen. In dieser Situation bekommt er den eben fertiggestellten Film *My Man Godfrey* vorgesetzt, eine sogenannte »daffy comedy«, deren knappe Dialogsequenzen, die jeweils mit einer scharfen Pointe enden, die Slapstick-Tradition im Wortwitz wieder aufnehmen. Die rasanten Wortgefechte von Carol Lombard und William Powell bekommt Grothe von einem tschechischen Dolmetscher übersetzt:

»Der junge Tscheche war sehr nett und gab sich sehr viel Mühe mit mir, aber ob es nun an seinem tschechischen Deutsch lag oder an mir oder an dem Filmstoff – ich kapierte einfach die Zusammenhänge nicht, und Musik dazu fiel mir schon gar nicht ein. Nach ein paar Tagen fragte mich der Produktionschef: ›Na, wie ist es mit der Musik?‹ ›Ich weiß nicht, ich bin vielleicht noch zu frisch in Amerika. Ich begreife die dramaturgische und die psychologische Führung dieses Films nicht, ich komm einfach mit der amerikanischen Mentalität nicht klar – und das alles noch auf englisch!‹ ›Dann ruhen Sie sich erstmal ruhig noch ein bißchen bei uns aus ...‹«

Und damit ist nach den Gesetzen Hollywoods bereits alles gelaufen:

»Einmal in meinem Leben war ich ein Indianer. Das heißt: Ich habe verloren, so wie die Indianer immer im Kampf gegen die Cowboys verlieren. Denn bereits im Jahre 1936 hätte ich eine Riesen-Karriere in Amerika machen können.«

Marta Eggerth, die wieder in Wien dreht, gibt ihm den Rat, nach Europa zurückzukehren ...

Schicksalsstadt Wien

Herbst 1937, Rückkehr nach Europa. Und sofort ist Franz Grothe wieder im richtigen Fahrwasser, kann für den Eggerth-Film *Immer wenn ich glücklich bin* endlich wieder aus dem vollen schöpfen, komponiert einen großen Revue-Walzer, ungarische und spanische Rhythmen und – als »Ausgleichssport« – für Paul Hörbiger und Hans Moser das Wienerlied »Man darf nicht zu schwarz seh'n«.

Zur Freude, daß er wieder arbeiten kann, kommt die Begegnung mit der großen Liebe. In der Operette *Pam-Pam* ist Kirsten Heiberg Kassenmagnet. Sie ist Norwegerin und wurde nach einem Sprachenstudium in der Schweiz, in Oxford und Dijon gegen den Wunsch der Eltern Schauspielerin am Osloer Nationaltheater. Als Grothe sie in Wien auf der Bühne sieht, ist es für ihn Liebe auf den ersten Blick: »Sie spielte Theater. Ich filmte. Sie war sehr ehrgeizig. Ich auch. Es dauerte und dauerte und dauerte. Sie gab nur sehr langsam auf. Sehr, sehr langsam. Aber ich schaffte es noch im Jahre siebenunddreißig. Eines Tages nahm ich sie einfach von Wien mit nach Berlin.« Am 30. Mai 1938 heiraten die

Regiebesprechung »Die unsterbliche Sehnsucht« im Breslauer Opernhaus, v. l. Wolfgang Friebe (Dirigent), Hans Herbert Tudor (Regisseur), Franz Grothe am Klavier (Foto: Franz Grothe-Stiftung)

Franz Grothe 1938
(Foto: SV-Bilderdienst)

beiden in Oslo. Kirsten Heibergs Timbre und aparter Vortrag kreieren eine neue Farbe in Franz Grothes musikalischer Palette, das Chanson für die Dame mit leichtem Femme-fatale-Einschlag, für die Diva mit pikanter, ein wenig ironischer und selbstironischer Erotik. Das erste dieser Modelle trägt im Film *Geheimzeichen LB 17* noch Hilde Weißner. Auf Platte aber wird das Lied durch Kirsten Heiberg berühmt: »Auf den Flügeln bunter Träume«.

Curt Goetz bereitet seinen Film *Napoleon ist an allem schuld* vor, in dem eine Napoleon-Revue vorkommt mit dem Auftritt der Josephine Beauharnais. Als er Kirsten Heiberg sieht, sagt er: »Sie wären die Idealbesetzung. Schade, daß Sie keine Schauspielerin sind.« Der Irrtum ist rasch korrigiert. Kirsten Heibergs Filmdebüt wird ein Musterbeispiel des raffinierten Diva-Auftritts. Und auch im deutschen Film von 1938 erweist sich, daß erlesene Chanson-Qualität möglich ist: »Warum hat der Napoleon eines Tages zu der Beauharnais gesagt: Ich liebe Dich! – ?«

Seit seiner Rückkehr aus Amerika arbeitet Franz Grothe eher an der Peripherie der Filmproduktion des Dritten Reiches, wirkt bei mehreren deutsch-italienischen Co-Produktionen mit und komponiert auch für einige »letzte (und vorletzte) Auftritte«. Nach dem Anschluß Österreichs ist Marta Eggerth endgültig in die Emigration gegangen. Curt Goetz und Valerie von Martens folgen nach dem *Napoleon*. *Ins blaue Leben* mit dem Lied »Guten Tag, liebes Glück« ist Lilian Harveys vorletzter Film,

*Ehepaar Kirsten Heiberg –
Franz Grothe* (Fotos: privat)

bevor sie mit Beginn des Zweiten Weltkrieges als »feindliche Engländerin« Deutschland verlassen muß. Grothe aber wird mit seinen neueren Filmliedern populärer denn je zuvor, trifft exakt den sogenannten Zeitgeist, der sich im Schlager auch und gerade in der Diktatur in einem politisch neutralen und indifferenten Lebensgefühl artikuliert. Unversehens findet er sich im Zentrum, in den großen Produktionen.

Palette der Illusionen

Ende 1939 beginnen die Dreharbeiten für den ersten deutschen Farbfilm *Frauen sind doch bessere Diplomaten* mit Marika Rökk. Sie erinnert sich an die ersten Begegnungen und Auseinandersetzungen mit ihrem neuen Komponisten: »Er war dieser ruhige, ausgeglichene Typ. Ich war immer ein Enfant terrible, immer nervös und kribbelig. Und er war ein guter Zuhörer – das war mein Glück. Ich brauchte so einen Menschen. Ich habe geplappert und geplappert und meine Ideen herausgesprudelt, wenn eine große Revue-Szene kam. Und er ist nur dagesessen und hat immer so genickt wie ein weiser Römer. Als ich ihn noch nicht so gut gekannt habe, habe ich immer gedacht: Also entweder versteht er nicht, was wir wollen, oder es gefällt ihm nicht. Ach, war er schlau. Er wußte ganz genau, daß ich nicht singen kann. Und hat seine Melodien so komponiert, daß er meine Schwäche gedeckt und meine Vorteile herausgehoben hat ...«

Das wird schon am Anfang der Zusammenarbeit deutlich bei »Wenn ein junger Mann kommt« – die Wiederholung der absteigenden Tonleiter beim jeweils zweimaligen »soo weiß ich, was ich tu« entspricht genau dem »nervösen und kribbeligen« von Marika. Der »Film ohne Ende«, so der interne Titel, weil wegen Farbschäden und -veränderungen immer wieder nachgedreht werden mußte, kommt erst Ende 1941 heraus.

1940/41 bietet sich für Franz Grothe auch eine Fülle anderer Aufgaben. Die drei markantesten Beispiele:

Für Géza von Bolvarys Verfilmung von Zellers *Vogelhändler* liefert er die musikalische Bearbeitung. Die Introduktion der Operette ist für den Film nicht geeignet, in dessen Anfangsszene die Vogelhändler mit ihren Käfigen »hoch droben von den Bergen« heruntermarschieren. Grothe weigert sich erst, mit Zeller in Konkurrenz zu treten und eine neue

Titelblatt »Die Nacht mit Casanova«
(Foto: Crescendo Bühnen- und Musikverlag)

Introduktion zu komponieren. Erst auf Drängen des Regisseurs begibt er sich zum Dreh: »Die Szene hatte viel Reiz: die strahlende Sonne, das Grün der Wiesen, die ganze Friedlichkeit der Landschaft. Die Melodie lag in dieser friedlichen – man kann fast sagen: verliebten – Landschaft ja auf der Hand. Ich dachte allerdings nie daran, daß ›Hoch drob'n auf dem Berg‹ so populär werden würde neben Zellers Musik. Aber das Gegenteil trat ein: Es wurde zu einem meiner größten Erfolge.«

In *Die schwedische Nachtigall*, einem Film um Jenny Lind, einen der Superstars des 19. Jahrhunderts, singt Erna Berger (für Ilse Werner) zwei Konzertlieder, in denen Franz Grothe nicht minder erfolgreich das Genre des historischen Films bereichert – den Stil der Epoche nicht imitierend, sondern schöpferisch nachvollziehend. Nicht vielen glückt das, obwohl es oft versucht wird. Grothes »Lied der Nachtigall« aber und das »Postillionlied« gehörten lange zum Repertoire der großen Koloratursängerinnen.

Eine schwierige Geburt ist das instrumentale Hauptthema für *Illusion*, für eine Liebesszene zwischen Brigitte Horney und Johannes Heesters. Das Gefühl ist da: »Schon der Titel des Films war in dieser Zeit bedeutungsvoll: eben Illusion. Denn wir beschäftigten uns mit einer glitzernden Traumwelt, während rings um uns die Welt in Scherben fiel.« Doch der Einfall läßt auf sich warten. Erst in der unwirklichen Atmosphäre eines Essens bei Kerzenlicht – »ein Märchen mitten im Krieg« – nimmt die Illusion Gestalt an: »Ganz langsam, fast automatisch ging ich hinüber zum Flügel, dessen Deckel schon einladend hochgeklappt war. Ich setzte mich, legte meine Finger auf die Tasten, erinnerte mich an meine paar Takte, die mir in der S-Bahn eingefallen waren, spielte sie zart an. Und dann auf einmal spielte ich weiter und weiter. Ich komponierte, während ich spielte, während ›es‹ aus mir herausspielte …«

Grothe hält die Musik übrigens erst nicht für wichtig – »Illusion« wird erst 1944 gedruckt. Für andere aber hat der tieftraurige langsame Walzer unvergeßlichen Stellenwert. Der Drehbuchautor und Romancier Bobby E. Lüthge wählt den Titel 1947 für eine Novelle (wobei das auch in der Trivialliteratur jener Zeit verbreitete neoexpressionistische Vokabular uns heute recht merkwürdig klingt): »… ich war ohnehin heroischer Musik müde, aber diesmal war es besonders schlimm. ›Illusion‹ hatte mich ins Mark getroffen, morbide, dumpf, geheimnisvoll, erregend, lockend, wie ein angenehmes Rauschgift. Seine Töne, die ich, wie von Boulanger gespielt, auf Schritt und Tritt hörte, erfüllten mich mit schmerzlicher Lusttrauer …«

Später wird »Illusion« für lange Jahre das Mitternachts-Thema des schwedischen Rundfunks.

Zwischen Swing und Dreivierteltakt

Doch auch der »Jazzteufel« läßt sich in jener Zeit noch weniger als vorher amputieren. Inoffiziell läuft da eine ganze Menge – über Hot-Kapellen in Berliner Bars (»Swingtanzen verboten!«), eine sich als Elite verstehende Swing-Jugend in Hamburg (die mit einem Tanzbein im Konzentrationslager steht) bis zu den reinrassigen Jazzplatten, die Landser aus den besetzten Ländern nach Hause schmuggeln und die teilweise sogar im Deutschen Reich zur Förderung der Staatskasse gepreßt werden. Offiziell aber geht seit dem Verbot der Swing-Formation »Die Goldene Sieben« 1939 gar nichts. Zumal der Rundfunk hat der swinghungrigen Jugend immer weniger zu bieten.

Während eines Weihnachts- und Silvesterurlaubs mit Kirsten Heiberg 1940 in Zürs am Arlberg lernt Grothe den Jagdflieger Werner Mölders kennen. Mölders ist von seinem Klavierspiel abends in der Bar begeistert: »Ich möchte wissen, warum es in Deutschland keine anständige Tanzkapelle gibt, kein einziges schickes Tanzorchester?

Franz Grothe 1943 (Foto: privat)

Wissen Sie, was wir Flieger als erstes machen, wenn wir mit unseren Vögeln in der Luft sind? Erster wichtiger Knopfdruck: BBC London. Warum können nicht Sie so ein modernes Orchester auf die Beine stellen?«

Mölders meint diesen Vorschlag ernst und setzt sich »an höchster Stelle« dafür ein. Doch erst fast ein Jahr später hat er das Propagandaministerium davon überzeugt, daß die »Verseuchung« durch offiziell erlaubten deutschen Swing und Hot immer noch besser ist als das Abhören von BBC. Franz Grothe und Georg Haentzschel erhalten die Genehmigung, das Deutsche Tanz- und Unterhaltungsorchester (DTU) zu gründen. Alle seit 1939 aus dem Verkehr gezogenen Spitzen-Solisten sind wieder dabei, die Musiker der Goldenen Sieben, die Kurt Hohenberger-Band und Teile des Willi Stech-Orchesters.

Bis zum Herbst 1943 spielt das Orchester in Berlin, dann wird es in das bombensichere Prag verlegt und produziert dort die ziemlich ersten Magnetton-Aufnahmen, ein Verfahren, das erst nach dem Krieg bekannt wird und den Alliierten neu ist.

Ein Schritt in die Gegenrichtung ist also getan, obwohl die Aufnahmen des DTU den Swing- und Hot-Puristen klarerweise viel zu wenig weit gehen. Denn der Bonus auf die kleine musikalische Freiheit darf nicht überstrapaziert werden, die Aufnahmen werden »abgenommen«. Als »Hoch drob'n auf dem Berg« in einem DTU-Arrangement vorgeführt wird, stellen die Aufpasser bei den schrägen Klängen die Ohren auf: »Das geht nicht, so wollen wir das Stück nicht haben, das ist ein Volks-

Auf den Flügeln realer Träume

Franz Grothe mit dem Deutschen Tanz- und Unterhaltungsorchester (Foto: Deutsches Rundfunkarchiv)

lied.« »Ich bin aber der Komponist«, sagt Grothe. »Trotzdem haben Sie kein Recht, ein solches Stück in dieser Form da vorzuführen.«

Im Film (und das steigert sich noch bis Kriegsende) ist größere Flexibilität möglich – man denke an Igelhoffs *Wir machen Musik* oder Friedrich Schröders *Akrobat schö-ö-ön*. Franz Grothe entwickelt nun seine Technik des rhythmischen Hakenschlagens zur Perfektion. So verwandelt sich im ausgedehnten Finale von *Hab mich lieb* von 1942 der Swingtitel »Sing mit mir« immer wieder im rechten Moment in einen Walzer – ein reizvoll kontrastierendes Revue-Prinzip, aber auch ein virtuoses Igel-und-Hase-Spiel. Und in *Frau meiner Träume* von 1944 haben die ersten Takte von »Ich warte auf dich« eine gewisse Familienähnlichkeit mit dem besonders verpönten jiddischen Song »Bei mir bist du scheen«.

Dieses Lied wird von Marika Rökk und Georg Jacoby beim Vorspielen sofort akzeptiert. Für den Auftrittsschlager hat Grothe ein paar Vorschläge, die alle abgelehnt werden. Jacoby läßt nicht locker, bis der Komponist wütend in die Tasten haut und plärrt: »Dädädä – dädä – dädädääää – so was wollt ihr, ich weiß schon – aber so was machen wir nicht!« »Das ist es genau«, kontert Marika Rökk. Nun haut Willy Dehmel mit der Faust aufs Klavier: »Und dazu wollt ihr sicher noch so einen saublöden Text wie etwa den: ›In der Nacht ist der Mensch nicht gern alleine ...‹«

Premiere von *Frau meiner Träume* ist am 25. August 1944. Allein in Deutschland spielt der Film innerhalb von drei Monaten acht Millionen Reichsmark ein. Mitte Januar 1945 teilt der Leiter des UFA-Palastes in Danzig mit, »daß der Andrang zu diesem Film derartig gewaltig war, daß es täglich einige Verwundete gab und viele Fensterscheiben dabei zu Bruch gingen«. Wenige Tage später beginnt für Hunderttausende die Flucht über das Haff.

Film als letzte Fluchtmöglichkeit vor der Realität für wenige Stunden. Auch

Franz Grothe, Werner Bochmann und Peter Igelhoff besichtigen einen Flügel bei Vogelsang (Foto: SV-Bilderdienst)

und gerade die Lieder (auch die, die später als »Durchhalteschlager« bezeichnet werden) entwickeln in den gehetzten Menschen ein Eigenleben, eine Ambivalenz, die sich nicht kontrollieren läßt – ob es nun der (unbeabsichtigte) Doppelsinn von »Schau nicht hin, schau nicht her, schau nur gradeaus« in *Frau meiner Träume* ist oder der positive Elan von »Wir werd'n das Kind schon richtig schaukeln« aus der Reihe der regelmäßig zu Führers Geburtstag von Goebbels gewünschten positiven Schlager.

Anfang 1945 geben Grothe und Haentzschel die Leitung des DTU an Willi Stech und Barnabas von Géczy ab. In diesen letzten Kriegsmonaten häufen sich in Panik Filmprojekte, die nicht mehr fertiggestellt werden, wie *Rätsel der Nacht* mit Kirsten Heiberg, oder nicht über die Planung herauskommen, wie *Die Puppe* und *Ein Mädel mit Zukunft* mit Marika Rökk. Nicht nur, um die kostbaren Kameras zu retten, massieren sich auch die Stoffe, die in den Alpen gedreht werden müssen.

»Da hockten wir alle in den Hohen Tauern und bereiteten den UFA-Film *Die Puppe* vor und spielten ›tiefsten Frieden‹. Die zwölf Mädchen von Sabine Ress, die wir von Blaupunkt freibekommen hatten, schmissen die Beinchen. Marika Rökk und Elfie Mayerhofer strapazierten ihre Stimmbänder, Erich Kettelhut, der großartige Filmarchitekt, baute die schönsten Kulissen um uns herum. Und dabei war es März 1945, die amerikanischen und russischen Truppen rückten immer weiter in Deutschland vor. ›Ich finde es echt makaber‹, sagte ich zur Georg Jacoby, ›diesen Film werden wir doch niemals wirklich machen! Den gibt's doch später überhaupt nicht?‹ Er sah mich groß an: ›Was schlägst du vor? Nach Hause zu gehen?‹ ›Versuchen‹, sagte ich.«

Die Unlogik der Befreier

Franz Grothe und Kirsten Heiberg finden eine erste Unterkunft bei norwegischen Freunden in Murnau. Das mit Flüchtlingen vollgestopfte Haus wird von einer ersten kleinen amerikanischen Einheit besetzt, Grothe hält sie am Flügel bei Laune, mit der *Rhapsody in Blue* und anderen Melodien aus seinem Broadway-Repertoire. Das wird für die nächsten Jahre seine Hauptbeschäftigung bleiben. Angekreidet aus der Sicht der Alliierten kann ihm werden, daß er Stellvertreter von Werner Egk in der Fachschaft Komponisten der Reichsmusikkammer war (um die Aufgabe, die Belange seiner Kollegen zu vertreten, hat er sich sein Leben lang nicht gedrückt). Aber die Hauptsache ist, daß er sich trotzig weigert, sich um die Entnazifizierung zu bemühen, weil er sich seiner weißen Weste bewußt ist. Damit ist er von der Filmarbeit ausgeschlossen.

Dafür kann er aber – und das ist wiederum die Unlogik der Befreier – in amerikanischen Clubs spielen. Bald tingelt er mit Kirsten Heiberg, Grethe Weiser, Dorit Kreisler durch die Lande, spielt in Sälen mit zerborstenen Decken, aus denen Regenwasser in den Flügel rinnt.

Auf den Flügeln realer Träume

Franz Grothe und Willy Fritsch 1950
(Foto: Junge Film-Union/Wesel)

Erst 1949, in der neugegründeten Bundesrepublik, dreht er nach vierjähriger »Sendepause« seinen ersten Nachkriegsfilm, das Grotesk-Lustspiel *Nichts als Zufälle*. Und die katholische Filmkommission entrüstet sich über die »fragwürdige Moral« der Schlagerzeile »Warum geht der Ehemann zum Kegeln aus? Warum läßt Herr Meyer seinen Ring zu Haus'? Weil jeder Mann, Sie wissen schon, so macht's der Vater und der Sohn …«

Bedeutender ist zweifellos die »Moritat vom verlorenen Sohn«, die Kirsten Heiberg in *Hafenmelodie* singt. Das ist quasi der Abgesang auf die kurze und sehr intensive Nachkriegsperiode der frei interpretierten Balladenform, die noch an die späten zwanziger Jahre anknüpft und im Grunde anspruchsvolles Kabarett ist.

Aber noch ist der Filmmarkt offen. Kleine Firmen mit kleinem Budget wagen Frische. Hans Schweikart, bis 1945 in leitender Position bei der Bavaria, seit 1947 Intendant der Münchner Kammerspiele, hat nach wie vor Lust auf das gut gemachte (Film)-Lustspiel. Besonders liegt ihm das Schwabinger Künstlermilieu. 1939 hat er es in *Fasching* geschildert, nun, zehn Jahre später, tupft er in *Geliebter Lügner* pointillistisch die Atmosphäre einer Bohemien-Kneipe der Nachkriegszeit hin (beides Dokumente von hohem nostalgischem Reiz). Grothe liefert den Soundtrack dieser ein bißchen verrückten und sehr unkompliziert fröhlichen Welt, gemixt aus ein wenig Dixieland, Swing und verträumtem langsamem Schmuse-Foxtrot.

1950 kommt Curt Goetz von seiner Hühnerfarm aus Amerika nach Deutschland zurück, mit Valerie von Martens und seinem Freund Hans Domnick, der Produzent neuer Curt Goetz-Filme werden will. Grothe bringt sie nach Göttingen, wo Hans Abich und Rolf Thiele ein neues westdeutsches Filmzentrum aufbauen. In einer ehemaligen Reichsbahnausbesserungsstätte beginnt die Nachkriegsserie der Goetz-Grothe-Filme mit *Frauenarzt Dr. Prätorius*.

Ein neues Leben fängt an …

Die Dominanz des geistreichen Dialogs, die Vorliebe des Autors-Regisseurs-Hauptdarstellers für klassische Musik-Zitate – das alles wird von Franz Grothe mit liebenswürdiger und liebenswerter Sensibilität berücksichtigt. Der große Komponist ordnet sich dem großen Wortkomödianten unter. Im *Prätorius* wird aus »Gaudeamus igitur« ein feierlicher Spaß, ein großer Orchester- und Chorsatz mit eingebauter Fuge. Im *Haus in Montevideo* (1951) setzt sich die »Mein Herr Marquis«-Arie der verstorbenen Schwester von der Platte in boshaftem Koloraturgelächter fort und mündet in eine kesse Rumba der Pensionats-Mädchen. In *Hokuspokus* (1953) ist die Zirkus-Musik »Das kann keiner besser als er« ein Ohrwurm, der wohl nur deshalb nicht größere Popularität erlangt hat, weil sie kürzelhaft eingesetzt ist – wie die berückenden instrumentalen Liebesthemen, die in allen drei Filmen die außergewöhnliche Partnerschaft der beiden Protagonisten im Komödienspiel (und ja auch im privaten Bereich) zart andeuten. Das ist geistreich sparsamer Einsatz von Filmmusik und sensibles Einfühlungsvermögen, wo die »richtigen Stellen« sind.

Doch auch hier ergibt sich bei der ersten Minimalchance, einen Evergreen zu platzieren, spielerisch wieder der ganz große Einfall. »Wir wandern, wir wandern« in *Das Haus in Montevideo* ist trotz seiner vermeintlichen Einfachheit wie so viele Grothe-Melodien ungemein variabel, diesmal verwendbar zu Fuß, zu Wasser und im fahrbaren Untersatz: als Introduktion wie von ungefähr ein fröhliches Wanderlied, bei der Rückkehr aus Montevideo ein Salut für den anlegenden Dampfer, in der Hochzeitskutsche ein Finale, nach dem die Pferde besonders zierlich zu traben scheinen. Die schlichte und so gediegene Weise läuft ihrem Filmzweck davon. Als 1963 das Remake mit Heinz Rühmann und Ruth Leuwerik in München anläuft, »da begann ein Teil des Premierenpublikums unwillkürlich eine Melodie mitzusummen, die längst schon zum Volkslied geworden ist: ›Wir wandern, wir wandern ...‹ Und kaum jemand erinnerte sich daran, daß die Melodie erst vor ein paar Jahren komponiert worden war – von Franz Grothe. Das ist das Merkwürdige an den unzähligen Liedern, Schlagern, die Grothe seit 1925 schrieb, daß sie zeitlos sind, keiner Mode unterliegen. Manche der Evergreens sind schon über dreißig Jahre alt, und man glaubt, sie seien ›ganz neu‹, andere wiederum hat er erst gestern oder vorgestern erdacht, und man meint, man kenne sie schon von Kindheit an.« (Ingeborg Münzing in der *Münchner Abendzeitung*, 26. Oktober 1963)

Die liebevolle Beschäftigung mit Curt Goetz ist nur ein verschwindender Teil des Pensums, das Franz Grothe in diesen Jahren bewältigt. Oft scheint er an mehreren Orten gleichzeitig zu sein. Statistisch gesehen – wir wählen den Stichtag 1. Januar 1955, einen Zeitpunkt, zu dem noch die meisten der »alten Garde« für den Film arbeiten – ist er der meistbeschäftigte Komponist vor Michael Jary und Werner Eisbrenner. Und das sind erst die Anfänge seiner zweiten großen Erfolgs-Periode.

Carl Raddatz, Franz Grothe, Bernhard Wicki und Ruth Leuwerik bei Dreharbeiten zu »Rosen im Herbst« (Foto: Filmmuseum Berlin)

Daß Grothe sich so unbeirrbar in der Brandung des wechselnden Zeitgeschmacks hält, hat mehrere Gründe. Die vielgescholtenen fünfziger Jahre produzieren ja nicht nur Schlager- und Klamottenfilme – zwei Genres, von denen er sich strikt distanziert. Der gehobene Unterhaltungsfilm bester handwerklicher Machart ist noch am Leben. Und daran haben die Professionalität und Gediegenheit der Grotheschen Musiken sehr oft ganz wesentlichen Anteil.

Noch deutlicher als früher tendiert Grothe zur totalen Integration der Filmmusik in das gegebene Sujet und damit weg von der Einzelnummer. Das setzt den Filmen auch beim Wiedersehen Glanz auf, ist andererseits auch Anpassung an die Gegebenheiten der Zeit. Die Selbstverständlichkeit, mit der früher von Schauspielern gesungen und von Sängern gemimt wurde, funktioniert nicht mehr. Und das Niveau-Gefälle zwischen Geschmack und Ungeschmack bekommt immer unüberbrückbarere Risse, fordert deutliche Entscheidungen und Unterscheidungen, bisweilen an die Grenze der Askese.

Natürlich gelingen Franz Grothe weiterhin Ohrwürmer, so 1951 in *Fanfaren der Liebe*, dem beliebtesten Filmlustspiel der frühen Fünfziger, der Evergreen »Ich zähl' mir's an den Knöpfen ab«, oder 1953 für den Zarah Leander-Film der typische Song »Ich kenn den Jimmy aus Havanna«.

Der gefesselte Gulliver

1955 gelangt Grothes später Filmmusik-Stil in *Ich denke oft an Piroschka* zur Reife (»Kitschfreie Zärtlichkeit und operettenferne Exotik«: Klassiker des deutschen Tonfilms von Bandmann/Hembus). War früher hauptsächlich die Tanzmusik stilistische Basis, so entwickelt sich nun ein weitgehend durchkomponierter Soundtrack, eine Art Instrumental-Musical-Stil, in dem die Formen vom Barock bis zum Jazz spielerisch virtuos und mit überraschenden Übergängen gehandhabt werden. Das Themen-Material ist so reich, daß daraus später die temperamentvolle und brillante *Piroschka-Suite* entsteht – Filmmusik, die ebenso als konzertante Unterhaltungsmusik ein Eigenleben führen kann.

1954 hat Franz Grothe festgestellt: »Nach über fünfundzwanzigjähriger

Notentitel »Das Sternenlied« (Foto: Musik-Edition Europaton Peter Schaeffers)

Praxis habe ich es erreicht, daß meine Wünsche bezüglich der Musik in den meisten Fällen berücksichtigt werden.« Er findet zwar: »Es gibt ein altes Wort: ›Die beste Musik in einem Film ist die, die am wenigsten auffällt!‹« Aber daß diese Kunst, einen Film zu heben, Schwächen zu kaschieren, den Zuschauer in Stimmungen zu bringen, von der Fachpresse mit völliger Interesselosigkeit honoriert wird, findet er enttäuschend.

Hier wird ein Versagen angesprochen, das später am Niedergang der gesamten deutschen Filmindustrie Mitschuld hat. Die Ware Film wird auch an den Schreibtischen in der Provinz

Franz Grothe, Kurt Graunke und Ulrich Sommerlatte im Tonstudio. 1958 (Foto: Ingrid Lockermann)

als ärgerlich abgetan, kommerziell gut Gemachtes mit mäkelnder Gleichgültigkeit niedergeschrieben. Ein deutliches Beispiel dafür ist *Die Trapp-Familie* von 1956. Ein heikler Stoff, so scheint es, und deshalb äußerst behutsam angegangen. Grothe komponiert eine abwechslungsreiche Vorspann-Ouvertüre und dann beschränkt er sich auf meisterliche Chorsätze für die Volkslieder, die Verwendung finden. Erst gegen Ende steuert er ein fröhliches Jagdlied bei, das sich ganz im Volksliedton hält.

Der *Evangelische Filmbeobachter* schreibt: »Obwohl ... angeblich jedes amerikanische Kind die Trapp-Familie kennt, mußten sie nun also doch dieses ihr Schicksal einer tapferen deutschen Familie nach 17 Jahren noch ausgerechnet für einen deutschen Film verkaufen, damit ausgerechnet Herr Liebeneiner eine zwischen dekorativem Katholizismus, sentimentalem Familienidyll und lächerlichem österreichischem Lokalpatriotismus angesiedelte Unterhaltungsschnulze daraus verfertige.«

Der Film wird ein ganz großer Erfolg, ebenso 1958 die Fortsetzung *Die Trapp-Familie in Amerika*. Die Zweifel der deutschen Mäkler am Bekanntheitsgrad der Trapp-Familie in den USA werden ad absurdum geführt, als 1959 am Broadway das Rodgers & Hammerstein-Musical *The Sound of Music* herauskommt, frei nach dem Liebeneiner-Film, unbekümmert amerikanisch und unbekümmert kommerziell, viel »schnulziger« und freier im Umgang mit dem historischen Detail. Das Hauptlied »Edelweiß« wird zum internationalen Ohrwurm. Was passiert wäre, wenn Franz Grothe es gewagt hätte, etwas Vergleichbares anzubieten, kann man sich ausmalen. Das Dilemma, daß gerade die deutsche Provinz so vieles provinziell findet, hat viel verhindert und wenig entstehen lassen.

Grothes tiefer Ärger – im Gegensatz zu seinen amerikanischen Kollegen muß er sich quasi wie der von den Zwergen gefesselte Gulliver empfinden – erfährt bald noch eine Steigerung. Als Warner Brothers die Filmrechte kaufen, sorgen sie dafür, daß alle Spuren des deutschen »Erstgeborenen« beseitigt werden: So ist Vertragsbestandteil, daß das Negativ vernichtet wird. *The Sound of Music* in der Verfilmung von 1965 wird der größte internationale Kassenschlager des Jahrzehnts – die deutsche *Trapp-Familie* verschwindet in uninteressierten Nebensätzen deutscher Film-Chronisten.

Wer will denn den »Mitternachts-Blues«?

Auch die Geschichte von Franz Grothes größtem Welterfolg, dem »Mitternachts-Blues«, ist erst einmal eine Geschichte der Verhinderung. Für den Schulfilm *Immer wenn der Tag beginnt*, in dem eine Schüler-Jazzband eine Rolle spielen soll, macht er sorgfältige Studien bei einer Amateurband in einem Saal hinter der Münchner Leopoldstraße.

Für die Hauptmelodie, die sich durch den Film ziehen soll, hat Grothe wie immer fünf oder sechs Melodievorschläge, darunter zwei Skizzen, von denen eine bereits fünfzehn Jahre, die andere schon sieben Jahre in der Schublade liegt. Regisseur Liebeneiner und Produzent Utermann sind für die alten Entwürfe, allerdings jeder für einen anderen. Der Favorit des Produzenten ist dem Regisseur musikalisch zu kompliziert: »Die Melodie wird niemand behalten.« Utermann entscheidet gegen ihn: »Das war wirklich das einzigemal, daß Liebeneiner vierzehn Tage nicht mit mir gesprochen hat.« Liebeneiner befindet sich mit seiner Meinung in bester Gesellschaft, Kurt Hoffmann hat die Melodie abgelehnt und Victor Tourjansky und Georg Witt und und … »Wenn die heute auch wieder durchgefallen wäre«, sagt Grothe, »ich hätte sie nie wieder angeboten.«

Fortsetzung der Story in Hamburg, wo Utermann vom Begräbnis eines Jungen erfährt, an dessen Grab seine Freunde – nach zahllosen Schwierigkeiten für die Bewilligung – den Zapfenstreich aus *Verdammt in alle Ewigkeit* spielen durften. Diese Szene wird eine Woche vor Beginn der Dreharbeiten in den Film eingebaut, und damit ist der »Mitternachts-Blues« zu einem Trompeten-Solo geworden. Als die Szene abgedreht ist, wird die Melodie auf dem ganzen Bavaria-Gelände gesungen, gesummt, gepfiffen. Die Filmbesucher stürmen die Plattenläden. In kürzester Zeit kommen mehrere Versionen heraus. Das weltweite Echo hat seinen Rekord in Japan. Bis 1979 wurden dort 7,3 Millionen Platten in 34 Versionen verkauft – und mit einer »Goldenen« ausgezeichnet.

Kabarett als Schlager

Es sind die letzten Erfolgsjahre für den deutschen Film traditioneller Prägung, von den Jungfilmern bald pauschal als »Opas Kino« abgefertigt. Und zumal 1958 wird auch für Franz Grothes Schaffen ein zentrales Jahr. Der Zeitgeschmack hat sich (wieder einmal) endgültig gewandelt. Das bedeutet, daß gewisse alte Formen kein

Echo mehr haben, so der Revue-Film *Bühne frei für Marika* mit Marika Rökk oder der Sängerfilm *Mein ganzes Herz ist voll Musik,* in dem Erika Köth ein wortwörtlich einmaliges Leinwandgastspiel gibt. Aber andere alte Formen werden in entsprechender Innovation zu Kassenknüllern und bringen sogar die Presse zum Jubeln. Regisseur Kurt Hoffmann greift die deutsche Variante des Filmmusicals seines Lehrmeisters Rudolf Schünzel wieder auf und landet mit *Das Wirtshaus im Spessart* einen Sensationserfolg: »... der Film ist durchsetzt von

Marika Rökk und Franz Grothe
(Foto: Kurt Bethke)

vorzüglichen Songs, zu denen unter anderen Günter Neumann die Texte schrieb. Man hat zweifelsohne versucht, etwas der Kunstform des amerikanischen ›Musicals‹ Entsprechendes zu schaffen. Der Versuch ist hier zweifelsohne gelungen. Die Musik von Franz Grothe ist durchaus eingängig, ohne jedoch allzu oft auf das übliche Schlagerniveau abzusinken. Es gelang vielmehr weithin, den angeschlagenen Moritatenton beizubehalten.« *(Evangelischer Filmbeobachter)*

Kurt Hoffmann und Franz Grothe gehen ihren gemeinsamen Weg weiter, vielleicht etwas zu anspruchsvoll, vielleicht etwas zu innovativ. Das funktioniert glänzend bei *Wir Wunderkinder* mit parodistischen Moritaten wie dem »Adolf-Tango«, dem »Zusammenbruch-Song« (»Die Straßen haben Einsamkeits-Gefühle«), dem »Wirtschaftswunder-Boogie« mit den Texten von Günter Neumann. Und bringt 1959 bei den ersten internationalen Film-Festspielen in Moskau die große Sensation: Obwohl sich die Bundesrepublik offiziell gar nicht an den Filmfestspielen beteiligt, erhält *Wir Wunderkinder* den »Goldenen Preis«. Daß dieser Film sogar in Israel gezeigt werden kann – und auf außerordentliches Interesse stößt –, beweist noch deutlicher seinen Stellenwert.

Liselotte Pulver und Franz Grothe (Foto: privat)

Wir Wunderkinder, eines der wenigen Beispiele für den Einsatz kabarettistischer Elemente im deutschen Film, wird ein Klassiker. Das nächste gemeinsam mit Kurt Hoffmann entwickelte Projekt soll eine zeitgemäße musicalhafte Aus-

XXXI

Auf den Flügeln realer Träume

Helmut Käutner, Ruth Leuwerik und Franz Grothe bei der »Bambi«-Verleihung, 1958 (Foto: Filmmuseum Berlin)

prägung seiner Lieblingsidee seit Beginn der dreißiger Jahre werden, »ein musikalisches Volksstück, ein richtiges Volksstück«. Dem wird nicht nur musikalisch Rechnung getragen. *Der Engel, der seine Harfe versetzte* ist in einer Zeit, in der (oft genug ohne befriedigendes qualitatives Ergebnis) geklotzt wird, ein schon vor Drehbeginn aufsehenerregender Low-Budget-Film, kostet mit knapp 500 000 Mark ein Drittel der üblichen Produktionen. Die dafür engagierten Schauspielschüler und Theater-Schauspieler erhalten eine Gesamtgage von 70 000 Mark, weniger als eine einzige Stargage.

In fünfzehn musikalischen Motiven, die den handelnden Personen leitmotivisch zugeordnet sind, fängt Grothe ihre Gedanken ein. Und obwohl die Darsteller in entscheidenden Momenten nicht sprechen, wird ihre Psychologie akustisch deutlich. Gunter Groll *(Süddeutsche Zeitung)* nennt das »ein gleichsam verschlucktes Musical« und findet, daß nach dem inneren Monolog nun so etwas wie der »innere Song« erfunden worden ist. Die Kritiken sind glänzend, aber das Publikum will nach wie vor seine Stars und zieht nicht mit.

Jubel herrscht dagegen wieder bei Franz Peter Wirths Shaw-Adaption *Helden* mit O. W. Fischer und auch über Grothes ironisch akzentuierte Musik, die im ganz und gar unmilitärischen »Reitermarsch« gipfelt. Ponkie in der *Abendzeitung:* »... von Franz Grothe mit köstlichem musikalischem Heldenschliff bedacht ...«

Stiftung gegen »Schnürsenkel-Verkäufer«

1958 feiert Grothe seinen 50. Geburtstag mit dem »Mitternachts-Blues« (eine Million Platten sind inzwischen verkauft),

Grothe privat (Foto: Kurt Bethke)

den ihm eine Big Band auf dem Kurfürstendamm zum Ständchen bringt. Er nimmt die runde Zahl auch zum Anlaß, um die »Franz Grothe-Stiftung« ins Leben zu rufen, die junge, begabte, aber auch in Not geratene Musiker unterstützen soll. Der Stiftungsgedanke ist von Anfang mehr als eine noble Geste. Dahinter steckt ganz konkrete Sorge über den Ausbildungsstand in der leichten Musik: »In unseren Tagen will eben jedermann ›komponieren‹! Wir haben früher Beethoven studiert, bevor wir zur leichten Muse übergingen. Schlagerkomponisten von heute haben vorher sehr oft – Schnürsenkel verkauft!«

Franz Grothe beschäftigt sich sehr mit dem Thema und nimmt in Interviews kein Blatt vor den Mund, gibt

Ruth Leuwerik und Franz Grothe (Foto: Filmmuseum Berlin)

kritische Analysen ohne Rücksicht auf »beleidigte Leberwürste«. Er prangert die Fließbandproduktionen der Schallplattenhersteller an, die einen Erfolg nicht mehr »kommen« lassen, sondern forcieren und sofort zum nächsten Tageshit übergehen: »Heute wimmelt es in unserem Fach von Dilettanten. Leute, die von Musik bestenfalls soviel verstehen wie vom Kartoffelkochen, werfen anspruchsvolle Kompositionen sofort in den Papierkorb.« Aber er schont auch die Rundfunkintendanten nicht, die den Sektor Unterhaltungsmusik »stiefväterlich« behandeln und die Sparte gehobene Unterhaltungsmusik nur noch aus Archiv-Bandmaterial abdecken lassen. Trotzdem resigniert er nicht: »Ich rate dem begabten Nachwuchs, sich trotz dieser Misere auf seine Arbeit zu konzentrieren, damit er durch Leistungen Weltgeltung erreicht und aus dieser Position den deutschen Markt umkrempeln kann.«

v. r. Franz Grothe im Kollegenkreis mit Gerhard Winkler, Nico Dostal und Ludwig Schmidseder (Foto: Gerhard Winkler-Archiv)

Ein typisches Beispiel, daß der Markt vorläufig für kleine Kostbarkeiten verloren ist, ist ein Lied aus dem Film *Liebe auf krummen Beinen* von 1959. Walter Giller singt »Ein kleiner Hund«, bekommt von Experten Vorschußlorbeeren als Chanson-Entdeckung. Aber populär wird das Lied erst viele, viele Jahre später durch die diversen Reprisen des Films im Fernsehen.

1961 widmet das *Film-Echo* einen Aufmacher dem Thema »Deutsche Filmmusik ohne Niveau?«: »... die Helden der Filmmusik sind müde geworden, scheinen mehr und mehr in Routine erstarrt; die Schallplatten-Industrie und der Rundfunk haben den Vorrang – Filmmusik aber scheint mehr und mehr Musik zu werden, die aus anderweitig unverwertbaren Einfallsabfällen zusammengesetzt wird ... Die deutsche Filmmusik ist häufig so unterschwellig geworden, daß sie gegenüber dem Wort-Bild-Effekt gar nicht mehr bewußt gehört wird.« So sehr haben sich die Begriffe inzwischen verwirrt, daß die »Unterschwelligkeit« als Qualitätsmerkmal guter Filmmusik ins Gegenteil verkehrt wird.

In diesem Klima entsteht 1959 für *Ein Mann geht durch die Wand* eine der köstlichsten und kostbarsten Filmmusiken von Franz Grothe. Regisseur Ladislao Vajda setzt lange Sequenzen rein pantomimisch auf die durchkomponierte Partitur. Und Heinz Rühmann, der den geknechteten Buchhalter mit übernatürlichen Fähigkeiten spielt, erinnert sich später an die Suggestivkraft, die das magische musikalische Leitmotiv auf ihn ausübte: »... da wurde mir in die Dekoration die Musik gespielt, die mir so geholfen hat und mich auch in die Stimmung versetzt hat, in die ich kommen mußte, um mit dem Finger schon mal durch die Wand zu gehen. Und ich hatte auch dadurch das Erschrecken über meine Fähigkeit, die wollte ich ja in der Rolle verlieren.« (Ähnliche Sorgfalt hat 1964 die Partitur zu dem Rühmann-Film *Vorsicht, Mister Dodd*.)

Abspann

Wo gesungen wird, fallen dagegen Späne. Daß immer mehr Filmstars zum Gesang greifen, ist Anlaß zu journalistischer Ironie. So wird Johanna von Koczian 1959 in *Jacqueline* attestiert, daß ihr Gesangsstil (der in den siebziger Jahren dann höchst erfolgreich ist) und Grothes Musik fünfzehn Jahre früher ein Erfolg hätten werden können. Und 1960 führt der Versuch, Lessings *Minna von Barnhelm* als Musical zu verfilmen, zu einer wütenden Polemik, die von Curt Riess in der *Welt am Sonntag* angeführt wird. Auch Grothes spezifischer Stil, eben noch in Erfolgs-Filmusicals hoch gepriesen, wird abgetan. Allenfalls

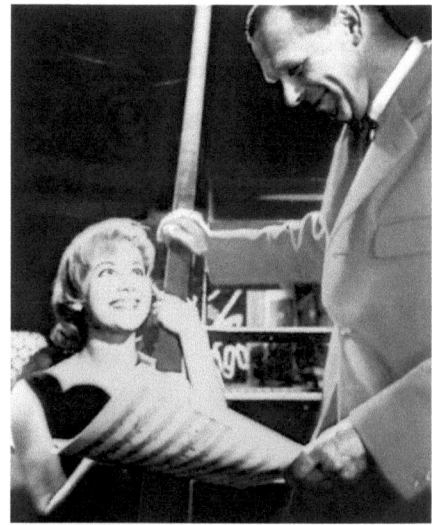

Johanna von Koczian und Franz Grothe (Foto: privat)

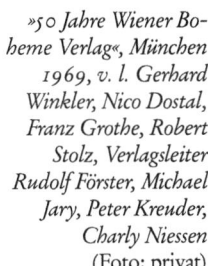

»50 Jahre Wiener Bohème Verlag«, München 1969, v. l. Gerhard Winkler, Nico Dostal, Franz Grothe, Robert Stolz, Verlagsleiter Rudolf Förster, Michael Jary, Peter Kreuder, Charly Niessen (Foto: privat)

das Wut-Chanson der Franziska (Johanna von Koczian) erfreut sich einigermaßen wohlwollender Erwähnung. So ein Tempo hat der »führende Zeitgeschmack«!

Doch Franz Grothe bleibt trotz solcher Tiefschläge dem Film erhalten, allerdings nur noch für ein bis zwei Produktionen pro Jahr. Und obwohl die deutsche Leinwand allmählich nur noch aus Dr. Mabuse-, Edgar Wallace- und Karl May-Serien sowie – nach wie vor ungebrochen – Musik-Klamotten zu bestehen scheint, findet sich für ihn immer wieder und immer noch der gehobene Unterhaltungsfilm. 1962 erhält *Zwei unter Millionen* mit Loni von Friedl und Hardy Krüger den Bundesfilmpreis. 1963 beginnen mit Heinz Rühmann die Reprisen der Curt Goetz-Verfilmungen. Und 1966/67 gibt es die Kurt Hoffmann-Produktion *Liselotte von der Pfalz* und – der Schwanengesang der ernstzunehmenden deutschen Filmkomödie – *Herrliche Zeiten im Spessart*. Der letzte Teil der Spessart-Trilogie führt per Zeitmaschine durch die Jahrtausende von den alten Germanen bis in die Zukunft und wieder zurück. Der witzigen und bisweilen (wie in der utopischen Sequenz) raffinierten Handlung entspricht eine besonders farbige und spielerische Partitur.

Die Bundesrepublik im Jahre 1967 hat für derlei keine Antenne. Die konservative Presse ist von den nun seit bereits zehn Jahren bekannten Spessart-Figuren gelangweilt. Wohlmeinende monieren, daß es doch nicht gleich nötig wäre, die ganze Weltgeschichte in zwei Stunden zu packen. Und die Chronisten des neuen deutschen Films, die mutwillig alles ablehnen, was nicht in diesen Bereich gehört, notieren sich das Todesurteil bereits für ihre späteren Anthologien.

Kurt Hoffmann aber begeht in seiner Verunsicherung und Ratlosigkeit künstlerisches und kommerzielles Harakiri. 1969 läßt er die sieben (eher dreisten als putzigen) Kinder eines Tierarztes aus Burscheid bei Köln sich selber spielen. *Ein Tag ist schöner als der andere* heißt dieser Semi- oder Pseudo-Dokumentarstreifen, der versucht, verbrauchte Familienschnulze und -klamotte auf »cinema verité« zu trimmen. Grothe merkt während der Dreharbeiten, in welches Chaos der Weg führt, und ist entsetzt. Das ist nicht mehr seine Welt, und er hat auch keinen Einfluß mehr darauf. Grothe verläßt den Ort des Grauens und ward im deutschen Film nie mehr gesehen.

Doch inzwischen hat er sich längst mit gleicher Energie und Arbeitsfreude dem Medium Fernsehen verschrieben. So komponiert er unter anderem die musikalische Burleske *Ich will Mjussow sprechen* (1967), die zur ganz gehobenen U-Musik zählende Partitur zu dem Zweiteiler *Madame Bovary* (1968) und im selben Jahr das bundesdeutsche Satyrical *Auch schon im alten Rom*, ein kabarettistisches Fernseh-Singspiel, in dem etwa Hanne Wieder den Hachfeld-Text singt: »… wir haben Goldbestecke wie Curd Jürgens und hängen uns schon selbst zum Halse raus!«

Zumal in Fernsehfilm und Fernsehspiel findet der Einsatz gediegener, für den Anlaß komponierter Musik später nur noch sporadisch statt.

Bock auf den »Blauen Bock«

Franz Grothe dirigiert im »Blauen Bock« (Foto: Kurt Bethke)

Doch da hat Franz Grothe Leben und Beruf bereits wieder neu eingerichtet. Zwei »Schwerpunkte« gibt es nun für ihn. 1966 hat er in zweiter Ehe Gerda Eckert geheiratet. Sie ist selbst hochmusikalisch (das Geigenspiel gibt sie auf, weil sie dem Profi nicht unter die Ohren treten will) und wird nun zur Diskussionspartnerin bei jeder neuen Aufgabe. »Guten Tag, liebes Glück« stand auf der Heiratsanzeige.

Beruflich ist Franz Grothe bereits seit 1965 »verheiratet« – und zwar mit dem *Blauen Bock* (Hessischer Rundfunk), für den ihn der Produzent Martin Jente als musikalischen Leiter verpflichtet hat, erst noch mit Otto Höpfner, später mit Heinz Schenk.

Wie großen Spaß ihm das Dirigieren seines kleinen *Blauer Bock*-Orchesters macht, zeigt sich ganz besonders in jedem Karneval, wenn er stolz und vergnügt die Narrenkappe trägt. Und die Einschaltquoten von bis zu 60 Prozent sowie der Infratest von plus 6 machen ihn nach dreißig überaus erfolgreichen Berufsjahren nun als Person erst wirklich populär.

Aber nicht nur die spektakulären Auftritte, die fröhlichen Stimmungslieder kommen an. Hin und wieder gibt es auch leise Töne. Rund dreihundert Lieder hat Grothe zusammen mit Heinz Schenk bereits für die Sendung geschrieben. Dann singt Schenk am 20. August 1978 das neue Lied »Es ist alles nur geliehen«, einen Titel, der gezielt für den *Blauen Bock* entstanden ist und nicht, »um in die Hitparaden zu kommen«. Am nächsten Tag konstatiert der Hessische Rundfunk »eine unheim-

Auf den Flügeln realer Träume

Caterina Valente und Franz Grothe in Amsterdam, 1967 (Foto: privat)

liche Reaktion der Zuschauer«. Eine Woche später wird eine Single aufgenommen. Und gut drei Monate danach ist das Unvorstellbare Ereignis geworden – das stille Lied mit den leisen menschlichen Tönen hat sich in die ZDF-Hitparade katapultiert.

Bereits 1973 stellt Grothe auf die Frage, warum in Deutschland so wenig Musicals komponiert werden, fest: »Leider gibt es wirklich wenige deutsche Musicals, die Erfolg gehabt haben. Erstens gibt es zu wenig Producer für diese Musikgattung; dann das Vorurteil, daß wir hier in Deutschland keine Musicals schreiben können.«

Eine Ausnahme ist Gelsenkirchen – auch für Franz Grothe. 1974 kommt hier das Musical *Moral* (nach Ludwig Thoma) heraus. 1977 folgt die musikalische Räuberpistole *Das Wirtshaus im Spessart* nach Motiven des Kurt-Hoffmann-Films und wird das erfolgreichste neue deutsche Bühnenmusical. Sechzehn westdeutsche Bühnen von Stuttgart bis Schleswig, von Konstanz bis Fürth ziehen kurz nach der Gelsenkirchener Uraufführung nach. Und eines ganz besonderen Dauererfolges an rund 30 Bühnen erfreut sich das Stück in der DDR. Sein Charakter, der nicht auf politische Brisanz setzt, schlägt hier besonders zu Buche. Nach der DDR-Erstaufführung in Cottbus schreibt Wolfgang Lange im Fachblatt *Theater der Zeit:* »Da rollt etwas auf uns zu. Ein Stück heiteren musikalischen Theaters nämlich, das womöglich eine zweite *Fair Lady* sein könnte ...«

Letzte Ernte

Daneben arbeitet Grothe weiter unermüdlich an Werken der gehobenen Unterhaltungsmusik. Seit den frühen Jazz-Phantasien für Dajos Béla hat sich im Lauf von mehr als 50 Jahren auch in diesem Bereich eine stattliche Anzahl angesammelt, Ouvertüren, Suiten und Konzertstücke, aber auch Kammermusik und Lieder.

Und als Eigeninterpret, als Dirigent und Pianist, gelingt es ihm auch im Gegensatz zu vielen seiner Kollegen, das Interesse der Funkhäuser an diesem Genre wachzuhalten. Er leitet öffentliche Konzerte beim Hessischen und beim Westdeutschen Rundfunk, sitzt beim großen Rundfunkorchester in Ost-Berlin am Flügel.

Auch am 10. September 1982 dirigiert Franz Grothe für seinen 75. Geburtstag im großen Sendesaal des WDR ein Konzert mit eigenen Werken. Bei der »Elegie« erleidet er einen Schwächeanfall und stürzt. Am 12. September stirbt er in der Kölner Universitätsklinik an Herzversagen. Sein Tod mitten in der Arbeit, quasi mit dem Taktstock in der Hand, ist der Schlußakkord eines erfüllten Musikerlebens.

Grothes Wunsch war es, daß sein Name im Dienste der Musik (und nicht nur als Evergreen-Komponist) erhalten bleibt. Über die Vergänglichkeit des menschlichen Lebens war er sich bewußt, aber mit dem Wissen, daß einige seiner Werke ihn überleben werden ...

Für den überwältigenden Erfolg seines »Mitternachts-Blues« in Japan (7,3 Millionen Platten in 34 Versionen) wird Franz Grothe 1979 eine Goldene Schallplatte überreicht (Foto: dpa)

Biographie in Stichworten

Grothe, Franz Johannes August, 1908 geboren am 17. September in Berlin (-Treptow). Vater: Johannes Grothe, Pianist und Vertreter der Pianoforte-Fabrik Blüthner, Mutter: Berta, geb. Henschel, Konzertsängerin

1913	Erster Violinunterricht vom Großvater, später von Franz von Vecsey		Kálmán, Robert Stolz, Hugo Hirsch, Rudolf Nelson
1918	Erste Kompositionsversuche	1931	Eigener Musikverlag, die »Edition Franz Grothe« (bis 1933)
1919	Humanistisches Gymnasium in Berlin (-Steglitz)	1933	Zusammenarbeit mit dem Textdichter Willy Dehmel, Vetter von Franz Grothe und Großneffe des Dichters Richard Dehmel
1924	Pianist in Eric Borchard's Atlantic Jazzband Studium an der Musikhochschule Berlin (Violine, Klavier, Theorie, u.a. bei Leonid Kreutzer, Walter Gmeindl, Clemens Schmalstich, Theodor Müngersdorf)	1936	18 Monate in Hollywood als Korrepetitor bei Universal Corp.
		1938	Erste Ehe mit Kirsten Heiberg, norwegische Filmschauspielerin und Sängerin (1953 geschieden)
1925	Spielt vor Mitschülern und Verwandten aus seiner ersten Operette »Ehe auf Zeit« – nie öffentlich aufgeführt, aber daraus der Tango *Rosen und Frau'n* wird 1928 mit Richard Tauber auf Schallplatte sein erster großer Erfolg, Schlüsselerlebnis: ein Konzert von Paul Whiteman in Berlin (wird Anhänger der sogenannten »Jazz-Symphonik«)	1942	Gemeinsam mit Georg Haentzschel Gründung des »Deutschen Tanz- und Unterhaltungsorchesters«
		1958	Gründung der »Franz Grothe-Stiftung« zur Unterstützung in Not geratener und zur Förderung besonders begabter Musiker
		ab 1962	Musik fürs Fernsehen, besonders erfolgreich »Madame Bovary« (1968)
1926	Pianist im Orchester von Dajos Bela, neben und als Nachfolger von Mischa Spoliansky, Konzerttourneen durch Europa (bis 1930)	1965	Musikalischer Leiter der Fernsehsendung »Zum Blauen Bock«
		1966	Zweite Ehe mit Gerda Eckert
1929	Arrangeur bei der Schallplattenfirma Lindström, Zusammenarbeit mit Richard Tauber, Arrangements für Franz Lehár, Emmerich	1972	Vorsitzender des Aufsichtsrates der GEMA
		1982	Gestorben am 12. September in Köln, Ehrengrab in Bad Wiessee.

Biographie in Stichworten

Grothe zählt zu den populärsten deutschen Unterhaltungsmusik-Komponisten des 20. Jahrhunderts. Seit Beginn des Tonfilms (»Die Nacht gehört uns«, 1929) schreibt er bis 1969 (»Ein Tag ist schöner als der andere«) Filmmusik, Melodien und Schlager für 170 Filme, darunter:

1938	»Napoleon ist an allem schuld« mit Curt Goetz	1956	»Salzburger Geschichten« (nach Kästners »Der kleine Grenzverkehr«) mit Marianne Koch
1939–41	»Frauen sind doch bessere Diplomaten« mit Marika Rökk	1957	»Immer, wenn der Tag beginnt«
1940/41	»Die schwedische Nachtigall« mit Ilse Werner, als Sängerin: Erna Berger	1957	»Das Wirtshaus im Spessart« mit Liselotte Pulver
1941	»Illusion«	1958	»Die Trapp-Familie in Amerika« mit Ruth Leuwerik
1942	»Ein Walzer mit dir« mit Lizzy Waldmüller	1958	»Wir Wunderkinder« mit Johanna von Koczian
1943/44	»Die Frau meiner Träume« mit Marika Rökk	1958	»Helden« (nach Shaw) mit O. W. Fischer, Liselotte Pulver
1949	»Frauenarzt Dr. Prätorius« mit Curt Goetz	1959	»Ein Mann geht durch die Wand« mit Heinz Rühmann
1951	»Das Haus in Montevideo« mit Curt Goetz	1960	»Heldinnen« (nach Lessings »Minna von Barnhelm«) mit Johanna von Koczian, Marianne Koch
1953	»Hokuspokus« mit Curt Goetz		
1953	»Ave Maria« mit Zarah Leander		
1955	»Rosen im Herbst« (nach Fontanes »Effi Briest«) mit Ruth Leuwerik	1965	»Heidi« (nach Johanna Spyri)
		1966	»Liselotte von der Pfalz« mit Heidelinde Weis
1955	»Ich denke oft an Piroschka« mit Liselotte Pulver	1967	»Herrliche Zeiten im Spessart« mit Liselotte Pulver
1956	»Die Trapp-Familie« mit Ruth Leuwerik		

Ehrungen: Goldene Trompete für die millionste Schallplatte des *Mitternachts-Blues*, Paul-Lincke-Ring (1966), Bundesverdienstkreuz (1970), Bundesfilmband in Gold (1975), Max Reger-Medaille der Stadt Weiden/Opf. (1978), Goldene Schallplatte für 7,3 Millionen verkaufte Tonträger mit dem *Mitternachts-Blues* in Japan (1979), Großes Bundesverdienstkreuz (1980), Goldene Nadel der Dramatiker-Union (1981), Goldene Europa, Goldene Stimmgabel (1989)

Franz Grothe Werkverzeichnis

Allgemeine Bemerkungen

Im *Titelregister* sind Filme und Fernsehproduktionen nicht enthalten, aber alle Einzelkompositionen daraus.

Textanfänge von Strophe und Refrain sind nur dann angegeben, wenn diese vom Titel abweichen.

In den Rubriken *Filmographie* und *Fernsehproduktionen* sind nur die Titel angeführt, die von Franz Grothe komponiert wurden. Einzeltitel aus Filmen sind – soweit eruierbar – mit den Interpreten im Film angeführt.

Musikalische Bearbeitungen von Bühnenwerken sowie Schauspielmusiken sind im Werkverzeichnis nicht enthalten. Ebenso blieben die Filme »Die letzte Kompagnie« (1930) und »Two in a Crowd« (1936) unberücksichtigt, da Kompositionen von Franz Grothe nicht eindeutig nachweisbar sind.

Die *Melodien-Incipits* bieten informative Werk-Ausschnitte. Die Auswahl versucht, die Popularität der Kompositionen und den Zusammenhang mit der künstlerischen Entwicklung des Komponisten zu berücksichtigen. Die Anordnung – ein beispielhafter Auszug aus dem gesamten Œuvre – erfolgt chronologisch.

Abkürzungen

A	Anmerkung
ARD	Arbeitsgemeinschaft der öffentlich-rechtlichen Rundfunkanstalten der Bundesrepublik Deutschland
d. i.	das ist
Dt.	Deutsche (-en / -es)
Ens.	Ensemble
Klav.	Klavier
Ltg.	Leitung
M	Musik
M+T	Musik und Text
m. s.	mit seinem
n. d.	nicht datiert
Orch.	Orchester
Quint.	Quintett
R	Refrain (Refrainsänger)
S. (mit Ziffer)	Seitenzahl
s.	siehe
Str.-Orch.	Streichorchester
T	Textdichter
UA	Uraufführung
u. a.	und andere
u. s.	und sein (-e/-r)
V	Verlag
ZDF	Zweites Deutsches Fernsehen

Werkverzeichnis

Abend bei Kerzenlicht
Melodie (Blues) für Orchester
nach Motiven aus dem Film »Junger Mann,
der alles kann«
Manuskript
[n. d.]

Abendlied
(Chant du soir)
Tango-Fantasie für Klavier
V: Turicaphon
1940

Abends, wenn alle Menschen schlafen
*Langsam bricht von fern die Dämm'rung
herein*
Lied und Langsamer Walzer aus dem Film
»Geheimzeichen LB 17«, 1938
T: Dehmel, Willy ♦ V: Wiener Bohème
Melodie-Incipit s. S. 94

Aber abergläubisch, nein, das sind wir nicht
Naht ein Schornsteinfeger plötzlich
Chanson aus der Fernsehserie »Zum Blauen
Bock«, 1974
T: Schenk, Heinz ♦ Manuskript

Der abergläubische Cowboy
*Der Jacky kam nach Tennessee
Einem richt'gen Cowboy tut so was nicht weh*
Lied aus dem Film »Ein Tag, der nie zu
Ende geht«, 1959
T: Dehmel, Willy ♦ V: Edition Modern

Ab nach Kassel, ab nach Kassel
Kassel hat sehr viel zu bieten
Chanson aus der Fernsehserie »Zum Blauen
Bock«, 1981
T: Schenk, Heinz ♦ Manuskript

linke Seite: Franz Grothe-Autograph aus der
Partitur zu »Napoleon ist an allem schuld«
(Foto: Franz Grothe-Stiftung)

Ach, das könnte schön sein
(Chanson vom bürgerlichen Leben)
*Ob du's glaubst oder nicht
Ich hab' doch so 'ne schöne Stimme*
Lied (Duett) aus dem Film »Das Wirtshaus
im Spessart«, 1957
T: Dehmel, Willy ♦ V: Takt & Ton
Melodie-Incipit s. S. 103
A: verwendet in dem Musical »Das Wirtshaus im Spessart«, 1977

Ach, es mußte ja so kommen
Duett aus der TV-Komödie »Bunbury«,
1963
T: Dehmel, Willy ♦ Manuskript

Ach, ich liebe alle Frauen (Männer)
*Man nennt mich den König der Toreros
(Ich bin doch die Carmen von Sevilla)*
Lied und spanischer Tanz aus dem Film
»Frauen sind doch bessere Diplomaten«,
1939-41
T: Dehmel, Willy ♦ V: Ufaton
Melodie-Incipit s. S. 96
A: italienisch: **Amo tutte le donne**

Ach wie schön ist doch ein Doppelgänger
Wer ging noch zum Finanzamt
Foxtrot aus der Fernsehserie »Zum Blauen
Bock«, 1978
T: Schenk, Heinz ♦ Manuskript

Adieu, Manon
Lied und Slowfox
T: Flessburg, Alexander ♦ V: Wiener Bohème
[n. d.]

Adolf-Tango
*Kinder, was hat Hollywood für Komiker
beim Film*

Werkverzeichnis

Adolf, du solltest mal zum Film geh'n (R)
Lied und Tango aus dem Film »Wir Wunderkinder«, 1958
T: Neumann, Günter ♦ V: Takt & Ton

Ahoi zu einer Flußpartie
Nehmen wir die blaue Donau
Marsch-Fox aus der Fernsehserie »Zum Blauen Bock«, 1982
T: Schenk, Heinz ♦ Manuskript

A Holiday in Zürs
Viele Platzerln auf der Welt
Lied und Foxtrot aus dem Film »Seitensprünge im Schnee«, 1950
T: Ohlsen, Rolf ♦ V: Schaeffers

Alfano
Tango
M: Grothe, Franz / Bertuch, Max ♦
T: Grothe, Franz ♦ Manuskript
1927
Melodie-Incipit s. S. 89

Alle Neune, alle Neune
Marsch aus der Fernsehserie »Zum Blauen Bock«, 1979
T: Schenk, Heinz ♦ Manuskript

Alle Puppen tanzen
Heut nacht wird das Haus auf den Kopf gestellt
Walzerlied aus dem TV-Film-Musical »Mitternachtszauber«, 1964
T: Rameau, Paul H. ♦ Manuskript

Alle reden heut vom Wetter
Ob die Sonne scheint, ob's regnet
Couplet aus der Fernsehserie »Zum Blauen Bock«, 1980
T: Schenk, Heinz ♦ Manuskript

Allerschönste aller Frauen
Dieses Lied schreibt euch auf
Lied und Foxtrot aus dem Film »Ich vertraue dir meine Frau an«, 1942/43
T: Dehmel, Willy ♦ V: Wiener Bohème
Melodie-Incipit s. S. 99
A: französisch: **Garde moi ma femme**
Il n'en est qu' une

Alles für euch, schöne Frau'n
Als die Welt fertig stand
Lied und Valse Boston aus dem Film »Tingel-Tangel«, 1930
T: Wilczynski, Karl ♦ V: Beboton
Melodie-Incipit s. S. 89
A: »Frau Luise Engels gewidmet«
  englisch: **Love Brings the Dawning**
  schwedisch: **Alting for kvinden**
  T: Rostgaard-Froehne, Kay

Alles kann der Mensch sich kaufen
Jeden Tag in unsrem Leben
Lied aus der Fernsehserie »Zum Blauen Bock«, 1979
T: Schenk, Heinz ♦ V: Wiener Bohème

Alles nackt
Seht doch mal den alten Adam
Und alles nackt (R)
Lied und Foxtrot aus dem Musical »Moral«, 1974
T: Schwenn, Günther ♦ V: Meisel

Alles schon 'mal da gewesen
Es gibt nischt Neues, liebe Leute
Couplet aus dem TV-Film »Berlin ist eine Posse wert«, 1968
T: Hachfeld, Eckart ♦ Manuskript

Alles Schwindel mit der Liebe
In einer Stadt von hier sehr weit
So dann und wann
Lied und Spanischer Marsch aus dem Film »Die wilde Auguste«, 1956
T: Dehmel, Willy ♦ V: Seith

Der Ammenkönig
Intermezzo aus dem gleichnamigen Film, 1935
Manuskript

Am nächsten Tag
Irgendwo, irgendwann
Lied und Langsamer Foxtrot
T: Stollberg, Wera von ◆ V: Accord
1941
A: englisch: **On Sunday I Go Sailing**
On sunday my sweetie will sail away
T: Stellman, Marcel

Andalusische Romanze
(Andalusian Romance – Romance andalouse)
für Violine und Orchester
V: Melodia
1952

An der Donau, wenn der Wein blüht
Walzerlied aus dem Film »Walzerkrieg«,
1933
M: Grothe, Franz / Melichar, Alois (unter Verwendung der »Steyrischen Tänze« op. 165 von Joseph Lanner) ◆ T: Dekner, Hanns ◆ V: Ufaton
Melodie-Incipit s. S. 91
A: französisch: **Valse tendre, valse blonde**
niederländisch: **Aan de Donau waar de wijn bloeit**
T: Debroy, R. / Charles, H.
spanisch: **En el Danubio cuando florecen las vides**
verwendet in der Operette »Der Walzerkrieg« von Hans Müller und Robert Liebmann, Musik von Alois Melichar (UA: 4.12.1965 München, Staatstheater am Gärtnerplatz)
Film nach dem gleichnamigen Titel (Musik: Rolf Wilhelm, 1965)
verwendet in dem Film »Die Reise nach Wien« (1973)

An der Havel
Slowfox
Manuskript
[n. d.]

Anfang und Schluß ABC
Schlager-ABC
aus der Fernsehserie »Zum Blauen Bock«,
1975
T: Schenk, Heinz ◆ Manuskript

A Night of Love
Slow
V: Swington
[ca. 1971]

Annabella
Sie hieß Annabella und war so schön
Lied
T: Balz, Bruno ◆ V: Wiener Bohème
1971

Der Apfel fällt nicht weit vom Stamm
Die Söhne sagt man allgemein
Marsch-Fox aus der Fernsehserie »Zum Blauen Bock«, 1980
T: Schenk, Heinz ◆ Manuskript

Arabesque
Fantasie für großes Jazz-Orchester
Manuskript
1930
A: UA: Januar 1930, Berlin, Philharmonie

ARD und ZDF
(Lied der Fernsehansagerinnen)
Ja, wir sagen Ihnen täglich
Foxtrot aus der Fernsehserie »Zum Blauen Bock«, 1981
T: Schenk, Heinz ◆ Manuskript

Assado
Carioca-Fantasie aus der Zweitverfilmung »Das Haus in Montevideo«, 1963
Manuskript

Auch beim Theater, auch beim Theater
Zunächst da kommt der Frühling
Lied aus der Fernsehserie »Zum Blauen Bock«, 1980
T: Schenk, Heinz ◆ Manuskript

Auch ich träum' so gern von der Liebe
Es ist ja alles nichts als Lüge und Scherz

Lachst du mich aus mein Schatz
Lied und Tango aus dem Film »Sag mir, wer du bist«, 1932
T: Rotter, Fritz ♦ V: Wiener Bohème

Auf dem Bildschirm
Wie wird es denn das Wetter
Marsch-Fox aus der Fernsehserie »Zum Blauen Bock«, 1980
T: Schenk, Heinz ♦ Manuskript

Auf dem blauen Meer fährt ein weißes Schiff
Wenn ich nachts am Fenster steh'
Lied und Langsamer Foxtrot aus dem Film »Fanfaren der Ehe«, 1953
T: Dehmel, Willy ♦ V: Hohner

Auf den Flügeln bunter Träume
[Blaue Stunde (Für viele ist die Stunde nicht da)]
In einer kleinen Stadt in Peru
Lied und Habañera aus dem Film »Geheimzeichen LB 17«, 1938
T: Dehmel, Willy ♦ V: Wiener Bohème
Melodie-Incipit s. S. 94
A: englisch: **Dreaming Away**
   verwendet in dem Film »Bildnis einer Unbekannten«, 1954

Auf der Ziehharmonika ein Liedchen
(Camping-Lied)
Uns zu Füßen brennt ein kleines Lagerfeuer
Lied und Slowfox aus dem Film »Kleines Zelt und große Liebe«, 1956
T: Dehmel, Willy ♦ V: Seith

Auf einer goldenen Kugel
Es lebten einst zwei Menschen
Lied und Slowfox aus dem Film »Spiel«, 1944
T: Dehmel, Willy ♦ Manuskript

Auf ein Wiederseh'n
Erinnern Sie sich noch an uns
Foxtrot aus der Fernsehserie »Zum Blauen Bock«, 1975
T: Schenk, Heinz ♦ Manuskript

Auf nach Offenbach
Bei näherem Besehen
Couplet aus der Fernsehserie »Zum Blauen Bock«, 1977
T: Schenk, Heinz ♦ Manuskript

Auf uns, da wird Gewicht gelegt
Schon Julius Caesar
Marsch-Fox aus der Fernsehserie »Zum Blauen Bock«, 1974
T: Schenk, Heinz ♦ Manuskript

Auf zum Karneval
Walzer aus dem Film »Sag mir, wer du bist«, 1932
T: Rotter, Fritz ♦ V: Wiener Bohème

Aus dem Reich der Phantasie
Chanson aus der Fernsehserie »Zum Blauen Bock«, 1977
T: Schenk, Heinz ♦ Manuskript

Aus deutschen Landen
Im Norden liegt Ostfriesland
Couplet aus der Fernsehserie »Zum Blauen Bock«, 1977
T: Schenk, Heinz ♦ Manuskript

Außer Rand und Band
Wer schätzt nicht das Kriminelle
Marsch aus der Fernsehserie »Zum Blauen Bock«, 1982
T: Schenk, Heinz ♦ Manuskript

Automaten-Tango
Als wir beide noch zwei kleine Kinder waren
Zieh am Automaten was für mich (R)
Tangolied aus der Revue »Insulaner sehen dich an«, 1931
T: Dehmel, Willy / Wilczynski, Karl ♦ V: Beboton
Melodie-Incipit s. S. 90

Bad Homburg vor der Höhe
Marsch-Fox aus der Fernsehserie »Zum Blauen Bock«, 1982
T: Schenk, Heinz ◆ Manuskript

Bad König
In Bad König
Marsch aus der Fernsehserie »Zum Blauen Bock«, 1978
T: Schenk, Heinz ◆ Manuskript

Bad Salzschlirf im schönen Hessenland
Couplet aus der Fernsehserie »Zum Blauen Bock«, 1978
T: Schenk, Heinz ◆ Manuskript

Bad Vilbel liegt im Hessenland
Couplet aus der Fernsehserie »Zum Blauen Bock«, 1975
T: Schenk, Heinz ◆ Manuskript

Ballade
Es kam ein Geiger gezogen
Lied für Singstimme, Klavier und Violine
T: Dehmel, Willy ◆ V: Wiener Bohème
1942

Ballade
Hört, liebe Leut'
aus dem Film »Herrliche Zeiten im Spessart«, 1967
T: Neumann, Günter ◆ Manuskript

Ballade des Parucchio
In den tiefen, dunklen Wäldern
Hört gut zu, was mir passiert ist
aus dem Film »Das Wirtshaus im Spessart«, 1957
T: Dehmel, Willy ◆ V: Dreiklang-Dreimasken
Melodie-Incipit s. S. 103
A: verwendet in dem Musical »Das Wirtshaus im Spessart«, 1977

Ballade von den unmöglichen Eltern
Es ist so schwer, die Eltern aufzuklären
aus der Musikalischen Komödie »Liebesbriefe«, 1964
T: Lützkendorf, Felix ◆ V: Desch

Bal paré
Konzertwalzer für Klavier
Manuskript
[n. d.]

Bambi-Ouvertüre
Manuskript
[n. d.]

Bäumchen wechsel dich
Es singt die Nina mit dem Paul
Foxtrot aus der Fernsehserie »Zum Blauen Bock«, 1975
T: Schenk, Heinz ◆ Manuskript

Bei dir frag' ich nicht nach den Sternen
(Sternenlied)
Die Waage ist mir zu vage
Lied und Slowfox aus der Revue »Im Traumland der Revue«, 1951
T: Rauch, Fred ◆ V: Quint

Bei gedämpftem Licht
aus dem Film »Der schwarze Blitz«, 1958
V: Bavariaton
A: englisch: **Soft Lights**

Berliner Bilderbogen
Ein Stück für Front und Heimat
Buch von Liesegang
Manuskript
1942

Der Berliner liebt Musike
Marsch aus der Fernsehserie »Zum Blauen Bock«, 1979
T: Schenk, Heinz ◆ Manuskript

Berlin-Lied
Funkausstellung in Berlin
Marschlied aus der Fernsehserie »Zum Blauen Bock«, 1975
T: Schenk, Heinz ◆ Manuskript

Werkverzeichnis

Berlin wird Weltstadt
Groß ist des Tieres Garten
Chanson aus dem TV-Film »Berlin ist eine Posse wert«, 1968
T: Kotzerka ♦ Manuskript

Besser ist, du bleibst zu Haus
Einen Weltstar zu begrüßen
Chanson aus der Fernsehserie »Zum Blauen Bock«, 1979
T: Schenk, Heinz ♦ Manuskript

Besuchen Sie Karlshafen mal
Erst da kamen Hugenotten
Walzerlied aus der Fernsehserie »Zum Blauen Bock«, 1974
T: Schenk, Heinz ♦ Manuskript

Bien venidos
Konzert-Tango
V: Mozart
[ca. 1961]
A: englisch: **Welcome**

Bist du erst in der Mühle drin
Hat dich die Justiz im Griff
Lied aus dem Musical »Moral«, 1974
T: Schwenn, Günther ♦ V: Meisel

Bitte sehr, das Spiel zu machen
Jeder spielt von uns im Leben
Foxtrot aus der Fernsehserie »Zum Blauen Bock«, 1981
T: Schenk, Heinz ♦ Manuskript

Blaue Nacht am Meer
Lied aus dem TV-Film »Glück zu kleinen Preisen«, 1963
T: Rameau, Paul H. ♦ Manuskript

Blaue Nächte
Blues
V: Heinrichshofen
1929
A: verwendet in den Filmen »Verlieb dich nicht am Bodensee« (1935) und »Ehe in Dosen« (1939)

Die blaue Stunde
Vorspiel für Orchester aus dem gleichnamigen Film, 1953
Manuskript

Bleib hier
Bleib hier, dich führt kein Weg zurück
Lied und Slowfox
T: Balz, Bruno ♦ V: Discoton
1959

Blenden Sie mit uns zurück
Man spricht von Papas Kino
Marschfox aus der Fernsehserie »Zum Blauen Bock«, 1979
T: Schenk, Heinz ♦ Manuskript

Blida
Intermezzo
Manuskript
[n. d.]

Blues-Phantasie
Slowfox
V: Heinrichshofen
[n. d.]

Blues symphonique
für Orchester
Manuskript
[n. d.]

Blumen für Frau Müller
Chanson
T: Schwenzen, Per ♦ Manuskript
[n. d.]

Blumen-Medley
Foxtrot aus der Fernsehserie »Zum Blauen Bock«, 1977
T: Schenk, Heinz ♦ Manuskript

Bolero
für Klavier
Manuskript
1968

Bolero-Fantasie
Konzertstück für Violine und Orchester
V: Europaton
1964

Boston-Serenade
für Violine und Klavier
Manuskript
[n. d.]

Bovary-Melodie
(Madame Bovary-Melodie)
für Klavier und Orchester
aus dem Fernsehfilm »Madame Bovary«,
1968
V: Swington
Melodie-Incipit s. S. 105

Bretter, die die Welt bedeuten
Nun, ich bin mit dem Theater
Walzer aus der Fernsehserie »Zum Blauen Bock«, 1979
T: Schenk, Heinz ◆ Manuskript

Bundesbahn-Lied
aus der Fernsehserie »Zum Blauen Bock«,
1985
T: Schenk, Heinz ◆ Manuskript

Cancan
Ballettmusik aus dem Film »Die blonde Carmen«, 1935
V: Wiener Bohème

Carioca-Fantasie
für Orchester
Manuskript
[n. d.]

Carmen-Fantasie
für Violine und Orchester
Manuskript
[n. d.]

Chanson Alois
Ich hör die Liebste

Fremdarbeiter
Couplet
T: Hachfeld, Eckart ◆ Manuskript
[n. d.]

Chanson der Übertreibungen
Heutzutag' wird schrecklich übertrieben
aus der Fernsehserie »Zum Blauen Bock«,
1977
T: Schenk, Heinz ◆ V: REA

Chanson Riccaut
aus dem Film »Heldinnen«, 1960
T: Lehmann, P. ◆ Manuskript

Chanson vom Wirtschaftswunder
(Song vom Wirtschaftswunder)
Die Straßen hallen Einsamkeitsgefühle
Jetzt kommt das Wirtschaftswunder (R)
aus dem Film »Wir Wunderkinder«, 1958
T: Neumann, Günter ◆ V: Takt & Ton
Melodie-Incipit s. S. 103

Chérie, Chérie
Bei rotem Licht wirkt ein Tango am besten
Lied und Tango
M: Martello, Enrico (Géczy, Barnabas von / Grothe, Franz) ◆ T: Wilczynski, Karl / Brüll, Karl ◆ V: Brull
1931

Der Choral von der Moral
aus dem Musical »Moral«, 1974
T: Schwenn, Günther ◆ V: Meisel

Chor der Jungfrauen
Heil dem Herrn von Tellheim
aus dem Film »Heldinnen«, 1960
T: Dehmel, Willy / Schwenn, Günther ◆ Manuskript

Costa brava
Am Mittelmeer in Spanien
Walzerlied aus dem TV-Film-Musical »Mitternachtszauber«, 1964
T: Rameau, Paul H. ◆ Manuskript

Werkverzeichnis

Csárdás
für Orchester
V: Tauentzien
1943

Csárdásfürstin
Fantasie nach Motiven von Emmerich Kálmán
Manuskript
1930
A: »Für Grammophonaufnahmen – unter restloser Wahrung meiner diesbezüglichen Rechte – bewilligt. Emmerich Kálmán, 1930 18 / IX
Sehr geehrter Herr Grothe! Ich danke Ihnen von ganzem Herzen für Ihre hochinteressante, phantasievolle Bearbeitung der Csardasfürstin-Melodien! Ich bin hocherfreut, Ihnen meine Bewunderung mitteilen zu können! Ihr Emmerich Kálmán«

Dafür können wir Franken uns beim Herrgott bedanken
Lied
T: Bradtke, Hans ♦ V: Primus
[n. d.]

Da Hitparaden Mode sind
Slowfox aus der Fernsehserie »Zum Blauen Bock«, 1974
T: Schenk, Heinz ♦ Manuskript

Dajos Béla-Rhapsodie
Manuskript
1929
A: UA: März 1929, Berlin, Gr. Schauspielhaus

Da lacht sogar die Kripo
Ach, glauben Sie, Herr Richter
Chanson
T: Baerstadt, Fred ♦ Manuskript
[n. d.]

Damenwahl – Damenwahl
Ja, wir vier, wir sind vier Damen
Chanson aus der Fernsehserie »Zum Blauen Bock«, 1981
T: Schenk, Heinz ♦ Manuskript

Da mußte ich vor Freude weinen
Du sagtest ganz, ganz leise
Lied
T: Schaumburg-Lippe, Friedrich Christian zu ♦ V: Seith
1952

Das bleibt doch unter uns
Ich bin stets nach außen kühl
Was damals war und heut noch ist (R)
Chanson und Foxtrot aus dem Film »Rätsel der Nacht«, 1944 / 45
T: Dehmel, Willy ♦ V: Wiener Bohème

Das braucht man für eine Schau
Ganz genau, das braucht man für eine Schau
Marschfox aus der Fernsehserie »Zum Blauen Bock«, 1979
T: Schenk, Heinz ♦ Manuskript

Das ist der richt'ge Rhythmus
Lied und Foxtrot aus dem Film »Drei Mädels vom Rhein«, 1955
T: Dehmel, Willy ♦ V: Seith
A: englisch: **Right Rhythm for Young Girls**

Das ist der Swing
Jede Nacht, jede Nacht, spielt die Musik
Lied und Foxtrot aus dem Film »Bühne frei für Marika«, 1958
T: Dehmel, Willy ♦ V: Takt & Ton

Das ist ein Mann
(Gedanken-Duett)
Nein, hat man so 'was schon gehört
Lied aus dem Film »Heldinnen«, 1960
T: Dehmel, Willy / Schwenn, Günther / Kerr, Charlotte ♦ V: Wiener Bohème

Das ist Liebe auf den ersten Blick
Irgendwo und irgendwann fängt einmal die Liebe an
Wenn das Leben zwei zusammenführt

Lied und Langsamer Walzer
T: Dehmel, Willy ♦ V: Hohner
1951

Das ist Tanzmusik
(Phantasie in Harmonien)
Fantasie in Harmonien
Lied und Foxtrot aus dem Film »Pat und Patachon im Paradies«, 1937
T: Dehmel, Willy ♦ V: Wiener Bohème

Das macht die Liebe
Wenn auch draußen Schnee liegt
Lied und Foxtrot aus dem Film »Fräulein Frau«, 1933
T: Balz, Bruno ♦ V: Wiener Bohème
Melodie-Incipit s. S. 92

Das muß man vergessen können
Für die größte Liebe kommt ja auch der letzte Kuß
Lied und Foxtrot aus dem Bühnenstück »Berliner Bilderbogen«, 1942
T: Balz, Bruno ♦ V: Bennefeld
Melodie-Incipit s. S. 99
A: verwendet in dem TV-Spiel »Berliner Bilderbogen«, 1968

Daß du mich lieb hast, ist ja doch ...
Lied und Tango
M: Grothe, Franz / Grundland, Fritz ♦
T: Schwabach, Kurt ♦ V: Beboton
1932

Das sind die Gedanken zur Weihnachtszeit
(Weihnachts-Couplet)
Alle Jahre wieder
Ja, das sind die Gedanken heut zur Weihnachtszeit
Dann kommt oft die Rechnung
Couplet aus der Fernsehserie »Zum Blauen Bock«, 1975
T: Schenk, Heinz ♦ Manuskript

Dein Mann
Es gibt ein – zwar uns Menschen
Lied aus dem Musical »Das Haus in Montevideo«, [n. d.]
T: Dehmel, Willy ♦ Manuskript

Denn Ballett, das kann man lernen
Ich habe lange überlegt
Foxtrot aus der Fernsehserie »Zum Blauen Bock«, 1977
T: Schenk, Heinz ♦ Manuskript

Denn es geht ein Freund mit mir durchs Leben
Ist der Himmel grau
Marschlied aus dem Film »Mein ganzes Herz ist voll Musik«, 1958
T: Witt, Herbert ♦ V: Bavariaton

Denn gegen Armut kämpfen Götter
Es gibt nichts Neues
Couplet aus dem TV-Film »Auch schon im alten Rom«, 1969
T: Hachfeld, Eckart ♦ Manuskript

Denn man darf nichts übereilen
(Butler-Lied)
Wenn Sie einen Butler suchen
Chanson aus der Fernsehserie »Zum Blauen Bock«, 1972
T: Schenk, Heinz ♦ Manuskript

Der Liebe Freud', der Liebe Leid
Duett aus der Operette »Die Nacht mit Casanova«, 1942
Text: Bruno Balz ♦ V: Crescendo

Die deutsche Sprache, ehrlich
Der, die, das
Chanson aus der Fernsehserie »Zum Blauen Bock«, 1978
T: Schenk, Heinz ♦ Manuskript

Der Dialekt in Ehren
Die Zeiten, die sehr hektisch
Foxtrot aus der Fernsehserie »Zum Blauen Bock«, 1977
T: Schenk, Heinz ♦ Manuskript

Diese Gemeinheit
Lied
T: Dehmel, Willy ♦ Manuskript
[n. d.]

Die will ich haben
Räuberhauptmann und Comtesse
Lied aus dem Musical »Das Wirtshaus im Spessart«, 1976
T: Schwenn, Günther ♦ V: Dreiklang-Dreimasken

Diplomatie
Ohne, daß wir Blitzlicht lieben
Blues aus der Operette »Die unsterbliche Sehnsucht«, 1937
T: Felix, Oskar ♦ V: Allegro

Doch der Alte und Soraya haben alles überlebt
Denkt man, was man so gelesen
Chanson
T: Tamin, Alf ♦ Manuskript
[n. d.]

Doch die Wirklichkeit sieht anders aus
Im Fernseh'n, ja da sieht man
Lied aus der Fernsehserie »Zum Blauen Bock«, 1975
T: Schenk, Heinz ♦ Manuskript

Dr. med. Hiob Prätorius
Ouvertüre nach Motiven aus dem Film »Frauenarzt Dr. Prätorius«
Manuskript
[n. d.]

Die Donau, die Schrammeln und du
Es war ein Abend im Frühling in Wien
Wienerlied aus dem Film »Whisky, Wodka, Wienerin«, 1958
T: Dehmel, Willy ♦ V: Bavariaton / Wiener Verlagsanstalt

Doo-Da-Di
Walzerlied aus dem Film »Im sechsten Stock«, 1961
T: Dehmel, Willy ♦ Manuskript

Doppelt gemoppelt
Marsch-Fox aus der Fernsehserie »Zum Blauen Bock«, 1979
T: Schenk, Heinz ♦ Manuskript

Drei fröhliche Gesellen
Es war vor 20 Jahren
Marsch aus der Fernsehserie »Zum Blauen Bock«, 1978
T: Schenk, Heinz ♦ Manuskript

Drei mal Heinz
Ich wünsch' mir keinen Heinrich
Foxtrot aus der Fernsehserie »Zum Blauen Bock«, 1975
T: Schenk, Heinz ♦ Manuskript

Drei Männer auf dem Maskenball
(Drei Männer gehen ins Exil)
Wenn einen ich ertappen will
Lied aus der Operette »Die Nacht mit Casanova«, 1942
T: Balz, Bruno ♦ V: Crescendo

Dreimal hunderttausend Mann
Es war im dreiß'gjähr'gen Kriege
Chanson
T: Dehmel, Willy ♦ V: Wiener Bohème
1942

Du bist der erste Mann
Ich schreibe einen Liebesbrief
Chanson aus dem Film »Jacqueline«, 1959
T: Dehmel, Willy ♦ V: Ufaton

Du bist die schönste Frau der Welt
Ob man auf dem Mars grad' wohnt
Walzerlied aus dem Film »Das Geheimnis der roten Katze«, 1931
T: Wilczynski, Karl ♦ V: Meisel
A: englisch: **You Are the Most Beautiful Girl**
   französisch: **Plus jolie femme**

Du bist für mich der schönste aller Sterne
Kleines Geständnis einer großen Liebe
Chanson-Foxtrot
T: Dehmel, Willy ◆ Manuskript
[n. d.]

Du bist in letzter Zeit so schrecklich blond geworden
Zu seiner Gattin sprach Geheimrat Kraus
Foxtrot
M: Grothe, Franz / Rubens, Eddie ◆
T: Rotter, Fritz ◆ V: Roehr
1930
Melodie-Incipit s. S. 90

Du bist mein Himmel auf Erden
Wenn man sich lieb hat
Lied aus der Operette »Die unsterbliche Sehnsucht«, 1937
T: Felix, Oskar ◆ V: Allegro
Melodie-Incipit s. S. 93

Du bist mir schon begegnet
Es gibt im Leben manchmal einen Augenblick
Lied und Slowfox aus dem Film »Musik bei Nacht«, 1953
T: Dehmel, Willy ◆ V: Melodia

Du bringst mir Glück
Lied und Foxtrot aus dem Film »Der schwarze Blitz«, 1958
T: Dehmel, Willy ◆ V: Bavariaton
A: englisch: **You're My Lucky Charm**
    Greet Festival
    niederländisch: **Breng mij geluk**
    T: Boot, Ben

Du gehörst zu mir
Es war im Mai
Lied und Foxtrot aus dem Film »Die fromme Lüge«, 1938
T: Dehmel, Willy ◆ V: Wiener Bohème

Du gehst fort
So wie dort die Wolken hoch über dem Felde
Du gehst fort und sagst auf Wiederseh'n
Lied und Langsamer Walzer aus dem Film »Franziska«, 1957
T: Dehmel, Willy ◆ V: Prisma

Du hast die Augen, die ich liebe
Boogie-Woogie aus dem Film »Jacqueline«, 1959
T: Dehmel, Willy ◆ V: Ufaton

Du hast mir das große Glück gebracht
Valse Boston
T: Rotter, Fritz ◆ Manuskript
[n. d.]

Du hast zwei Augen so blau wie das Firmament
Niemals war vom Glück ich so gesegnet
Lied und Foxtrot
T: Siegel, Ralph Maria ◆ V: Seith
1946

Du kennst mein Herz noch lange nicht
Kommt, ihr Leute, hört euch dieses Liedchen an
Lied und Foxtrot aus dem Film »Fanfaren der Ehe«, 1953
T: Dehmel, Willy ◆ V: Hohner

Du liebst mich – von Herzen – mit Schmerzen
Wenn man dann und wann ein Orakel fragt
Lied und Langsamer Walzer aus dem Film »Skandal im Mädchenpensionat«, 1952
T: Dehmel, Willy ◆ V: Siegel

Du müßtest bei mir sein
War's nur der Rausch einer Nacht
Lied aus der Operette »Die Nacht mit Casanova«, 1942
T: Balz, Bruno ◆ V: Crescendo

Dunkle Erinnerungen
Foxtrot aus dem Film »Ein Stück vom Himmel«, 1957
V: Bavariaton
A: englisch: **Sad Memories**

Werkverzeichnis

Durch das Leben woll'n wir gehen
Es ist nicht nur ein Flirt
Walzerlied aus dem Film »Man spielt nicht mit der Liebe«, 1949
T: Flatow, Curth ✦ V: Filmton

Durch die Nacht klingt ein Lied
Fühlst du den Zauber nicht
Lied und Paso doble aus dem Film »Rote Orchideen«, 1938
T: Dehmel, Willy ✦ V: Crescendo
Melodie-Incipit s. S. 94

Du sagtest: Leb wohl
Jeden Tag hatt' ich das schon gefühlt
Chanson
T: Dehmel, Willy ✦ V: Wiener Bohème
1942

Du sollst es leise sagen
Es war im Frühling
Chanson und Tango aus dem Film »Und wer küßt mich«, 1932
T: Gilbert, Robert ✦ V: Beboton

Du und ich und der Sonnenschein
Alles, was man sonst sich im Leben nicht sagen kann
Walzerlied
T: Dehmel, Willy ✦ V: Tauentzien
1941
Melodie-Incipit s. S. 98

Du und ich und eine kleine Melodie
Seit ich dich geseh'n
Lied und Foxtrot
T: Dehmel, Willy ✦ V: Presto
1949

Du wirst mich niemals weinen seh'n
Langsamer Foxtrot
T: Friebe, Friedrich ✦ Manuskript
[n. d.]

Echo-Blues
Da-du-wa-du! Da-du-wa-du! Wer sind die Stimmen
Der Echo-Blues, von meiner Sehnsucht singt der Echo-Blues
Blues aus dem Film »Bühne frei für Marika«, 1958
T: Dehmel, Willy ✦ V: Takt & Ton

Eduard
Es sind seit vielen Wochen
Foxtrot
T: Rauch, Fred ✦ Manuskript
[n. d.]

Eh die Rosen verblüht sind
Als wir uns zum erstenmal geküßt
Lied und Langsamer Foxtrot
T: Dehmel, Willy ✦ V: Edifo
1951

Ehe auf Zeit
Operette von Theo Halton
Manuskript
1929

Ein bißchen Hessisch
Der Schinderhannes, wie bekannt
aus der Fernsehserie »Zum Blauen Bock«, 1980
T: Schenk, Heinz ✦ Manuskript

Ein bißchen Komödie
Immer, wenn du hier bist
Duett und Tango aus der Operette »Die unsterbliche Sehnsucht«, 1937
T: Felix, Oskar ✦ V: Allegro

Ein bißchen Rummel, ein bißchen Bummel
Zu Wien gehört der Prater
Marschfox aus der Fernsehserie »Zum Blauen Bock«, 1979
T: Schenk, Heinz ✦ Manuskript

Ein bißchen Sport, das kann nicht schaden
Warum denn rasten, rosten
Marsch-Fox aus der Fernsehserie »Zum Blauen Bock«, 1980
T: Schenk, Heinz ✦ Manuskript

Ein bißchen »Trimm dich« kann nicht schaden
Trimm dich
Foxtrot aus der Fernsehserie »Zum Blauen Bock«, 1977
T: Schenk, Heinz ◆ Manuskript

Ein bunter Blumenstrauß
Alles rennt nach Gut und Geld
Lied und Tango aus dem Film »Boykott«, 1930
T: Wilczynski, Karl ◆ V: Beboton

Eine Bundesgardenschau
Ja, es gibt sehr viele Garden
Marsch aus der Fernsehserie »Zum Blauen Bock«, 1981
T: Schenk, Heinz ◆ Manuskript

Eine Fahrt in den Mai
Schon in längst vergang'nen Tagen
Marschfox aus der Fernsehserie »Zum Blauen Bock«, 1981
T: Schenk, Heinz ◆ Manuskript

Eine Frau fürs ganze Leben
Thema aus dem gleichnamigen Film, 1960
V: Wiener Bohème
A: japanisch: **Sanshoku sumire**
  T: Hrakawa, Hiroshi / Otowa, Takashi

Eine ganz besond're Schule
Schlagerschule
Chanson aus der Fernsehserie »Zum Blauen Bock«, 1977
T: Schenk, Heinz ◆ Manuskript

Eine Jungfrau ward erzogen
Lied aus dem Film »Es tut sich was um Mitternacht«, 1933
T: Stemmle, Robert Adolf ◆ V: Bloch

Einen Gast hier zu begrüßen
Foxtrot aus der Fernsehserie »Zum Blauen Bock«, 1976
T: Schenk, Heinz ◆ Manuskript

Einen Mann gilt es zu ehren
Das ist sein Leben
Chanson aus der Fernsehserie »Zum Blauen Bock«, 1981
T: Schenk, Heinz ◆ Manuskript

Einen Walzer für dich und für mich
Ich saß heut nacht im alten Park
Walzerlied aus dem Film »Frauen sind doch bessere Diplomaten«, 1939-41
T: Dehmel, Willy ◆ V: Ufaton
Melodie-Incipit s. S. 96
A: italienisch: **Un valzer per te e per me**
  spanisch: **Un vals parati y pra mi**
  verwendet in den Filmen »Derby« (1949), »Wir Wunderkinder« (1958), »Ein Tag ist schöner als der andere« (1969)

Eine Sehnsucht brennt so heiß in mir
Ungarisches Lied aus dem Film »Immer, wenn ich glücklich bin«, 1937
T: Marischka, Ernst ◆ V: Beboton

Eines Tages
(Ich steh' allein in dieser großen Welt)
Muß ich immer alte Wege gehen
Lied aus dem gleichnamigen Film, 1944
T: Kleine, Werner ◆ V: Wiener Bohème
Melodie-Incipit s. S. 100

Eine Stunde laß uns träumen
Die Zeit verrinnt im Fluge
Lied und Tango aus dem Musical »Das Wirtshaus im Spessart«, 1976
T: Schwenn, Günther ◆ V: Dreiklang-Dreimasken
Melodie-Incipit s. S. 106

Eine Woche im Deutschen Fernseh'n
Denn am Montag, ja am Montag
Foxtrot aus der Fernsehserie »Zum Blauen Bock«, 1975
T: Schenk, Heinz ◆ Manuskript

Eine wunderschöne Urlaubszeit
Wir fünf stammen aus den Ländern

Marsch-Fox aus der Fernsehserie »Zum Blauen Bock«, 1981
T: Schenk, Heinz ◆ Manuskript

Ein Fall für Mändli
Ja, ich kenne meine Kunden
aus der Fernsehserie »Zum Blauen Bock«, 1976
T: Schenk, Heinz ◆ Manuskript

Ein freies Leben
Räuberchor aus dem Musical »Wirtshaus im Spessart«, 1976
T: Schwenn, Günther ◆ V: Dreiklang-Dreimasken

Ein ganzes Leben ohne dich
Lied und Slowfox
T: Friebe, Friedrich ◆ V: Badenia-Vineta
1966

Ein ganz normales Paar
Es gibt so manche Sendung
Chanson aus der Fernsehserie »Zum Blauen Bock«, 1979
T: Schenk, Heinz ◆ Manuskript

Ein kleiner Hund
Viele Hunde gibt es auf der Welt
Dackel, Pudel, Dobermann
Lied und Foxtrot aus dem Film »Liebe auf krummen Beinen«, 1959
T: Dehmel, Willy ◆ V: Bavariaton
Melodie-Incipit s. S. 104

Ein kleiner Scheck, ein bißchen Schick
Wenn man einmal nachdenkt
Lied und Foxtrot aus dem Film »Verlieb dich nicht am Bodensee«, 1935
T: Dehmel, Willy ◆ V: Leonardi

Ein kleiner Zweig voll Regentropfen
(Frühlingslied)
T: Dehmel, Willy ◆ V: Wiener Bohème
1958
A: englisch: **A Small Branch Full of Raindrops**

in Königreich, ein Königreich
Man kennt uns literarisch
Marschlied aus der Fernsehserie »Zum Blauen Bock«, 1976
T: Schenk, Heinz ◆ Manuskript

Ein Liegestuhl und Wochenend
Am Wochenende ruht man sich vom grauen Alltag aus
Lied und Foxtrot
T: Dehmel, Willy ◆ V: Siegel
1952

Ein Mädchen braucht, um glücklich zu sein
Lied aus der Musikalischen Komödie »Liebesbriefe«, 1964
T: Lützkendorf, Felix ◆ V: Desch

Einmal, einmal hab' ich an dich so geglaubt
Oft denk' ich noch heut an dich
Lied und Valse Boston
M+T: Grothe, Franz / Rotter, Fritz ◆ V: Beboton
1932
A: französisch: **Un seul jour**
  En fermant les yeux, parfois
  Rien qu'un seul jour, tu m'as donné ton baiser (R)
T: Pothier, Charles Louis / Cis, Jean

Einmal habe ich geliebt
Da ist das Herz
Lied aus dem Musical »Moral«, 1974
T: Schwenn, Günther ◆ V: Meisel
Melodie-Incipit s. S. 105

Einmal noch hab Vertrauen
(Just Believe Me Once Again)
Blues
T: Löwenberg, Rudolf ◆ Manuskript

1927
Melodie-Incipit s. S. 89

Ein Mann, der nie eine Dummheit macht
Wenn's in meinem Leben ums Erleben geht
Lied aus der Operette »Die Nacht mit Casanova«, 1942
T: Balz, Bruno ◆ V: Crescendo

Ein Mann von fünfzig Jahren
aus dem Musical »Ferien, oh Ferien«, [n. d.]
T: Noack, Barbara ◆ Manuskript

Ein Marshall und ein Richter
Country-Parodie aus der Fernsehserie »Zum Blauen Bock«, 1979
T: Schenk, Heinz ◆ Manuskript

Ein neues Leben fängt an
Man muß vergessen, was war
Schweigend marschieren zu neuen Quartieren
So wie die Sterne in endloser Ferne
Lied aus dem Film »Das Schloß in Flandern«, 1936
T: Dehmel, Willy ◆ V: Beboton
Melodie-Incipit s. S. 93
A: französisch: **Sur le chemin du grand retour**
  Le soir descend, a paisant les combats
  T: Cab, Marc / Marietti, Jean
  portugiesisch: **Começa uma nova vida**
  Bem perto anda o perigo
  T: Biundy
  serbokroatisch: **Nov zivot sad mora doc**
  Ceta marsira do novih kvartira
  T: Binicki, Aca

Ein Picasso in der Liebe
In unsrer Welt nur Ruhm erringt
Lied und Foxtrot
T: Dehmel, Willy ◆ V: Ufaton
1960

Ein Rucksack voller Träume
Überall auf der Welt kann man schöne Dinge sehn
Marschlied aus dem Film »Der letzte Fußgänger«, 1960
T: Dehmel, Willy ◆ V: Film-Hansa

Einsame Insel, wo bist du
Lied
Ich geh' ohne Ruh' durch die Straßen
T: Rauch, Fred ◆ Manuskript
[n. d.]

Einsam ist mein Herz
Tag für Tag, Jahr für Jahr
Chanson
T: Dehmel, Willy ◆ Manuskript
[n. d.]

Ein Schlitten gleitet durch die Nacht
Weihnachtslied
T: Stoll, Kat ◆ Manuskript
1968

Ein schöner Tag, ein Sonnentag
Es gibt noch Glück auf dieser Welt
Lied und Langsamer Walzer
T: Uetrecht, Fred Erich ◆ V: Seith
1956

Ein schwyzer Oberkellner
Chanson aus der Fernsehserie »Zum Blauen Bock«, 1974
T: Schenk, Heinz ◆ Manuskript

Ein Städtestreit nach Noten
Berlin ist eine Wolke, und Bonn die Wucht am Rhein
Chanson aus der Fernsehserie »Zum Blauen Bock«, 1977
T: Schenk, Heinz ◆ Manuskript

Ein Student und eine -dentin
(Das Lied vom Hi-Ha-Heu)
Mancher hat in seiner Jugend

Lied und Swing-Polka aus dem Film »Frauenarzt Dr. Prätorius«, 1949
T: Dehmel, Willy ♦ V: Siegel
Melodie-Incipit s. S. 100

Ein Stück vom Himmel
Foxtrot-Intermezzo für Orchester nach Motiven aus dem gleichnamigen Film
Manuskript
[n. d.]

Ein Tag, der nie zu Ende geht
Seitdem ich weiß, daß ich dich liebe
Blues aus dem gleichnamigen Film, 1959
T: Dehmel, Willy ♦ V: Edition Modern
A: italienisch: **Giorno senza fine**

Ein Tag ist schöner als der andere
Lied aus dem gleichnamigen Film, 1969
T: Eichborn, Justina von ♦ Manuskript

Ein Walzer mit dir
Der Anfang meiner Liebe
Die Liebe ist nicht allen Menschen bekannt
Lied und Langsamer Walzer aus dem gleichnamigen Film, 1942
T: Dehmel, Willy ♦ V: Meisel

Elegie
für Violine und Orchester aus dem Film »Furioso«, 1950
V: Schaeffers

Ellora
Valse Boston
V: Heinrichshofen
1929
A: verwendet in den Filmen »Verlieb dich nicht am Bodensee« (1935) und »Ehe in Dosen« (1939)

Emma mach voran …
Jedes Jahr zum Karneval
aus der Fernsehserie »Zum Blauen Bock«, 1976
T: Schenk, Heinz ♦ Manuskript

Ende gut, alles gut
Ja, mein Ende, 'mal ganz ehrlich
Chanson aus der Fernsehserie »Zum Blauen Bock«, 1980
T: Schenk, Heinz ♦ Manuskript

Endstation
Endstation, die lange Reise ist vorbei
Slow
T: Kunze, Michael ♦ V: Papageno
1971

Der Engel, der seine Harfe versetzte
Musical von Günter Neumann nach dem gleichnamigen Film
Manuskript
[ca. 1971]

Entstammt man den oberen Schichten
Chanson aus dem TV-Film »Auch schon im alten Rom«, 1969
T: Hachfeld, Eckart ♦ Manuskript

Erbach im Odenwald
Marschlied aus der Fernsehserie »Zum Blauen Bock«, 1967
T: Schenk, Heinz ♦ Manuskript

Erinnerung
Alles, was man liebgewonnen
Lied
T: Friebe, Friedrich ♦ Manuskript
[n. d.]

Erinnerung
Und eines Tages kam zu mir das Glück
Lied
T: Kuessner, Lutz ♦ Manuskript
[n. d.]

Erst eine Walzernacht und dann ein Kuß
Spiel'n s' wo ein'n Walzer von Strauß
Walzerlied aus dem Film »Ihr größter Erfolg«, 1934
T: Marischka, Ernst ♦ V: Beboton
Melodie-Incipit s. S. 92

A: französisch: **Un soir de bal**
J'ai beau me méfier de moi
T: Veber, Serge
italienisch: **Notte di valzer**
Se giunge qui nel mio cuor
Pendimi, portami, valzer d'amor (R)
T: Ramo, Luciano

Erst ein Tsching, dann ein Bum
Heut ziehen die Soldaten ein
Marschlied aus dem Film »Frauen sind doch bessere Diplomaten«, 1939-41
T: Dehmel, Willy ◆ V: Ufaton
A: italienisch: **Piatti e gran cassa**

Die ersten Blumen im Mai
Schön ist die weite Welt
Lied und Tango
M: Grothe, Franz / Darras, Eugen Herbert [Sauber, Gerhard] ◆ T: Karlick, Gerd ◆ V: Beboton
1932

Der erste Schnee
Fällt der Schnee vom Himmelszelt
Nun wird's Weihnacht werden
Weihnachtslied
T: Stoll, Kat ◆ Manuskript
1968

Der erste Schritt
Tango aus der Zweitverfilmung »Das Haus in Montevideo«, 1963
T: Käutner, Helmut ◆ Manuskript

Der erste Schritt vom rechten Weg
Walzertakt, junges Paar
Walzerlied aus dem Film »Eine von uns«, 1932
T: Rotter, Fritz ◆ V: Beboton
Melodie-Incipit s. S. 90
A: französisch: **Le premier faux pas**
   On se voit dans un bal
   Premier faux pas tut fus souvent (R)
   T: Nazelles, Réne

Erzähl mir keine Märchen
Jeder glaubt als Kind
Wer und was du auch bist (R)
Lied und Foxtrot aus dem Film »Geliebter Lügner«, 1949
T: Dehmel, Willy ◆ V: Siegel

Es bleibt in der Familie
(Ja, es bleibt in der Familie)
Daß der Apfel, wie bekannt ist
Foxtrot aus der Fernsehserie »Zum Blauen Bock«, 1979
T: Schenk, Heinz ◆ Manuskript

Es braucht nicht alles ernst zu sein
Finaletto aus der TV-Komödie »Bunbury«, 1963
T: Dehmel, Willy ◆ Manuskript

Eschwege grüßt in nah und fern
Liebes Publikum
Couplet aus der Fernsehserie »Zum Blauen Bock«, 1977
T: Schenk, Heinz ◆ Manuskript

Es fehlt mir was zum Glücklichsein
Lied und Foxtrot aus dem TV-Film »Glück zu kleinen Preisen«, 1963
T: Rameau, Paul H. ◆ Manuskript

Es gab nur eine, die ich geliebt hab'
Kannst du mir nicht noch einmal verzeih'n
Lied und Tango
M+T: Grothe, Franz / Rotter, Fritz ◆ V: Wiener Bohème
1929
Melodie-Incipit s. S. 89
A: dänisch: **Der er kun een, der mig helt fortryller**
   Kann du mon atter tilgive mig
   T: Holck, Alfred

Es gibt für mich nur das Gesetz
Lied aus dem Musical »Moral«, 1974
T: Schwenn, Günther ◆ V: Meisel

Werkverzeichnis

Es gibt viele Arten Tanten
Duett aus der TV-Komödie »Bunbury«, 1963
T: Dehmel, Willy ◆ Manuskript

Es grüßt jetzt der Berliner Bär
Foxtrot aus der Fernsehserie »Zum Blauen Bock«, 1975
T: Schenk, Heinz ◆ Manuskript

Es hat zwei Pedale
(Lied der Radfahrer)
Chorlied aus dem Film »Das schöne Abenteuer«, 1959
T: Dehmel, Willy ◆ Manuskript

Es ist alles Komödie
Schluß mit allen großen Phrasen
Lied und Paso doble aus dem Film »Der große Bluff«, 1932
M+T: Grothe, Franz / Rotter, Fritz ◆ V: Beboton
Melodie-Incipit s. S. 91
A: französisch: **Les filles de Panama**
spanisch: **Todo no es sino comedia**

Es ist alles nur geliehen
Lied aus der Fernsehserie »Zum Blauen Bock«, 1978
T: Schenk, Heinz ◆ V: Wiener Bohème
Melodie-Incipit s. S. 106

Es ist die unbedingte Pflicht
Lied aus der TV-Komödie »Bunbury«, 1963
T: Dehmel, Willy ◆ Manuskript

Es ist eine gar alte Weise
Lied aus dem Film »Verlieb dich nicht am Bodensee«, 1935
T: Dehmel, Willy ◆ V: Leonardi

Es ist nur die Liebe
Irgend etwas ist mit mir heut los
Lied und Langsamer Foxtrot aus dem Film »Hab mich lieb«, 1942
T: Dehmel, Willy ◆ V: Ufaton

Melodie-Incipit s. S. 98
A: brasilianisch: **Amar sofrer sonhar**
englisch: **A Man Called Jones**
It's only love
T: Ginsberg, Jerry
flämisch: **Het is slechts de liefde**
französisch: **Je crois faire un rêve**
Le ciel aujourd'hui parait plus clair
T: Lemarchand, Henry
verwendet in dem Film »Junger Mann, der alles kann« (1957)

Es ist so still
Lied aus dem Musical »Moral«, 1974
T: Schwenn, Günther ◆ V: Meisel

Es kam das Glück wohl über Nacht
Dein Auge gleicht dem grünen Meer
Lied und Valse Boston aus dem Kurzspielfilm »Kabarett-Programm«, 1931
T: Wilczynski, Karl ◆ V: Ufaton

Es kam ein Mädchen
Hört mir zu und seid ganz still
Lied und Six-eight-Foxtrot aus dem Film »Man nennt es Liebe«, 1953
T: Dehmel, Willy ◆ V: Siegel

Es kann im Himmel bestimmt auch nicht schöner sein
Manche langen Jahre sind vergangen
aus dem Film »Tanz mit dem Kaiser«, 1941
T: Dehmel, Willy ◆ V: Ufaton

Es liegt bei dir
Lied aus dem Musical »Der Engel, der seine Harfe versetzte«, ca. 1971
T: Neumann, Günter ◆ Manuskript

Es liegt mir so im Blute drin
Musik erfreut doch jedes Menschenherz
Chanson und Slowfox aus dem Film »Die blonde Carmen«, 1935
T: Hannes, Hans ◆ V: Wiener Bohème
A: französisch: **C'est le naissance que j'suis comme ça**

Es liegt so viel im kleinen Wörtchen Liebe
Vieles hat der Herrgott erdacht
Lied und Slowfox
T: Halton, Theo ♦ V: City
1929
A: spanisch: **Una palabra de amor**

Es menschelt an allen Orten
Chanson aus dem TV-Film «Auch schon im alten Rom«, 1969
T: Hachfeld, Eckart ♦ Manuskript

Es singen vier Doktoren
Im Fernseh'n ist der Doktor
Foxtrot aus der Fernsehserie »Zum Blauen Bock«, 1975
T: Schenk, Heinz ♦ Manuskript

Es trafen sich zwei Wiener
Packen wir 'mal aus
Lied aus der Fernsehserie »Zum Blauen Bock«, 1976
T: Schenk, Heinz ♦ Manuskript

Es war die große Liebe
Wir waren glücklich und verliebt
Lied und Slowfox
T: Dehmel, Willy ♦ V: Meisel
1937

Es war ein Mädchen und ein Matrose
Kommt, ihr Leute, höret die Geschichte
Lied und Rumba aus dem Film »Napoleon ist an allem schuld«, 1938
T: Dehmel, Willy ♦ V: Beboton
Melodie-Incipit s. S. 94
A: englisch: **A Girl and a Sailor**
  spanisch: **Erase una muchana y un mariñero**

Es zogen die Germanen
Chanson aus dem TV-Film »Auch schon im alten Rom«, 1969
T: Hachfeld, Eckart ♦ Manuskript

Etwas leise Musik
Der Rhythmus ist für alle Menschen heut das ›A‹ und ›O‹
Lied und Slowfox aus dem Film »Der schwarze Blitz«, 1958
T: Dehmel, Willy ♦ V: Ufaton
Melodie-Incipit s. S. 103
A: englisch: **Some Sweet Soft Music**
  niederländisch: **Heerlijk zachte muziek**
  Voor ieder van ans speelt het ritme thans een grote rol
T: Merlin, Gwen

Euch möcht' ich mich so gerne anvertrau'n, süße Frau'n
Lied und Tango
M: Grothe, Franz / Rubens, Eddie ♦
T: Wilczynski, Karl ♦ V: Universum
1931

Fahrendes Volk sind wir
Marschfox aus der Fernsehserie »Zum Blauen Bock«, 1977
T: Schenk, Heinz ♦ Manuskript

(Leo-)Fall-Fantasie
für Jazz-Orchester
Manuskript
1930

Fanfaren der Ehe
Suite für Orchester nach Motiven aus dem gleichnamigen Film
Manuskript
[n. d.]

Fasching, Fastnacht, Karneval
Hallo, bitte, ach Frau Müller
Marsch aus der Fernsehserie »Zum Blauen Bock«, 1981
T: Schenk, Heinz ♦ Manuskript

Ferien mit hundertzwanzig Sachen
Wenn Männer Ferien machen
Foxtrot aus dem TV-Film-Musical »Mitternachtszauber«, 1964
T: Rameau, Paul H. ♦ Manuskript

Werkverzeichnis

Ferien, oh Ferien
Musical von Barbara Noack
Manuskript
[n. d.]

Feste feiern, feste feiern
In Cannstatt hier im Schwabenland
Marsch aus der Fernsehserie »Zum Blauen Bock«, 1979
T: Schenk, Heinz ♦ Manuskript

Feuer im Kamin
Intermezzo für Orchester nach Motiven aus den Filmen »Immer, wenn der Tag beginnt« und »Jacqueline«
Manuskript
[n. d.]

Die Filme im Walde
Marschfox nach der Weise »Die Vöglein im Walde«
aus der Fernsehserie »Zum Blauen Bock«, [n. d.]
T: Schenk, Heinz ♦ Manuskript

Finnische Suite
für Orchester
1. Andante (Erinnerung an Rovaniemi)
2. Allegretto (Finnischer Volkstanz)
3. Allegro-Finale (Heiterer Ausklang)
V: Swington
1963

Flieg mit mir
Lied und Foxtrot aus dem TV-Film »Glück zu kleinen Preisen«, 1963
T: Rameau, Paul H. ♦ Manuskript

Florian und Elli
In dem Zirkus Bambunelli
Chanson aus der Fernsehserie »Zum Blauen Bock«, 1979
T: Schenk, Heinz ♦ Manuskript

Föhn-Blues
Mein Herz schlägt laut und schnell wie nie
aus dem Film »Lampenfieber«, 1959
T: Dehmel, Willy ♦ V: Kasparek

Formidable, Formidable
Fremde Sprachen sind sehr wichtig
Marsch-Fox aus der Fernsehserie »Zum Blauen Bock«, 1981
T: Schenk, Heinz ♦ Manuskript

Das Fracklied
Der Herr Müller wollt' zur Hochzeit
Couplet aus der Fernsehserie »Zum Blauen Bock«, 1972
T: Schenk, Heinz ♦ V: Wiener Bohème

Frag nie warum
Ein Clown spielt seine Rolle
Slowfox
T: Leissle, Walter ♦ V: Seith
1967

Frauen darf man nie fragen
Lieber Freund, höre zu
Lied und Tango
M+T: Grothe, Franz / Rotter, Fritz ♦ V: Bosworth
1929

Fräulein Doktor, Sie versteh'n was
Fräulein Doktor, sagen Sie
Duett und Foxtrot aus dem Musikalischen Lustspiel »Vier unterm Dach«, 1935
T: Dehmel, Willy ♦ V: Crescendo

Das Fräulein von Barnhelm
Fantasie für Orchester über Themen aus dem Film »Heldinnen«
V: Wiener Bohème
1960

Frechheit siegt
Foxtrot
Manuskript
1938

Die Freßwelle
Chanson aus dem TV-Spiel »So gut wie morgen ging es uns nie«, 1965
T: Hachfeld, Eckart ♦ Manuskript

Frisch auf – was ist die Welt
Marsch aus dem Film »Boykott«, 1930
T: Wilczynski, Karl ♦ V: Beboton

Frisch gemalt ist halb gewonnen
Wir bieten Ihnen singend
Foxtrot aus der Fernsehserie »Zum Blauen Bock«, 1981
T: Schenk, Heinz ♦ Manuskript

Frisch gesagt ist halb gewonnen
An jedem Sonntag abend
Marsch-Fox aus der Fernsehserie »Zum Blauen Bock«, 1979
T: Schenk, Heinz ♦ Manuskript

Fröhlich eingeschenkt
Marsch-Fox aus der Fernsehserie »Zum Blauen Bock«, 1981
T: Schenk, Heinz ♦ Manuskript

Frohsinn
Foxtrot aus dem Film »Ein Stück vom Himmel«, 1957
V: Bavariaton
A: englisch: **Unknown Melody**

Frühling in Wien
Der Frühling kam
Lied und Langsamer Walzer aus dem Film »Tanz mit dem Kaiser«, 1941
T: Dehmel, Willy ♦ V: Ufaton
Melodie-Incipit s. S. 97
A: englisch: **Springtime in Vienna**
   französisch: **Printemps viennois**
   italienisch: **Vorrei**

Frühling und Liebe
Wenn oft still über Nacht
Lied und Tango-Serenade aus dem Film »Zwischen zwei Herzen«, 1933
T: Schulenburg, Hermann ♦ V: Ufaton

Fühlst du nicht, das Glück ist da
Mein Herz hat mich hergeführt
Lied und Langsamer Walzer aus dem Musikalischen Lustspiel »Vier unterm Dach«, 1935
T: Dehmel, Willy ♦ V: Crescendo

Fünf Lieder nach Gedichten von Ulla Greeb
1. Ich liebe das Leben
   Seit jenem Tage, da ich dir begegnet bin
2. Verklungene Melodie
   Wie schön war dieser Sommer
3. Hörst du der Lerche fröhliches Lied
   Melodie-Incipit s. S. 105
4. Die Sonne kommt und schwindet
5. In einem kleinen Tropfen Tau
   T: Greeb, Ulla ♦ V: Wiener Bohème 1966

Fünf unter einem Dach
Tango und Marschlied
T: Dehmel, Willy ♦ V: Crescendo 1935

Funkausstellung in Berlin
Es ist schon fünfzig Jahre her
Couplet aus der Fernsehserie »Zum Blauen Bock«. 1979
T: Schenk, Heinz ♦ Manuskript

Für alle, die im Herzen jung geblieben
Als Hänsel und als Gretel
Chanson aus der Fernsehserie »Zum Blauen Bock«, 1978
T: Schenk, Heinz ♦ Manuskript

Für das Publikum zur Freude
(Heute und Tagesschau)
Ja, Sie wissen, wir berichten
Marsch aus der Fernsehserie »Zum Blauen Bock«, 1978
T: Schenk, Heinz ♦ Manuskript

Für dich, für dich, mein Baby
Alles im Leben macht man auf einmal gerne
Lied und Tango
M+T: Grothe, Franz / Rubens, Eddie / Rotter, Fritz ♦ V: Beboton
1932
Melodie-Incipit s. S. 90
A: englisch: **For You, Just You, My Baby**
  Now that I've found you, I'll be around you
  T: Connelly, Reg
  französisch: **Pour toi**
  L'hiver sommeille, la terre enfin s'éveille
  T: Pothier, Charles Louis / Cis, Jean

Für dich und mich ein kleines Schloß im Süden
Lied und Foxtrot aus dem Film »Das Schloß im Süden«, 1933
T: Dehmel, Willy ♦ Manuskript
A: französisch: **Je n'ai qu'un cœur**

Für eine kleine Liaison
(Kleine Liaison)
Für eine kleine Liaison bin ich zu haben
Wie hat man's schwer
Lied und Slowfox
M+T: Grothe, Franz / Rotter, Fritz ♦ V: Bote & Bock
1929

Für eine Stunde Leidenschaft
Ich hab' in der Liebe noch niemals Glück gehabt
Lied und Langsamer Foxtrot aus dem Bühnenstück »Berliner Bilderbogen«, 1942
T: Balz, Bruno ♦ V: Bennefeld
Melodie-Incipit s. S. 99
A: verwendet in dem TV-Spiel »Berliner Bilderbogen«, 1968

Galopp-Tanz
aus dem Film »Rosen im Herbst«, 1955
T: Dehmel, Willy ♦ Manuskript

Ganz Berlin ist eine Wolke
Marschfox aus der Fernsehserie »Zum Blauen Bock«, 1979
T: Schenk, Heinz ♦ Manuskript

Das ganze Leben ist ein Zirkus
(Der Clown)
Den dummen August nennt man mich
Lied aus der Fernsehserie »Zum Blauen Bock«, 1977
T: Schenk, Heinz ♦ V: Wiener Bohème
Melodie-Incipit s. S. 106

Das ganze Leben ist und bleibt doch nur ein Märchen
Wie schnell vergeht die Kinderzeit
Slowfox aus der Fernsehserie »Zum Blauen Bock«, [n. d.]
T: Schenk, Heinz ♦ Manuskript

Die ganze Welt
Lied aus dem Musical »Das Haus in Montevideo«, [n. d.]
T: Dehmel, Willy ♦ Manuskript

Die ganze Welt ist voll Musik
Lied
T: Friebe, Friedrich ♦ V: Badenia-Vineta
1966

Ganz leise kommt die Nacht
Hörst du das singende, jubelnd erklingende Lied der Natur
Lied und Langsamer Foxtrot
T: Dehmel, Willy ♦ V: Crescendo
1939
Melodie-Incipit s. S. 94
A: englisch: **Night Falls Softly**
  Cold-Hearted
  T: Crystal, Sandy
  Bearbeitung für Streichquartett von Sabine Wüsthoff [2002]

Gaudeamus igitur
Fantasie nach der gleichnamigen Weise in dem Film »Frauenarzt Dr. Prätorius«,

1950
Manuskript

Gavotte
Manuskript
[n. d.]

Geh nicht so von mir
Ja, ich seh' dir's an
Lied und Foxtrot
T: Hertha, Kurt ◆ V: Bennefeld
1964

Die Geigen, ja die Geigen
Für jeden Menschen gibt es Stunden
Lied und Tango
T: Dehmel, Willy ◆ V: Turicaphon
1937
Melodie-Incipit s. S. 93

Die Geister, die man einmal ruft
Lied aus der Fernsehserie »Zum Blauen Bock«, [n. d.]
T: Schenk, Heinz ◆ Manuskript

Der Geist ist willig
Ich kann nicht mehr schlafen
Lied aus dem Musical »Moral«, 1974
T: Schwenn, Günther ◆ V: Meisel

Geld macht nicht glücklich
Foxtrot aus der Fernsehserie »Zum Blauen Bock«, 1977
T: Schenk, Heinz ◆ Manuskript

Gestern, heute und morgen
Was das Leben auch bringt
Was gestern noch nicht war (R)
Lied und Slowfox aus dem Film »Die Liebe des Maharadscha«, 1936
T: Dehmel, Willy ◆ V: Wiener Bohème
A: italienisch: **Canzone del mio cuore**
   Quando tu sei con me
   T: Tazzonelli, Arnoldo

Das gewisse Etwas einer schönen Frau
Erst sang ich für den Leierkastenmann im Hinterhaus
Chanson aus dem Film »Ehe in Dosen«, 1939
T: Dehmel, Willy ◆ V: Meisel
Melodie-Incipit s. S. 95

Gigolo-Phantasie
nach dem Tango *Schöner Gigolo* von Leonello Casucci
Manuskript
1930

Gleich und gleich gesellt sich gern
Marsch aus der Fernsehserie »Zum Blauen Bock«, 1979
T: Schenk, Heinz ◆ Manuskript

Der Glücksstern und das Mädchen
Wenn ich nachts am Fenster steh'
Lied
T: Dehmel, Willy ◆ Manuskript
[n. d.]

Gondoliere
Du singst mir süße Lieder
Serenade aus dem Film »Aufforderung zum Tanz«, 1934
T: Hamann, Edith ◆ V: Beboton

Graf schickt die Soldaten los
aus dem Film »Herrliche Zeiten im Spessart«, 1967
T: Neumann, Günter ◆ Manuskript

Der große Schenkini
Meine Damen, meine Herren
Chanson aus der Fernsehserie »Zum Blauen Bock«, 1977
T: Schenk, Heinz ◆ Manuskript

Groß-Krotzenburg
Groß-Krotzenburg im Hessenland
Marschlied aus der Fernsehserie »Zum Blauen Bock«, 1975
T: Schenk, Heinz ◆ Manuskript

Grüß mir die Berolina
Wenn ein Kamerad auf Urlaub fuhr

Lied und Marsch aus dem Bühnenstück
»Berliner Bilderbogen«, 1942
T: Balz, Bruno ♦ V: Bennefeld
A: niederländisch: **Dan is er maar één**
  Holland
  Ik bezocht op menig verre reis
  T: Dunk, Han
  verwendet in dem TV-Spiel »Berliner
  Bilderbogen« (1968)

Die gute Fee
Jeder Mensch
Walzerlied
T: Hubberten, Hans ♦ Manuskript
[n. d.]

Die guten, alten Zeiten
Ja, so zwei wie wir
Couplet aus der Fernsehserie »Zum Blauen
Bock«, 1980
T: Schenk, Heinz ♦ Manuskript

Guten Tag, liebes Glück
Viele tausend Jahre steht die Welt
Lied und Langsamer Walzer aus dem Film
»Ins blaue Leben«, 1938
T: Dehmel, Willy ♦ V: Ufaton
Melodie-Incipit s. S. 95
A: italienisch: **Ecco la felicità**
  Ogni cuor, ho nel cuor tanta felicità
  T: Gatta, C. della
  spanisch: **Buenas tardes, querida ventura**
  verwendet in den Filmen »Derby« (1949)
  und »Sonntagskinder« (1980)

Guten Talk allerseits
(Lied der Talkmaster)
Man kann ruhig drüber reden
Marsch-Fox aus der Fernsehserie »Zum
Blauen Bock«, 1981
T: Schenk, Heinz ♦ Manuskript

Guter Rat, der ist nicht teuer
Soll man sich heut etwas borgen
Chanson aus der Fernsehserie »Zum Blauen
Bock«, 1976
T: Schenk, Heinz ♦ Manuskript

Haben Sie das gleich erraten
Chanson aus der Fernsehserie »Zum Blauen
Bock«, 1978
T: Schenk, Heinz ♦ Manuskript

Hab keine Angst vor Liebe
Ich hab' oft Sehnsucht nach dem Glück
Lied und Slowfox aus dem Film »Keine
Angst vor Liebe«, 1933
T: Dehmel, Willy ♦ V: Beboton
Melodie-Incipit s. S. 91

Hadamar im Elbachtal
Couplet aus der Fernsehserie »Zum Blauen
Bock«, 1980
T: Schenk, Heinz ♦ Manuskript

Haiger, Stadt im Grünen
Chanson aus der Fernsehserie »Zum Blauen
Bock«, 1978
T: Schenk, Heinz ♦ Manuskript

Hajoh, wer fährt mit
Ich hab' ein Schifflein, das fährt in die Welt
Barcarole
T: Dehmel, Willy ♦ V: Rahter
1935

Hallo, Moskau
(Russische Fantasie – Russian Fantasy
– Fantaisie russe – Fantasia russa)
für Orchester
M: Grothe, Franz / Kirchstein, Harold M. ♦
V: Bote & Bock
1930

Happy end
Wenn sich zwei versteh'n
*Es war schön wunderschön, du hast mich nur
angeseh'n*
Lied und Slowfox
T: Rauch, Fred ♦ Manuskript
1967
A: englisch: **When Two Lonely Hearts**
  When two people love

Hast du schon einmal von mir geträumt
Du wärst etwas für mich
Lied und Tango
M+T: Grothe, Franz / Rotter, Fritz ♦
V: Wiener Bohème
1929

Hat noch jemand eine Frage
Im Falle eines Falles
Marsch-Fox aus der Fernsehserie »Zum Blauen Bock«, 1976
T: Schenk, Heinz ♦ Manuskript

Das Haus in Montevideo
Musical von Curth Flatow nach der Komödie »Das Haus in Montevideo oder Traugotts Versuchung« von Curt Goetz
Manuskript
[n. d.]

Das Haus in Montevideo
Potpourri für Orchester nach Melodien aus der Zweitverfilmung »Das Haus in Montevideo«, 1963
Manuskript
[n. d.]

Heh, Columbo – Helloh, Kojak
Nehmen wir'mal an
Lied aus der Fernsehserie »Zum Blauen Bock«, 1976
T: Schenk, Heinz ♦ Manuskript

Heidi
Thema aus dem gleichnamigen Film, 1965
V: Ufaton
Melodie-Incipit s. S. 105
A: englisch: **Heidi**
   Here, where all the mountains
   T: Styne, Stanley
   verwendet in dem amerikanischen TV-Film »Heidi (Heidi kehrt heim)« (1967)

Heimatlied
Heimatmotiv für Violine und Orchester aus dem Film »Der ewige Klang«, 1942 / 43
Manuskript

Heiteres Beruferaten
Nun, man kennt uns von der Bühne
Foxtrot aus der Fernsehserie »Zum Blauen Bock«, 1979
T: Schenk, Heinz ♦ Manuskript

Helau, Alaaf und Dankeschön
Zunächst einmal, Sie sehen selbst
Marsch-Fox aus der Fernsehserie »Zum Blauen Bock«, 1975
T: Schenk, Heinz ♦ Manuskript

Helden
Suite für Orchester
nach Motiven aus dem gleichnamigen Film, 1958
1. Reiter-Marsch
2. Im Heustadel
3. Liebesszene im Park
4. Marsch-Finale
Manuskript

He Maggy Rouff
Duett aus der Musikalischen Komödie »Liebesbriefe«, 1964
T: Lützkendorf, Felix ♦ V: Desch

Die Herren Regisseure
(Geburtstags-Ständchen)
Lied aus der Fernsehserie »Zum Blauen Bock«, 1977
T: Schenk, Heinz ♦ Manuskript

Herr Intendant
Chanson aus der Fernsehserie »Zum Blauen Bock«, 1981
T: Schenk, Heinz ♦ Manuskript

Herrliche Zeiten im Spessart
(Gespenster-Marsch)
Beat aus dem gleichnamigen Film, 1967
T: Neumann, Günter ♦ Manuskript

Werkverzeichnis

Herz, du kennst meine Sehnsucht
Mir erschien die Welt mit einem Mal so schön
Lied und Slowfox aus dem Film »Das Schloß in Flandern«, 1936
T: Dehmel, Willy ♦ V: Beboton
Melodie-Incipit s. S. 93
A: französisch: **C'est la chanson du cœur**
Un jour mon regard a rencontré le tien
Toi ma tendre chanson du cœur (R)
T: Cab, Marc / Marietti, Jean
portugiesisch: **Coração, você conhece a minha saudade**
Transmudouse o mundo, um dia, para mim
Oh, você sabe, coração (R)
T: Biundy
spanisch: **Corazón, tú conoces mi nostalgia**
Hoy el mundo muy hermoso vislumbré
Tú, corazón conoces mis (R)
T: Lavelli, A. V.

Hessenmädchen, das sind wir
Man kennt uns von dem Bildschirm her
Walzer aus der Fernsehserie »Zum Blauen Bock«, 1977
T: Schenk, Heinz ♦ Manuskript

Heurige Liebe, heuriger Wein
Lied aus dem Film »An der schönen blauen Donau«, 1954
T: Schweikart, Hans ♦ Manuskript

Heute feiern wir ein Burgfest
Nun, da wäre ich der Kaiser
Marsch aus der Fernsehserie »Zum Blauen Bock«, 1978
T: Schenk, Heinz ♦ Manuskript

Heute feiern wir ein Fest
Zum Beispiel hier die Feuerwehr
Lied aus der Fernsehserie »Zum Blauen Bock«, 1978
T: Schenk, Heinz ♦ V: Alpenland

Heute geht's nach Kelsterbach
Marsch aus der Fernsehserie »Zum Blauen Bock«, 1979
T: Schenk, Heinz ♦ Manuskript

Heute gibt es mit Helau
Foxtrot aus der Fernsehserie »Zum Blauen Bock«, 1981
T: Schenk, Heinz ♦ Manuskript

Heute grüßen Sie
(Lied der Magazinverwalter)
Marschlied aus der Fernsehserie »Zum Blauen Bock«, 1982
T: Schenk, Heinz ♦ Manuskript

Heute haben sieben Schwaben
Marsch-Fox aus der Fernsehserie »Zum Blauen Bock«, 1980
T: Schenk, Heinz ♦ Manuskript

Heute ist für mich die ganze Welt viel zu klein
Es gibt so viele schöne Stunden
Lied und Slowfox aus dem Film »Verlieb dich nicht am Bodensee«, 1935
T: Dehmel, Willy ♦ V: Leonardi

Heute kommt der Berg nicht zum Propheten
Man besingt sehr oft die Berge
Marsch-Fox aus der Fernsehserie »Zum Blauen Bock«, 1980
T: Schenk, Heinz ♦ Manuskript

Heute kommt nun das Finale
Chanson aus der Fernsehserie »Zum Blauen Bock«, [n. d.]
T: Schenk, Heinz ♦ Manuskript

Heute lassen wir die Puppen einmal tanzen
Darf ich, ohne mich zu zieren
Marsch-Fox aus der Fernsehserie »Zum Blauen Bock«, 1979
T: Schenk, Heinz ♦ Manuskript

Heute nacht (woll'n wir [sollt ihr] den Teufel tanzen sehn)
Wenn uns auch der Spießer haßt
Lied und flotter Foxtrot aus dem Film »Liebespremiere«, 1943
T: Balz, Bruno ◆ V: Wiener Bohème

Heute plaudern wir 'mal aus der Schule
Couplet aus der Fernsehserie »Zum Blauen Bock«, 1979
T: Schenk, Heinz ◆ Manuskript

Heute soll man die Soldaten
Gestatten, Soldat Bluntschi
Foxtrot aus der Fernsehserie »Zum Blauen Bock«, 1976
T: Schenk, Heinz ◆ Manuskript

Heute suchen die Personen
Ja, wir schreiben fürs Theater
Marsch aus der Fernsehserie »Zum Blauen Bock«, 1981
T: Schenk, Heinz ◆ Manuskript

Heute tanzt die Garde
Ach, was müssen wir doch üben
Marsch-Fox aus der Fernsehserie »Zum Blauen Bock«, 1980
T: Schenk, Heinz ◆ Manuskript

Heute tanzt die Schlagergarde
Karneval, Karneval
aus der Fernsehserie »Zum Blauen Bock«, 1976
Foxtrot
T: Schenk, Heinz ◆ Manuskript

Heute treten Majestäten
(Königinnen)
Ich fragte stets beim Spiegel an
Chanson aus der Fernsehserie »Zum Blauen Bock«, 1978
T: Schenk, Heinz ◆ Manuskript

Heute trifft sich my fair lady
Mein Name ist Eliza
Foxtrot aus der Fernsehserie »Zum Blauen Bock«, 1976
T: Schenk, Heinz ◆ Manuskript

Heute woll'n wir närrisch sein
Marsch-Fox aus der Fernsehserie »Zum Blauen Bock«, 1977
T: Schenk, Heinz ◆ Manuskript

Heut hat mein Herz tausend Flügel
Es ist plötzlich ein Wunder gescheh'n
Lied und Foxtrot aus dem Film »Jacqueline«, 1959
T: Dehmel, Willy ◆ V: Ufaton
Melodie-Incipit s. S. 104
A: englisch: **My Heart Has a Thousand Wings**

Heut ist ein Grund zum Feiern
Die Zeit vergeht im Sauseschritt
aus der Fernsehserie »Zum Blauen Bock«, 1977
T: Schenk, Heinz ◆ Manuskript

Heut ist ein Tag wie jeder Tag
Lied und Langsamer Walzer aus dem Film »Liebe auf krummen Beinen«, 1959
T: Dehmel, Willy ◆ V: Bavariaton
A: englisch: **This is a Wonderful Day**

Heut ist genau der richt'ge Tag
Ich bin bei dir, du bist bei mir
Lied und Langsamer Walzer aus dem Film »Junger Mann, der alles kann«, 1957
T: Dehmel, Willy ◆ V: Bavariaton

Heut ist hier ein Platz für Tiere
Ein Frosch, ein ganz bekannter
Foxtrot aus der Fernsehserie »Zum Blauen Bock«, 1976
T: Schenk, Heinz ◆ Manuskript

Heut ist Karneval in Knieritz an der Knatter
Bei uns im schönen Knieritz

Werkverzeichnis

Marsch-Foxtrot aus der Fernsehserie »Zum Blauen Bock«, 1980
T: Schenk, Heinz ♦ V: REA

Hexen von heute
Wir wissen alles, was ringsum passiert
Lied aus dem TV-Film »Glück zu kleinen Preisen«, 1963
T: Rameau, Paul H. ♦ Manuskript

Hier ist die Welt noch wie vor hundert Jahren
Lied und Foxtrot aus dem Musical »Moral«, 1974
T: Schwenn, Günther ♦ V: Meisel
Melodie-Incipit s. S. 106

Hier ist er nicht
Lied aus dem Musical »Das Wirtshaus im Spessart«, 1977
T: Schwenn, Günther ♦ V: Dreiklang-Dreimasken

Hier muß er sein
Lied
T: Neumann, Günter ♦ Manuskript
[n. d.]

Hilfe! Hilfe! Überfall
Die meisten Diebe sind doch Dilettanten
Szene aus dem Musical »Das Wirtshaus im Spessart«, 1977
T: Schwenn, Günther ♦ V: Dreiklang-Dreimasken

Himmelblau ist die ganze Welt
Wenn ich früher fröhlich war
Walzerlied aus der Operette »Die Nacht mit Casanova«, 1942
T: Balz, Bruno ♦ V: Crescendo

Hinter Schloß und Riegel bleibt dein Herz gefangen
Du hast mir gesagt, daß du mich liebst und mir gehörst
Lied und Slowfox

T: Dehmel, Willy ♦ V: Tonart
1938

Hippie-Song
Schon wieder hat sich einer
Lied aus dem TV-Film »Auch schon im alten Rom«, 1969
T: Hachfeld, Eckart ♦ Manuskript

Hoch drob'n auf dem Berg
Gegen Liebe wächst bekanntlich nirgends noch ein Kraut
Lied und Foxtrot aus dem Film »Rosen in Tirol«, 1940
T: Marischka, Ernst ♦ V: Wiener Bohème
Melodie-Incipit s. S. 96
A: englisch: **On the Top of the Mountains**
italienisch: **Sulla montagna**
niederländisch: **Heel hoog op den berg**
Voor verliefde menschen is het in de stad te balzt
T: Niessen, Rhinus
spanisch: **En la cumbre de la montana**
verwendet in dem gleichnamigen Film (1957)
Bearbeitung für Bläserquintett (Flöte, Oboe, Klarinette in B, Fagott, Horn in F) von Thomas Hennig [2002]

Hochzeitsszenen im Kloster
aus dem Film »Die Trapp-Familie«, 1956
T: Lamy, Rudolf ♦ Manuskript

Das Hohegeißer Heimatlied
Wo der Freiheit Banner wehen
Chorlied
T: Trute, Wilhelm ♦ Manuskript
[n. d.]

Hokuspokus-Marsch
nach Motiven aus dem Film »Hokuspokus«
V: Wiener Bohème
1971

Hollywood
(Sensation)
Foxtrot

V: Meisel
1939

Horror im Theater
Als Komtur in Don Giovanni
Marsch-Fox aus der Fernsehserie »Zum Blauen Bock«, 1981
T: Schenk, Heinz ♦ Manuskript

Hört auf die Musik
Tarantella aus dem Film »Ein Walzer mit dir«, 1942
M: Millöcker, Carl / Grothe, Franz
T: Dehmel, Willy ♦ V: Meisel

Hört ihr die Zigeuner
Ja, Zigeunermusik, Heimat, du rufst mich zurück
Lied und Csárdás
T: Dehmel, Willy ♦ V: Beboton
1936

How Do You Do
Finale aus der Musikalischen Komödie »Der ideale Gatte«, 1961
T: Mostar, Herrmann ♦ V: Mondial

Der Hundertjährige
aus der Fernsehserie »Zum Blauen Bock«, [n. d.]
T: Schenk, Heinz ♦ Manuskript

Hundert volle Gläser
Mit einem Glas Wein fing ich an
Lied
T: Dehmel, Willy ♦ V: Wiener Bohème
1971
Melodie-Incipit s. S. 105

Hunger macht erfinderisch
Wenn du satt bist, wirst du faul und müd
Chanson aus dem Musical »Moral«, 1974
T: Schwenn, Günther ♦ V: Meisel

Hymne von Reiffenstein
aus dem Film »Skandal im Mädchenpensionat«, 1952
T: Dehmel, Willy ♦ Manuskript

Ich bin arm
Als Goldschmiedgeselle
Duett aus dem Musical »Das Wirtshaus im Spessart«, 1977
T: Schwenn, Günther ♦ V: Dreiklang-Dreimasken

Ich bin der Ernst und kann nur lachen
(Das Lied vom Ernst)
Sitz' ich 'mal im Fidelio
Slow aus der Fernsehserie »Zum Blauen Bock«, 1976
T: Schenk, Heinz ♦ V: REA

Ich bin der glücklichste Mensch auf der Welt
Lied aus dem Film »Zwölf Mädchen und ein Mann«, 1959
T: Dehmel, Willy ♦ V: Ufaton
A: japanisch: **Hakugin wa manekuyo**
   T: Fujita, Tamao

Ich bin der Graf von München
Herr Graf – mein lieber Mundschenk
aus der Fernsehserie »Zum Blauen Bock«, 1976
T: Schenk, Heinz ♦ Manuskript

Ich bin der König des Cancan
Chanson aus dem Film »Spiel«, 1944
T: Dehmel, Willy ♦ Manuskript

Ich bin der Liebling der Polizisten
Jeder von uns macht 'mal etwas, was strafbar ist
Lied und Slowfox aus dem Film »Der große Bluff«, 1932
M+T: Grothe, Franz / Rotter, Fritz ♦ V: Beboton
A: französisch: **Rousse m'adore**

Werkverzeichnis

Ich bin der Weihnachtsmann vom Dienst
Wenn ich hier so täglich stehe
Chanson aus der Fernsehserie »Zum Blauen Bock«, 1979
T: Schenk, Heinz ♦ Manuskript

Ich bin die Frau, von der man spricht
Ich hab' einen Grundsatz für mein Leben
Marschlied aus dem Film »Ein Walzer mit dir«, 1942
T: Dehmel, Willy ♦ V: Meisel
Melodie-Incipit s. S. 99

Ich bin die rechte Hand vom Chef
Couplet aus dem Film »Taxi-Kitty«, 1950
T: Dehmel, Willy ♦ Manuskript

Ich bin, du bist, er ist
Lied aus dem TV-Film-Musical »Mitternachtszauber«, 1964
T: Rameau, Paul H. ♦ Manuskript

Ich bin Dummkopf
Lied
T: Frankenfeld, Peter ♦ Manuskript
[n. d.]

Ich bin ein Mädel vom Rhein
Walzerlied
T: Friebe, Friedrich ♦ Manuskript
[n. d.]

Ich bin ein Mann von fuffzig Jahren
Lied aus der Musikalischen Komödie »Liebesbriefe«, 1964
T: Lützkendorf, Felix ♦ V: Desch

Ich bin froh wie ein Spatz
Gestern schien mir alles auf der Erden grau in grau
Lied und Foxtrot aus dem Film »Spiel«, 1944
T: Dehmel, Willy ♦ V: Tauentzien

Ich bin heut frei, meine Herr'n
Früher einmal war ich sittsam und prüde
Chanson-Foxtrot aus dem Film »Liebespremiere«, 1943
T: Balz, Bruno ♦ V: Wiener Bohème
Melodie-Incipit s. S. 99

Ich bin heut so froh und hab' gar keinen Grund
Bild' mir ein, es müßt' heut Sonntag sein
Foxtrot und Marsch aus dem Film »Ihr größter Erfolg«, 1934
T: Marischka, Ernst ♦ V: Beboton
A: französisch: **Moi, j'aime la vie**
  Réfléchir, hésiter, non merci
  T: Veber, Serge
  italienisch: **Mi par di sognar**
  Oggi par che più sorrida il sol
  T: Ramo, Luciano

Ich brauche einen Mann, aber nicht aus Marzipan
Alle Frauen reden von der Treue
Lied aus dem Film »Alarm auf Station III«, 1939
T: Mayring, Philipp Lothar ♦ V: Wiener Bohème

Ich brauche zum Leben die Liebe
Ich weiß nicht, wie viel Männer es gibt
Chanson-Foxtrot aus dem Film »Liebling der Götter«, 1960
T: Dehmel, Willy ♦ V: CCC-Ton

Ich denk' am Montag, am Dienstag, am Mittwoch an dich
Lied und Foxtrot aus dem Film »Alt-Heidelberg«, 1959
T: Marischka, Ernst ♦ V: Europaton

Ich fahre durch die Straßen
(Lied der Taxi-Kitty)
Irgendwann, irgendwo, irgendwie
Lied und Foxtrot aus dem Film »Taxi-Kitty«, 1950
T: Dehmel, Willy ♦ V: Melodia

Ich frag' das Meer
Lied und Slowfox
T: Rauch, Fred ◆ Manuskript
1968

Ich frage nicht nach Titel und nach Orden
Chanson aus dem Musical »Moral«, 1974
T: Schwenn, Günther ◆ V: Meisel

Ich gehe dir entgegen
Lied
T: Dehmel, Willy ◆ Manuskript
[n. d.]

Ich gehe singend durch die Stadt
Mit jedem meiner Schritte
Lied und Foxtrot
T: Dehmel, Willy ◆ V: Papageno
1957
Melodie-Incipit s. S. 102
A: verwendet in dem Film »Ein Stück vom Himmel«, 1957

Ich geh' so gern mit dir ins Kino
Draußen wird es langsam dunkel
Chanson
T: Dehmel, Willy ◆ V: Wiener Bohème
1943

Ich hab' dich lieb
Langsamer Foxtrot
T: Dehmel, Willy ◆ Manuskript
[vor 1947]

Ich habe die Liebe gesucht und gefunden
Wenn man die Liebe nicht kennt
Lied und Langsamer Walzer aus dem Film »Muß man sich gleich scheiden lassen«, 1953
T: Dehmel, Willy ◆ V: Pacific

Ich habe eine kleine stille Liebe
Mit einem Blick fing es an
Lied und Slowfox aus dem Film »Das Schloß im Süden«, 1933
T: Hannes, Hans ◆ V: Ufaton
Melodie-Incipit s. S. 91

Ich habe ein Herz zu versteigern
Man hat schon oft sein Hab und Gut
Lied und Langsamer Walzer aus dem Film »Der blaue Stern des Südens«, 1951
T: Dehmel, Willy ◆ V: Beboton

Ich hab' einen Talisman: die Musik
Wohl die allermeisten Leute haben ihre Sorgen heute
In den frühen Morgenstunden
Lied und Foxtrot aus dem Film »Taxi-Kitty«, 1950
T: Dehmel, Willy ◆ V: Melodia

Ich hab' ein schimmerndes Leuchten
Konzertstück für Klavier und Streichorchester
Manuskript
[n. d.]

Ich habe Paß und Visum
In dieses Land fahr ich zu gern
Wenn man sich verliebt
Lied und Foxtrot
T: Dehmel, Willy ◆ V: Hohner
1953

Ich habe schon einmal gelebt
Vor circa hundertsiebzig Jahren
Lied
T: Weyrich, Fred ◆ V: Ufaton
1978

Ich hab' geträumt, daß du von mir geträumt hast
Sonderbar, wie sonderbar
Lied und Slowfox aus dem Film »Und wer küßt mich«, 1932
T: Gilbert, Robert ◆ V: Beboton

Ich hab' heut von Berlin geträumt
Lied und Foxtrot
T: Stani, Hanns ◆ Manuskript
[n. d.]

Ich hab' so einen Animus
Warum sind bloß alle Gläser stets so klein

Walzerlied aus dem Film »Absender unbekannt«, 1949
T: Dehmel, Willy ♦ V: Tempoton
Melodie-Incipit s. S. 101

Ich hab' was übrig
Foxtrot
T: Halton, Theo ♦ Manuskript
[n. d.]

Ich heiße Ilse, doch nennt man mich Nina
Ich trage Kleider, die ich niemals kaufen kann
Tango-Chanson aus dem Musikalischen Lustspiel »Vier unterm Dach«, 1935
T: Dehmel, Willy ♦ V: Crescendo

Ich kann bestimmt heut nacht nicht schlafen
Wie ein Troubadour einst in alter Zeit
Lied und Langsamer Foxtrot aus dem Film »Wenn wir alle Engel wären«, 1956
T: Dehmel, Willy ♦ V: Seith

Ich kann dich leider nicht vergessen
Wir haben uns die Hand gegeben
Lied und Rumba aus dem Film »Bildnis einer Unbekannten«, 1954
T: Käutner, Helmut ♦ V: Hohner

Ich kann nicht schlafen geh'n
Ich klopf' heut nacht, wenn du's erlaubst, an deine Türe
Foxtrot-Duett aus der Operette »Die Nacht mit Casanova«, 1942
T: Balz, Bruno ♦ V: Crescendo

Ich kann's noch nicht glauben
Lied aus der Musikalischen Komödie »Liebesbriefe«, 1964
T: Lützkendorf, Felix von ♦ V: Desch

Ich kenn' den Jimmy aus Havanna
Ich habe ein Herz für die Jungs auf dem Meer
Walzerlied aus dem Film »Ave Maria«, 1953
T: Balz, Bruno ♦ V: Takt & Ton
Melodie-Incipit s. S. 102

A: schwedisch: **Matroser ohoj**
T: Peterson, Curt Harald / Hellberg, Patrice Mia

Ich klopf heut nacht an deine Tür
Von allen Königinnen, schön und jung
Lied aus dem Film »Herrliche Zeiten im Spessart«, 1967
T: Neumann, Günter ♦ Manuskript
Melodie-Incipit s. S. 105

Ich komm' vom Theater nicht los
Es ist ein Trugschluß, wenn einer sich denkt
Chanson aus der Operette »Die unsterbliche Sehnsucht«, 1937
T: Felix, Oskar ♦ V: Allegro

Ich küsse Ihre Hand
Paraphrase über den Tango *Ich küsse Ihre Hand, Madame* von Ralph Erwin
Manuskript
1928

Ich lebe für die Liebe
Einer lebt dem Fußballsport
Foxtrot-Chanson aus dem Film »Kätchen für alles«, 1949
T: Siegel, Ralph Maria ♦ V: Siegel

Ich lebe in den Tag hinein
Lied
T: Rauch, Fred ♦ Manuskript
[n. d.]

Ich liebe das Leben
Jeder Tag ohne dich ist verloren
Lied und Langsamer Foxtrot
T: Dehmel, Willy ♦ V: Edifo
1950

Ich liebe dich und kenn' dich nicht
Zärtlich klingt ein Lied
Ich kenn' dich nicht, ich liebe dich und kenn' dich nicht (R)
Lied und Langsamer Walzer aus dem Film »Ich kenn' dich nicht und liebe dich«, 1933

T: Dehmel, Willy ♦ V: Beboton
Melodie-Incipit s. S. 91
A: französisch: **Toi que j'adore**
italienisch: **Io non ti cono so e ti amo**

Ich lieg' hier und träume
Lied und Langsamer Walzer
T: Kremer, Ludwig/Faber, Hermann ♦ Manuskript
[n. d.]

Ich möchte so gerne
Mir ist ganz komisch zumute
Lied und Tango aus dem Film »Hab mich lieb«, 1942
T: Dehmel, Willy ♦ V: Ufaton
Melodie-Incipit s. S. 98
A: französisch: **Je voudrais connaître l'émoi**
 Comme un oiseau dans sa cage
 T: Lemarchand, Henry
 niederländisch: **Ik wil toch zo gaarne**
 T: Niessen, Rhinus

Ich pfeife auf die Konvention
Warum auch nicht
Chanson aus dem Musical »Das Wirtshaus im Spessart«, 1976
T: Schwenn, Günther ♦ V: Dreiklang-Dreimasken

Ich such' dich, Madonna
Lied aus dem Film »Sag mir, wer du bist«, 1932
T: Rotter, Fritz ♦ V: Beboton

Ich träume immer nur von dem einen
Lied und Csárdás aus dem Film »Ihr größter Erfolg«, 1934
T: Marischka, Ernst ♦ V: Beboton
Melodie-Incipit s. S. 92
A: englisch: **Forsaken**
 französisch: **C'est de lui que je rêve**
 Si j'aime
 T: Veber, Serge
 italienisch: **Io sogno il mio bene perduto**
 T: Ramo, Luciano
 spanisch: **Yo sueño**

Ich warte auf dich
Täglich stehe ich vor deinem Fenster
Alles ist noch wie ein Traum für mich
Lied und Langsamer Foxtrot aus dem Film »Die Frau meiner Träume«, 1943/44
T: Dehmel, Willy ♦ V: Ufaton
Melodie-Incipit s. S. 99
A: niederländisch: **Ik wacht steeds op ju**
 T: Blanken, Nico

Ich weiß das erste Mal noch ganz genau
Chanson und Slowfox aus dem Film »Bildnis einer Unbekannten«, 1954
T: Käutner, Helmut ♦ V: Hohner
Melodie-Incipit s. S. 102

Ich weiß mehr, als du glaubst
(Geheimnis zu zweit)
(Immer nur du)
Ich versteh' jedes Wort
Lied und Slowfox aus dem Film »Ein Stück vom Himmel«, 1957
T: Dehmel, Willy ♦ V: Bavariaton
Melodie-Incipit s. S. 103
A: englisch: **More Than Love**

Ich will dein Schatten sein
Was ich im Leben beginne
Lied und Foxtrot aus dem Film »Ein Walzer mit dir«, 1942
T: Dehmel, Willy ♦ V: Meisel
Melodie-Incipit s. S. 99

Ich wollt', ich hätt' eine Fiedel
Lied aus dem Film »Die Trapp-Familie in Amerika«, 1958
T: Dehmel, Willy ♦ V: Edition Modern

Ich zähl' mir's an den Knöpfen ab
Ich bin ja so verliebt
Swing-Foxtrot aus dem Film »Fanfaren der Liebe«, 1951
T: Dehmel, Willy ♦ V: Hohner
Melodie-Incipit s. S. 101
A: englisch: **I Count My Buttons**
 niederländisch: **Ik tel de knopen van mijn jac**

Ik ben toch zo verliefd
T: Bleyenberg, Bob

Der ideale Gatte
Musikalische Komödie von Herrmann Mostar nach dem Schauspiel »Ein idealer Gatte« von Oscar Wilde
Verlag: Mondial
1961

Illusion
Valse lente aus dem gleichnamigen Film, 1941
V: Ufaton
Melodie-Incipit s. S. 97
A: spätere Textfassung: **Illusion**
Ich hab' oft viel' Stunden
T: Schulenburg, Hermann
1944
französisch: **Dans tes yeux**
T: Potérat, Louis
niederländisch: **Fantasie**
T: Blanken, Nico
schwedisch: **Illusion**
Ungdomsvår, ljuva tid, som förgår
T: Alm, Arne
Bearbeitung für Klarinette in A und Streichquartett von Raimond Erbe
[2002]

Im Blütenhain
Lied aus dem Film »Herrliche Zeiten im Spessart«, 1967
T: Neumann, Günter ◆ Manuskript

Im großen Theater des Lebens
Am Anfang, da heißt es für jeden
Chanson aus der Fernsehserie »Zum Blauen Bock«, 1979
T: Schenk, Heinz ◆ V: Wiener Bohème

Im Karneval
(Lied der Prinzenpaare)
Walzerlied aus der Fernsehserie »Zum Blauen Bock«, 1974
T: Schenk, Heinz ◆ Manuskript

Im Kerzenlicht
Konzertstück für Orchester
V: Wiener Bohème
1971

Im Lokal zur guten Laune
Es gibt heut so manche Platten
Marsch-Fox aus der Fernsehserie »Zum Blauen Bock«, 1981
T: Schenk, Heinz ◆ Manuskript

Immer langsam, nicht so schnell
Ich war noch so klein
Chanson aus dem Film »Das schöne Abenteuer«, 1959
T: Dehmel, Willy ◆ Manuskript

Immer wenn du fortgehst
Lied und Langsamer Foxtrot aus dem Film »Jacqueline«, 1959
T: Dehmel, Willy ◆ V: Ufaton
Melodie-Incipit s. S. 104

Immer wenn ich glücklich bin
Heut sehn' ich mich nach dem Glück
Lied und Langsamer Foxtrot aus dem gleichnamigen Film, 1937
T: Marischka, Ernst ◆ V: Beboton
Melodie-Incipit s. S. 93
A: französisch: **Quand mon cœur est heureux**

Im Nachtlokal »Klein-Chikago«
Lied und Foxtrot aus dem Film »Der schwarze Blitz«, 1958
T: Dehmel, Willy ◆ V: Bavariaton

Impression
für Violine und Klavier
Manuskript
[n. d.]

Impromptu c-moll
für Klavier aus dem Film »Furioso«, 1950
Manuskript

Impromptu
(Valse bleue)
für Klavier und kleines Orchester
Manuskript
[n. d.]

Im Rhonetal steht eine Mühle
Chorlied aus dem Film »Das schöne Abenteuer«, 1959
T: Dehmel, Willy ◆ Manuskript

In Arolsen-Mengeringhausen
Die Luft ist gut im Lande
Walzerlied aus der Fernsehserie »Zum Blauen Bock«, 1976
T: Schenk, Heinz ◆ Manuskript

In Bad Soden-Salmünster
Marsch aus der Fernsehserie »Zum Blauen Bock«, 1981
T: Schenk, Heinz ◆ Manuskript

In der bunten Operettenwelt
Zum Beispiel ich, die Dubarry
Chanson aus der Fernsehserie »Zum Blauen Bock«, 1980
T: Schenk, Heinz ◆ Manuskript

In der Dämm'rung liegt die Pußta
Lied
T: Greeb, Ulla ◆ Manuskript
[n. d.]

In der Kürze liegt die Würze
Chanson
T: Löwenberg, Rudolf ◆ Manuskript
[n. d.]

In der Liebe, in der Liebe
Lied und Foxtrot aus dem TV-Film »Glück zu kleinen Preisen«, 1963
T: Rameau, Paul H. ◆ Manuskript

In der Nacht ist der Mensch nicht gern alleine
Jeden Abend steh' ich an der Brücke
Lied und Foxtrot aus dem Film »Die Frau meiner Träume«, 1943/44
T: Dehmel, Willy ◆ V: Ufaton
Melodie-Incipit s. S. 100
A: englisch: **One Likes Company at Night**
Man Doesn't Like to Be Alone
niederländisch: **In den nacht**
T: Niessen, Rhinus
verwendet in den Filmen »Kleines Zelt und große Liebe« (1956), »Franziska« (1957), »Eine Frau fürs ganze Leben« (1960)

In des Gartens dunkler Laube
Lied aus dem Film »Es tut sich was um Mitternacht«, 1933
T: Stemmle, Robert Adolf ◆ V: Bloch

Indianisches Liebeslied
(Wah-Buh)
Nacht wird es im Urwald
Lied aus dem Film »Mädchen ohne Grenzen«, 1955
T: Dehmel, Willy ◆ V: Rialto

In einer Stunde
Vergiß, was gestern war
Lied
T: Wegener, Wolfgang ◆ Manuskript
[n. d.]

In Emilsburg – in Emilsburg
Lied aus dem Musical »Moral«, 1974
T: Schwenn, Günther ◆ V: Meisel

In Göppingen im Schwabenland
Lied aus der Fernsehserie »Zum Blauen Bock«, 1980
T: Schenk, Heinz ◆ Manuskript

In Karlshafen, in Karlshafen
Der Josef fährt zur Josefstadt
Marsch-Fox aus der Fernsehserie »Zum Blauen Bock«, 1974
T: Schenk, Heinz ◆ Manuskript

In meinem Gästebuch ist eine Seite frei
Ach, wie gerne wüßt' ich
Lied und Langsamer Foxtrot aus dem Film

»Muß man sich gleich scheiden lassen«,
1953
T: Balz, Bruno ♦ V: Bennefeld

In meinen Träumen
Chanson und Foxtrot aus dem Film »Herrliche Zeiten im Spessart«, 1967
T: Neumann, Günter ♦ Manuskript

In meiner Kuß-Statistik
Was mir im Leben wichtig war
Chanson-Foxtrot aus dem Film »Skandal im Mädchenpensionat«, 1952
T: Dehmel, Willy ♦ V: Siegel

In Paris heißt die Liebe »amour«
Wenn in Paris auf dem Boulevard
Lied und Valse musette
T: Holler, Ulrich ♦ Manuskript
[n. d.]

Intermezzo
(Die Liebe des Maharadscha)
für Violine und Orchester
aus dem Film »Die weiße Frau des Maharadscha«, 1936
V: Wiener Bohème

Irisches Tanzlied
aus dem Film »Ein Tag, der nie zu Ende geht«, 1959
Manuskript

Irländische Suite
für Orchester
1. Ouvertüre
2. Galway-Melodie
3. Irländischer Tanz
4. Finale
Manuskript
1961

Ist sie nicht wundervoll
Helga, ist sie nicht wundervoll
Langsamer Foxtrot aus der Operette »Die unsterbliche Sehnsucht«, 1937
T: Felix, Oskar ♦ V: Allegro

Italienische Serenade
aus dem Film »Die blaue Stunde«, 1952
T: Siegel, Ralph Maria ♦ Manuskript

Ja als Paar, ja als Paar
Als Don Quichotte, der Ritter
Marsch-Fox aus der Fernsehserie »Zum Blauen Bock«, 1980
T: Schenk, Heinz ♦ Manuskript

Ja Bad Hersfeld, ja Bad Hersfeld
Foxtrot aus der Fernsehserie »Zum Blauen Bock«, 1982
T: Schenk, Heinz ♦ Manuskript

Ja, das Fliegen
Wir gehen gerne in die Luft
Marsch-Fox aus der Fernsehserie »Zum Blauen Bock«, 1974
T: Schenk, Heinz ♦ Manuskript

Ja, das ist Spitze
Lieber Hans, in deiner Sendung
Marsch-Fox aus der Fernsehserie »Zum Blauen Bock«, 1982
T: Schenk, Heinz ♦ Manuskript

Ja, das sind alles Geschichten
(Ein gutes Buch, ja das ist wichtig)
(Bücherlied)
Ich lese gern' (oft) ein gutes Buch
Chanson aus der Fernsehserie »Zum Blauen Bock«, 1980
T: Schenk, Heinz ♦ Manuskript

Ja, das sind die Geschichten
Ich ging einst auf einen Berg
Marsch-Fox aus der Fernsehserie »Zum Blauen Bock«, 1975
T: Schenk, Heinz ♦ Manuskript

Ja, das Volkstheater
aus der Fernsehserie »Zum Blauen Bock«, 1979
T: Schenk, Heinz ♦ Manuskript

Ja, das war ein guter Jahrgang
Wir fünf, wir feiern ungeniert

Foxtrot aus der Fernsehserie »Zum Blauen
Bock«, 1978
T: Schenk, Heinz ◆ Manuskript

Ja, das waren schöne Zeiten
Man soll viel mehr Bücher lesen
Lied aus der Fernsehserie »Zum Blauen
Bock«, 1973
T: Schenk, Heinz ◆ Manuskript

Ja, das wünscht man sich vom Sommer
Prima Wetter auf den Straßen
Foxtrot aus der Fernsehserie »Zum Blauen
Bock«, 1982
T: Schenk, Heinz ◆ Manuskript

Ja, der Gast ist immer König
Einst, da brauchte man nur winken
Chanson aus der Fernsehserie »Zum Blauen
Bock«, 1974
T: Schenk, Heinz ◆ V: REA

Ja, der Sport, der ist gesund
Ja, der Sport prägt unser Leben
Chanson aus der Fernsehserie »Zum Blauen
Bock«, 1982
T: Schenk, Heinz ◆ V: REA

Ja, der Weihnachtsmann kennt keine Ländergrenzen
In England und Amerika
aus der Fernsehserie »Zum Blauen Bock«, 1978
T: Schenk, Heinz ◆ Manuskript

Ja, die fünfziger Jahre zu besingen
Slow aus der Fernsehserie »Zum Blauen
Bock«, 1979
T: Schenk, Heinz ◆ Manuskript

Ja, die Liebe beim Theater
Als Romeo und Julia
Couplet aus der Fernsehserie »Zum Blauen
Bock«, 1978
T: Schenk, Heinz ◆ Manuskript

Ja, die Welt ist schön und bunt
Ich hab' die Erde schon dreimal umsegelt
Chanson aus dem Film »Jan und die
Schwindlerin«, 1943/44
T: Dehmel, Willy ◆ Manuskript

Ja ein Prost auf alle Narren
Ach was wäre unser Leben
Marsch-Fox aus der Fernsehserie »Zum
Blauen Bock«, 1982
T: Schenk, Heinz ◆ Manuskript

Jagdlied der Kinder
(Im weiten Feld, im grünen Wald)
Hört, ihr Hasen auf den Feldern
Von fern das Jagdhorn erschallt (R)
Lied aus dem Film »Die Trapp-Familie«, 1956
T: Dehmel, Willy ◆ V: Edition Modern
A: verwendet in dem Film »Die Trapp-
   Familie in Amerika« (1958)

Ja, Humor geht über Grenzen
Freude muß man nicht verzollen
Marsch aus der Fernsehserie »Zum Blauen
Bock«, 1974
T: Schenk, Heinz ◆ Manuskript

Ja, ich möcht' so gern Mariechen sein
Dabei übe ich tagtäglich
Marsch-Fox aus der Fernsehserie »Zum
Blauen Bock«, 1982
T: Schenk, Heinz ◆ Manuskript

Ja, immer wenn's am Schönsten ist
aus der Fernsehserie »Zum Blauen Bock«, 1980
T: Schenk, Heinz ◆ Manuskript

Ja, im Showgeschäft
Foxtrot aus der Fernsehserie »Zum Blauen
Bock«, 1978
T: Schenk, Heinz ◆ Manuskript

Ja, in guten alten Zeiten
Chanson aus der Fernsehserie »Zum Blauen

Werkverzeichnis

Bock«, 1977
T: Schenk, Heinz ♦ Manuskript

Ja in Kronberg, ja in Kronberg
Schon im 13. Jahrhundert
Chanson aus der Fernsehserie »Zum Blauen Bock«, 1980
T: Schenk, Heinz ♦ Manuskript

Ja in Liechtenstein
(Liechtensteinlied)
Chanson aus der Fernsehserie »Zum Blauen Bock«, 1978
T: Schenk, Heinz ♦ Manuskript

Ja in Michelstadt im Odenwald
aus der Fernsehserie »Zum Blauen Bock«, 1979
T: Schenk, Heinz ♦ Manuskript

Ja, irren, das ist menschlich
(Wetterkartenlied)
Ja, ja, das Wetter
Chanson aus der Fernsehserie »Zum Blauen Bock«, 1972
T: Schenk, Heinz ♦ Manuskript

Ja, ja, das männliche Geschlecht
Damals schon im Paradies
Chanson aus dem Film »Rote Mühle«, 1939
T: Dehmel, Willy ♦ V: Wiener Bohème

Ja, ja, in Neckarsteinach
Zunächst einmal historisch
aus der Fernsehserie »Zum Blauen Bock«, 1976
T: Schenk, Heinz ♦ Manuskript

Ja, Liebe ist gefährlich
Von Jugend auf
Lied und Foxtrot aus dem Musical »Moral«, 1974
T: Schwenn, Günther ♦ V: Meisel
Melodie-Incipit s. S. 106

Ja mit Bart
Beim Barte des Propheten
Foxtrot aus der Fernsehserie »Zum Blauen Bock«, 1980
T: Schenk, Heinz ♦ Manuskript

Ja, Musik ist bei uns Trumpf
Marsch-Fox aus der Fernsehserie »Zum Blauen Bock«, 1974
T: Schenk, Heinz ♦ Manuskript

Ja, Musik ist doch das Schönste
Marsch-Fox aus der Fernsehserie »Zum Blauen Bock«, 1974
T: Schenk, Heinz ♦ Manuskript

Janos
Kommt der Janos angeritten
Ungarisches Lied und Langsamer Foxtrot
T: Hirche, Peter ♦ V: Filmton
1949

Ja, so ein Feiertag
Warum denn immer hasten
Slowfox aus der Fernsehserie »Zum Blauen Bock«, 1974
T: Schenk, Heinz ♦ Manuskript

Ja, so ein Stuntman
Nein, was muß ich alles machen
Chanson aus der Fernsehserie »Zum Blauen Bock«, 1979
T: Schenk, Heinz ♦ Manuskript

Ja, so ist nun mal der Brauch
Jedes Jahr zur Weihnachtszeit
Weihnachts-Chanson aus der Fernsehserie »Zum Blauen Bock«, 1977
T: Schenk, Heinz ♦ V: Wiener Bohème

Ja, so ist's im Leben
Marsch-Fox aus der Fernsehserie »Zum Blauen Bock«, 1978
T: Schenk, Heinz ♦ Manuskript

Ja, so macht man einen Schlager
Swingfox aus der Fernsehserie »Zum Blauen Bock«, 1978
T: Schenk, Heinz ♦ Manuskript

Ja, so närrisch
aus der Fernsehserie »Zum Blauen Bock«, 1974
T: Schenk, Heinz ♦ Manuskript

Ja, so was gab's auch schon im alten Rom
Vielleicht klingt's Ihnen Böhmisch
Chanson aus dem TV-Film »Auch schon im alten Rom«, 1969
T: Hachfeld, Eckart ♦ Manuskript

Ja und Nein
Wenn ich das verraten habe
Lied und Foxtrot aus dem Film »Der singende Tor«, 1939
T: Dehmel, Willy ♦ V: Beboton
Melodie-Incipit s. S. 96
A: französisch: **Oui ou non**
   Si je vous dé voiles le secret de toute femme
   T: Chamfleury, Robert

Ja, vor acht, ja, vor acht
Marsch-Fox aus der Fernsehserie »Zum Blauen Bock«, 1979
T: Schenk, Heinz ♦ Manuskript

Ja, was wär' der deutsche Schlager
Foxtrot aus der Fernsehserie »Zum Blauen Bock«, 1977
T: Schenk, Heinz ♦ Manuskript

Ja, was wären denn die Herren
Ja, die Assistentin
Foxtrot aus der Fernsehserie »Zum Blauen Bock«, 1982
T: Schenk, Heinz ♦ Manuskript

Ja, was wäre unser Leben
Der Mensch, er braucht ein Hobby
Marsch-Fox aus der Fernsehserie »Zum Blauen Bock«, 1980
T: Schenk, Heinz ♦ Manuskript

Ja, wenn der Humor nicht wär'
Marsch aus der Fernsehserie »Zum Blauen Bock«, 1977
T: Schenk, Heinz ♦ Manuskript

Ja, wer hat denn
Ach wir Zwei hier
Foxtrot aus der Fernsehserie »Zum Blauen Bock«, 1974
T: Schenk, Heinz ♦ Manuskript

Ja, wer kommt nicht gern nach Zürich
(Zürich-Lied)
Goethe, der einst hier gewesen
Chanson aus der Fernsehserie »Zum Blauen Bock«, 1974
T: Schenk, Heinz ♦ Manuskript

Ja, wer »O« sagt
Marsch-Fox aus der Fernsehserie »Zum Blauen Bock«, 1979
T: Schenk, Heinz ♦ Manuskript

Ja, wir fallen aus dem Rahmen
Wer kennt nicht die Mona Lisa
Foxtrot aus der Fernsehserie »Zum Blauen Bock«, 1981
T: Schenk, Heinz ♦ Manuskript

Ja, wir Frauen, im Vertrauen
Nennen wir das Kind beim Namen
Marsch-Fox aus der Fernsehserie »Zum Blauen Bock«, 1982
T: Schenk, Heinz ♦ Manuskript

Ja, wir Hessen, ja, wir Hessen
Ach was hawwe mir doch alles
Couplet aus der Fernsehserie »Zum Blauen Bock«, 1980
T: Schenk, Heinz ♦ Manuskript

Ja, wir sind die Gastarbeiter
Marsch-Fox aus der Fernsehserie »Zum Blauen Bock«, 1975
T: Schenk, Heinz ♦ Manuskript

Ja, wir sind die Heinzelmännchen von der ARD
Couplet aus der Fernsehserie »Zum Blauen Bock«, 1979
T: Schenk, Heinz ♦ Manuskript

Werkverzeichnis

Ja, wir sind die Schlagerfunken
Im Karneval die Garde
Marsch aus der Fernsehserie »Zum Blauen Bock«, 1978
T: Schenk, Heinz ♦ Manuskript

Ja, wir sind die vier Experten
Heute steht die Wirtschaftslage
Foxtrot aus der Fernsehserie »Zum Blauen Bock«, 1976
T: Schenk, Heinz ♦ Manuskript

Ja, wir sind drei Prinzen
Es gibt drei Musketiere
aus der Fernsehserie »Zum Blauen Bock«, 1977
T: Schenk, Heinz ♦ Manuskript

Ja, wir spielen eine Rolle
Professor Traugott Nägler, ja
Chanson aus der Fernsehserie »Zum Blauen Bock«, 1978
T: Schenk, Heinz ♦ Manuskript

Ja, wir Zwei
Wie heißt es doch so wunderschön
Slowfox aus der Fernsehserie »Zum Blauen Bock«, 1974
T: Schenk, Heinz ♦ Manuskript

Ja, zur Narrenzeit
aus der Fernsehserie »Zum Blauen Bock«, [n. d.]
T: Schenk, Heinz ♦ Manuskript

Ja, zu zweit geht alles besser
Wir sind als zwei Autoren
Foxtrot aus der Fernsehserie »Zum Blauen Bock«, 1971
T: Schenk, Heinz ♦ Manuskript

Jazz-Suite
Introduktion für Orchester aus der Revue »Wieder Metropol«, 1926
Manuskript

Jede Frau hat ein süßes Geheimnis
Tief sind die Herzen der Frauen
Lied und Foxtrot aus dem Film »Das Abenteuer geht weiter«, 1938
T: Marischka, Ernst ♦ V: Neuer Theater Verlag
Melodie-Incipit s. S. 95
A: englisch: **Sweet Secret**
   italienisch: **Ogni donna ha un dolce segreto**
   Quando in un dolce abbandono
   T: Alcioni, G.

Jede Liebe hat ein Ende
Du, ich kann es gar nicht fassen
Lied und Langsamer Walzer aus der Operette »Die unsterbliche Sehnsucht«, 1937
T: Felix, Oskar ♦ V: Allegro
Melodie-Incipit s. S. 93

Jeden Tag
Schon in der Schule fing es an
Foxtrot
T: Rauch, Fred ♦ Manuskript
[n. d.]

Jeder Abschied kann ein neuer Anfang sein
Auf jede dunkle Nacht folgt neuer Sonnenschein
Lied und Slowfox aus dem Film »Die wunderschöne Galathee«, 1950
T: Dehmel, Willy ♦ V: Schaeffers
Melodie-Incipit s. S. 101
A: niederländisch: **Ieder afscheid kan een nieuw begin weer zijn**
   Na led're donk're nacht
   T: Ekkers, Bart

Jeder fährt heut gern in Urlaub
Foxtrot aus der Fernsehserie »Zum Blauen Bock«, 1976
T: Schenk, Heinz ♦ Manuskript

Jeder kennt noch unsre Lieder
Foxtrot aus der Fernsehserie »Zum Blauen Bock«, 1974
T: Schenk, Heinz ♦ Manuskript

Jede Stadt, die wir vertreten
Daß wir zusammen singen
Marsch aus der Fernsehserie »Zum Blauen Bock«, 1978
T: Schenk, Heinz ◆ Manuskript

Jetzt geh'n wir aus
Lied aus dem Musical »Ferien, oh Ferien«, [n. d.]
T: Noack, Barbara ◆ Manuskript

Jetzt sind es noch hundert Sekunden
Chanson aus der Fernsehserie »Zum Blauen Bock«, 1972
T: Schenk, Heinz ◆ Manuskript

Jodelchor
Foxtrot aus der Fernsehserie »Zum Blauen Bock«, 1976
T: Schenk, Heinz ◆ Manuskript

Die Jugend ist entsetzlich
Chanson aus dem TV-Film »Auch schon im alten Rom«, 1969
T: Hachfeld, Eckart ◆ Manuskript

Julia, oh Julia
Zuerst da hab' ich mich rasiert
Ich freu' mich wie ein Kind (R)
Lied und Foxtrot aus dem Film »Liebe auf krummen Beinen«, 1959
T: Dehmel, Willy ◆ Bavariaton

Junger Mann aus gutem Hause
(Chanson der drei älteren Damen)
aus dem TV-Film »Auch schon im alten Rom«, 1969
T: Hachfeld, Eckart ◆ Manuskript

Kabarette sich wer kann
Wir bleiben immer kritisch
Marsch-Fox aus der Fernsehserie »Zum Blauen Bock«, 1976
T: Schenk, Heinz ◆ Manuskript

Kaffeeklatsch im Musical
Foxtrot aus der Fernsehserie »Zum Blauen Bock«, 1979
T: Schenk, Heinz ◆ Manuskript

Kalender-Lied
Wenn es Dezember wurde
T: Dehmel, Willy ◆ V: Wiener Bohème
1962
Melodie-Incipit s. S. 104

Kannst du heute oder morgen
Heißgeliebter Mann, seit ich dich geseh'n
Duett und Foxtrot aus der Operette »Die unsterbliche Sehnsucht«, 1937
T: Felix, Oskar ◆ V: Allegro

Karneval-Narretei
Man sieht die schönsten Masken
Marsch aus der Fernsehserie »Zum Blauen Bock«, 1976
T: Schenk, Heinz ◆ Manuskript

Karneval überall mit Alaaf-Helau
Marsch aus der Fernsehserie »Zum Blauen Bock«, 1978
T: Schenk, Heinz ◆ Manuskript

Karriere
Chanson aus dem TV-Film-Musical »Mitternachtszauber«, 1964
T: Ramcau, Paul H. ◆ Manuskript

Kartoffelpuffer
Lied aus dem Bühnenstück »Berliner Bilderbogen«, 1942
Text: Balz, Bruno ◆ Manuskript

Katharina, hab Erbarmen
Es ist nicht leicht zu regieren für eine Frau, so wie mich
Duett aus dem Film »Der Vorhang fällt«, 1939
T: Dehmel, Willy ◆ Manuskript

Keine Angst vor bequemen Stühlen
Man kann nicht Tag und Nacht nur nüchtern und normal sein
Chanson
T: Schäuffele, Fritz ♦ V: Royal
1965

Keine Feier ohne Meyer (Meier)
Ob dir vom Himmel die Sonne lacht
Marschlied aus dem gleichnamigen Film, 1931
M+T: Grothe, Franz / Wilczynski, Karl ♦ V: Beboton
Melodie-Incipit s. S. 90

Kennen Sie denn eigentlich schon Bebra
Marsch-Fox aus der Fernsehserie »Zum Blauen Bock«, 1980
T: Schenk, Heinz ♦ Manuskript

Kennst du schon das neuste Spiel
Macht heut ein Mann mit mir Konversation
Lied und Marsch aus dem Film »Komm zu mir zum Rendezvous«, 1930
T: Freudenberg, Menne ♦ V: Beboton

Kinderlied
Komm, setz dich auf mein Knie
Hopp, hopp, hopp, Pferdchen lauf Galopp (R)
(unter Verwendung einer Volksweise)
aus dem Film »Die Trapp-Familie«, 1956
T: Dehmel, Willy ♦ V: Edition Modern

Kleine Fantasie
Konzertstück für Orchester
Manuskript
[vor 1947]

Kleine Geschenke
Intermezzo für Orchester
Manuskript
[n. d.]

Die kleine Kanone
Es stand eine kleine Kanone
(nach einer Volksweise)

Chanson aus dem TV-Spiel »So gut wie morgen ging es uns nie«, 1965
T: Hachfeld, Eckart ♦ Manuskript

Kleine Liebe, große Liebe, alles geht vorbei
Bist du verliebt, nimm's nicht so wichtig
Lied und Tango aus dem Film »Salon Dora Green«, 1932
T: Gilbert, Robert ♦ V: Beboton
A: französisch: **Banc des amants**

Das kleine Lied auf dem Klavier
Er spielt Klavier
Lied
T: Dehmel, Willy ♦ Manuskript
[n. d.]

Kleine Melodie, dich vergeß ich nie
Sechs Tage Arbeit, dann ein Tag Freiheit
Lied und Langsamer Walzer
T: Dehmel, Willy ♦ V: Crescendo
1938
Melodie-Incipit s. S. 94

Kleiner Musikant
Lied
T: Dehmel, Willy ♦ Manuskript
[vor 1947]

Kleiner Tambour
Lied (nach der französischen Volksweise »Joli Tambour«)
aus dem Film »Napoleon ist an allem schuld«, 1938
T: Dehmel, Willy ♦ Manuskript

Kleiner Walzer
Manuskript
[vor 1947]

Das kleine Sommerhaus
Denkst du noch daran
Lied und Langsamer Foxtrot
T: Stoll, Kat ♦ Manuskript
[n. d.]

Kleinstadtbummel
Opening aus dem Musical »Moral«, 1974
T: Schwenn, Günther ◆ V: Meisel

Klimbim muß sein
Man nehme etwas Unsinn
Foxtrot aus der Fernsehserie »Zum Blauen Bock«, 1976
T: Schenk, Heinz ◆ Manuskript

Knöpfchen, Knöpfchen, kleines Silberknöpfchen
Lied aus dem Film »Ich denke oft an Piroschka«, 1955
T: Dehmel, Willy ◆ Manuskript

Kolibri
(Colibri)
Kolibri, ich weiß nie
Lied und Valse musette aus dem Film »Bildnis einer Unbekannten«, 1954
T: Käutner, Helmut ◆ V: Hohner

Kommen Sie nach Biedenkopf
Couplet aus der Fernsehserie »Zum Blauen Bock«, 1979
T: Schenk, Heinz ◆ Manuskript

Kommen Sie nach Bischofsheim
Lied aus der Fernsehserie »Zum Blauen Bock«, 1981
T: Schenk, Heinz ◆ Manuskript

Kommen Sie nach Bonn am Rhein
Marsch aus der Fernsehserie »Zum Blauen Bock«, 1977
T: Schenk, Heinz ◆ Manuskript

Kommen wirst du und gehen
Lied und Foxtrot
T: Kremer, Ludwig / Faber, Hermann ◆ Manuskript
[n. d.]

Komm, hör auf
Ob in Hessen oder Bayern
Foxtrot aus der Fernsehserie »Zum Blauen Bock«, 1975
T: Schenk, Heinz ◆ Manuskript

Komm mit
Komm mit, ich zeig' dir meine Welt
Lied und Slowfox
T: Rauch, Fred / Wildberger, Michael ◆ Manuskript
1968
A: englisch: **Home Town**
 T: Rainford, Pete

Komm mit (mir) nach Blida
Paso doble
T: Wilczynski, Karl ◆ Manuskript
[n. d.]

Kommt mit uns in die Sesamstraße
Es gibt eine Straße
Marsch-Fox aus der Fernsehserie »Zum Blauen Bock«, 1975
T: Schenk, Heinz ◆ Manuskript

Komm und gib mir deine Hand
Fühlst du nicht, was du bist für mich
Lied und Foxtrot aus dem Film »Hab mich lieb«, 1942
T: Dehmel, Willy ◆ V: Ufaton
Melodie-Incipit s. S. 98
A: flämisch: **Kom en geef mij uwe hand**
 T: Hermany
 französisch: **Prenons le même chemin**
 L'existence est un long chemin
 Viens et donne-moi ta main (R)
 T: Lemarchand, Henry
 niederländisch: **Kom, geef mij nog eens je hand**
 T: Blanken; Nico
 spanisch: **Ven y dame tu mano**

Komm, Zauber der Nacht
Fiebernd ersehnten wir beide
Walzerlied aus dem Film »Liebespremiere«, 1943
T: Balz, Bruno ◆ V: Wiener Bohème

A: niederländisch: **Kom, dromstille nacht**
T: Niessen, Rhinus

Komm, Zigeuner, nimm die Geige
Lied und Csárdás aus dem Film »Furioso«, 1950
T: Dehmel, Willy ◆ V: Schaeffers

Komponisten-Geburtstag
aus der Fernsehserie »Zum Blauen Bock«, 1977
T: Schenk, Heinz ◆ Manuskript

Konzert für Horn und Orchester
(unvollendet, in einem Satz)
Manuskript
[n. d.]
A: eingerichtet für Orchester von Axel Alexander

Konzert für Klavier und Orchester
über das Lied *Ein neues Leben fängt an*
M: Grothe, Franz / Alexander, Axel ◆ V: Sikorski
[n. d.]
A: »Frau Hanna Sikorski gewidmet«
unvollendet, vervollständigt von Axel Alexander
UA: 2.12.1983 Frankfurt / M., Hessischer Rundfunk, Gil Temper, Klavier; Orchester des Hessischen Rundfunks, Ltg. Gotthard Welker

Kubanischer Tanz
für Orchester
Manuskript
[vor 1947]

Die Künstleragentur
Um im Fernseh'n aufzutreten
Couplet aus der Fernsehserie »Zum Blauen Bock«, 1981
T: Schenk, Heinz ◆ Manuskript

Kutschen-Lied
(Das Glück ist eine Reise wert)

Die Lerche singt: tirili, tirili
Lied aus dem Film »Heldinnen«, 1960
T: Dehmel, Willy / Schwenn, Günther ◆ V: Wiener Bohème
Melodie-Incipit s. S. 104

Das lange blonde Haar
Chanson
T: Drath, Flory ◆ V: Kiesewetter
1982

Laribum
Kinderlieder-Sammlung
von Judith Steinbacher
Bearbeitungen: Friedrich Meyer / Heinrich Riethmüller
1. Komm, wir bauen uns ein Schloß
2. Wir fahren in die Welt
3. Kindchen, gute Nacht
4. Ein Blumenkind
5. Der Schneeflocken-Reigen
6. Der Zirkus Laribum
7. Das Lied vom wilden Bill
8. Der Zaubermeister
9. Die Elefanten-Polka
10. Der musikalische Bauernhof
11. Das Karussell
12. Das schlimme Männchen
13. Ein Wiegenlied
Manuskript
[n. d.]

Laß dich niemals unterkriegen
Chanson aus dem TV-Film »Auch schon im alten Rom«, 1969
T: Hachfeld, Eckart ◆ Manuskript

Laß mich nie mit dir allein
Wirbt ein Mann um eine Frau
Lied und Slowfox aus dem Film »Fanfaren der Liebe«, 1951
T: Dehmel, Willy ◆ V: Hohner
Melodie-Incipit s. S. 101

A: niederländisch: **Laat me nooit met jou alleen**
Zij ziet hem en hij ziet haar
T: Meurs, André

Laßt Blumen sprechen
Was ich Ihnen jetzt im Rhythmus sage
Lied und Foxtrot aus dem Film »Ich kenn' dich nicht und liebe dich«, 1933
T: Dehmel, Willy ◆ V: Beboton
A: französisch: **Le langage des fleurs**
italienisch: **Parla un fiore**

Laßt Blumen sprechen
Laß Blumen sprechen und bleib selber stumm
Lied aus der Musikalischen Komödie »Liebesbriefe«, 1964
T: Lützkendorf, Felix ◆ V: Desch

Las Vegas
Ich träume nachts von der Liebe
Las Vegas, Land meiner Träume
Lied und Beguine
T: Siré, Ralf ◆ V: Royal
1965

Die Laterna magica
Beermann – Bolland
Lied aus dem Musical »Moral«, 1974
T: Schwenn, Günther ◆ V: Meisel

Das Leben ist so schön
Ist es Wahrheit? Ist's ein Traum
Lied und Foxtrot aus dem Film »Ins blaue Leben«, 1938
T: Dehmel, Willy ◆ V: Ufaton
Melodie-Incipit s. S. 95
A: italienisch: **La vita è uno splendor**
 Sento un fremito nel cuor
 T: Gatta, C. della

Die Lerche und der Geiger
Es war eine Lerche
Jeden Morgen erklang einer Lerche Gesang
Lied für Koloratursopran, Violine und Klavier aus dem Film »Der ewige Klang«, 1942/43
T: Dehmel, Willy ◆ V: Wiener Bohème

Der letzte Leierkasten von Berlin
Alt-Berlin, du hattest Originale
Lied aus dem Bühnenstück »Berliner Bilderbogen«, 1942
T: Balz, Bruno ◆ V: Bennefeld
A: verwendet in dem TV-Spiel »Berliner Bilderbogen« (1968)

Die letzte Rose
Lied
T: Greeb, Ulla ◆ Manuskript
[n. d.]

Liebe, du größte Zauberin der Erde
Aus Liebe wird die Welt oft auf den Kopf gestellt
Lied (Duett) aus dem Film »Die wunderschöne Galathee«, 1950
T: Dehmel, Willy ◆ V: Schaeffers

Liebe ist das einz'ge Thema, das mich interessiert
Du erzählst mir jeden Tag so viel
Lied und Slowfox
M+T: Grothe, Franz / Rotter, Fritz ◆ V: Brull
1929
A: französisch: **Amour m'intéressé**

Die Liebe ist das Schönste
Was nützt mir die Krone
Lied
T: Dehmel, Willy ◆ Manuskript
[n. d.]

Liebende Herzen finden sich doch
Ich halte dich im Arm
Lied und Langsamer Walzer aus der Operette »Die Nacht mit Casanova«, 1942
T: Balz, Bruno ◆ V: Crescendo

Werkverzeichnis

Lieber guter Mann im Mond
Rings im tiefen Schlaf die Natur
Lied und Slowfox
T: Siegel, Ralph Maria ◆ V: Seith
1946
Melodie-Incipit s. S. 100

Liebesbriefe
Musikalische Komödie von Felix Lützkendorf
V: Desch
1964

Liebesbriefe in alten Kommoden
Lied aus der Musikalischen Komödie »Liebesbriefe«, 1964
T: Lützkendorf, Felix ◆ V: Desch

Liebst du mich
Ich lieb' dich, mein Liebling
Duett und Foxtrot aus der Operette »Die unsterbliche Sehnsucht«, 1937
T: Felix, Oskar ◆ V: Allegro

Lied der Erzherzogin Maria Luise
Die Mutter, die schenkt' mir ein Goldringelein
aus dem Film »So endete eine Liebe«, 1934
T: Schulenburg, Hermann ◆ V: Wiener Bohème

Lied der Markgräfin
Wo du bist, da bin ich auch
aus dem Film »Der Ammenkönig«, 1935
T: Billinger, Richard ◆ Manuskript

Lied der Nachtigall
(Zauberlied der Nacht)
Nachtigall, Nachtigall
Der alte Park ist still und liegt in tiefer Ruh
Zauberlied der Nacht, Stimme der Natur (R)
aus dem Film »Die schwedische Nachtigall«, 1940/41
T: Dehmel, Willy ◆ V: Wiener Bohème
Melodie-Incipit s. S. 97
A: englisch: **Song of the Nightingale**
  (Love Song of the Night)
  Nightingale, Nightingale
  The trees are sleeping now beneath the wings of night
  Little bird of love, melody of nights (R)
  T: Mair, Carlene
  französisch: **La chanson du rossignol**
  Chant dispoir dans le soir
  Que j'aime entendre la chanson, doux rossignol
  Dans l'ombre des nuits ta vois me poursuit (R)
  T: Lemarchand, Henry
  italienisch: **Canzone dell' usignolo**
  Bearbeitung für Bläserquintett (Flöte, Oboe, Klarinette in B, Horn in F, Fagott) von Thomas Bürkholz [2002]

Das Lied der Postleitzahlen
Die Menschheit wird bald numeriert
Wir haben nicht nur Namenstag
aus der Fernsehserie »Zum Blauen Bock«, 1973
T: Schenk, Heinz ◆ Manuskript

Lied des Casanova
Ich bitte Sie, nicht zu erschrecken
aus der Operette »Die Nacht mit Casanova«, 1942
T: Balz, Bruno ◆ V: Crescendo

Das Lied vom Nichts
Ich möcht' heut einmal das Nichts besingen
Chanson aus der Fernsehserie »Zum Blauen Bock«, 1982
T: Schenk, Heinz ◆ V: REA

Lied vom überflüssigen Ehemann
Ein Mann zu Haus
Terzett aus der Musikalischen Komödie »Liebesbriefe«, 1964
T: Lützkendorf, Felix ◆ V: Desch

Das Lied von den abfahrenden Schiffen
Als der Dampfer auslief, Charley
Aber mal müssen wir wieder fahren
aus dem Film »Hafenmelodie«, 1949

T: Eich, Günter ♦ V: Siegel
Melodie-Incipit s. S. 101

Lied von den Stubenmädchen

Die Stubenmädchen, das weiß beinah' jedes Kind
aus dem Film »Hoch klingt der Radetzkymarsch«, 1958
T: Nachmann, Kurt ♦ Manuskript

Das Lied von den Wundereltern

Unsre wunderbaren Eltern
Duett aus der Musikalischen Komödie »Liebesbriefe«, 1964
T: Lützkendorf, Felix ♦ V: Desch

Liegst du im Leben schief

Chanson aus dem TV-Film »Auch schon im alten Rom«, 1969
T: Hachfeld, Eckart ♦ Manuskript

Lorch am Rhein

Zweitausend schon vor Christus
Marsch-Fox aus der Fernsehserie »Zum Blauen Bock«, 1979
T: Schenk, Heinz ♦ Manuskript

Los! Wer? Du! Er!

Chanson
T: Dehmel, Willy ♦ Manuskript
[n. d.]

Lubow heißt Liebe

Wodka ist ein Zauberwort
Russisches Lied
T: Rauch, Fred ♦ Manuskript
[n. d.]

Luftschutz

Chanson aus dem TV-Spiel »So gut wie morgen ging es uns nie«, 1965
T: Hachfeld, Eckart ♦ Manuskript

Lyrisches Intermezzo

aus dem Film »Die blaue Stunde«, 1952
Manuskript

Lyrische Szene

für Violine und Orchester
nach Motiven aus dem Film »Eines Tages«
Manuskript
[vor 1951]

Lyrische Szene

für Violoncello und Orchester
Manuskript
[n. d.]

Mach dir nichts daraus

Etwas schlechte Laune, mein lieber Freund
Schau nicht hin, schau nicht her (R)
Lied und Foxtrot aus dem Film »Die Frau meiner Träume«, 1943 / 44
T: Dehmel, Willy ♦ V: Ufaton
Melodie-Incipit s. S. 100
A: niederländisch: **Treck j'er niets van aan**
    T: Blanken, Nico

Mädchen für alles

(Dienstmädchen-Dixie)
Wir sind die Mädchen für alles
Lied aus dem TV-Film »Berlin ist eine Posse wert«, 1968
T: Neumann, Günter ♦ Manuskript

Mädel, nicht weinen

Mädel, hör mir einmal zu
Marschlied aus dem Film »Frauen sind doch bessere Diplomaten«, 1939-41
T: Dehmel, Willy ♦ V: Ufaton
A: italienisch: **Ragazza non piàngere**

Madonna meiner Träume

Wird ein kleiner Zweig gebrochen
Lied
T: Weyrich, Fred ♦ V: Wiener Bohème
1973

Maienregen

Lied
T: Greeb, Ulla ♦ Manuskript
[n. d.]

Werkverzeichnis

Mal zur Sache, liebes Schätzchen
Ei, wo ist es denn, mein Schätzchen
Couplet aus der Fernsehserie »Zum Blauen Bock«, 1982
T: Schenk, Heinz ♦ Manuskript

Man darf nicht zu schwarz seh'n
Es hat schon jeder vom Schicksal ein Stupserl mal erwischt
Wienerlied aus dem Film »Immer, wenn ich glücklich bin«, 1937
T: Marischka, Ernst ♦ V: Beboton
Melodie-Incipit s. S. 93

Man geht zum Tanz, man geht zum Tee
Das Glück kommt einmal im Leben
Lied (Duett) und Langsamer Foxtrot aus dem Musikalischen Lustspiel »Vier unterm Dach«, 1935
T: Dehmel, Willy ♦ V: Crescendo

Man kann die Liebe nicht erklären
Liebe, das Wort ist so einfach und schön
Lied und Foxtrot aus dem Musical »Das Wirtshaus im Spessart«, 1976
T: Schwenn, Günther ♦ V: Dreiklang-Dreimasken
Melodie-Incipit s. S. 106

Man kann die Männer nie so ganz durchschau'n
Wenn ich mich zu einem Thema äußre
Lied und Foxtrot aus dem Film »Spiel«, 1944
T: Dehmel, Willy ♦ V: Tauentzien

Man kann doch nicht ununterbrochen schlafen
Walzerlied aus dem Film »Alt-Heidelberg«, 1959
T: Marischka, Ernst ♦ V: Europaton

Man kann ruhig darüber reden
aus der Fernsehserie »Zum Blauen Bock«, 1976
T: Schenk, Heinz ♦ Manuskript

Man kann sein Herz nur einmal verschenken
Ich hab' mit Frau'n gespielt
Du hast mit Frau'n gespielt
Lied und Slowfox aus dem Film »Der Vorhang fällt«, 1939
T: Dehmel, Willy ♦ V: Ufaton
Melodie-Incipit s. S. 95
A: französisch: **La nuit emporte mon rêve**
Dans la douceur des nuits
La nuits s'enfuit emportant mon rêve (R)
T: Lemarchand, Henry
niederländisch: **Je kunt je hart geen twedemall schenken**
T: Bouwmester, Perin / Nus, Willy
spanisch: **Sólo se da el corazón una vez**
verwendet in dem Film »Franziska« (1957)

Man kann uns drehen wie man will
Foxtrot aus der Fernsehserie »Zum Blauen Bock«, 1976
T: Schenk, Heinz ♦ Manuskript

Man muß auf alles vorbereitet sein
Das Leben, nun, jetzt sind wir doch 'mal ehrlich
Chanson aus der Fernsehserie »Zum Blauen Bock«, 1981
T: Schenk, Heinz ♦ V: REA

Man muß Besitz zusammenhalten
Lied aus dem Musical »Moral«, 1974
T: Schwenn, Günther ♦ V: Meisel

Man müßte Scheich in Persien sein
Lied aus dem Film »Zwölf Mädchen und ein Mann«, 1959
T: Dehmel, Willy ♦ Manuskript

Man muß verliebt in Salzburg sein
Vieles gibt es zu berichten
Menuett aus der Fernsehserie »Zum Blauen Bock«, 1974
T: Schenk, Heinz ♦ Manuskript

Man nennt es Liebe
Ich weiß noch ganz genau
Lied und Langsamer Foxtrot aus dem gleichnamigen Film, 1953
T: Dehmel, Willy ◆ V: Siegel

Man nennt es Liebe
Vorspiel nach Motiven aus dem gleichnamigen Film, 1953
Manuskript

Die Männer, die brauchen das
Lied aus dem Film »Heldinnen«, 1960
T: Dehmel, Willy / Schwenn, Günther / Kerr, Charlotte ◆ Manuskript

Männern muß man alles sagen
Lied aus der Musikalischen Komödie »Liebesbriefe«, 1964
T: Lützkendorf, Felix ◆ V: Desch

Mannheimer Gartenschau-Lied
Doch seh'n wir uns die Stadt 'mal an
Couplet unter Verwendung der Melodie »Ein Jäger aus Kurpfalz« aus der Fernsehserie »Zum Blauen Bock«, 1975
T: Schenk, Heinz ◆ Manuskript

Manola
Der Stern von Rio Grande
Lied und Carioca aus dem Film »Immer, wenn ich glücklich bin«, 1937
T: Marischka, Ernst ◆ V: Beboton
A: verwendet in der Revue »1001 Nacht« unter dem Titel:
  Die 1002 Nacht
  Manola, du Traum meiner Nächte
  T: Dehmel, Willy
A: serbokroatisch: **Manola**
  Ja slusam svake noci
  T: Strahov, Sergije

Man pfeift heut auf die Sorgen
Ja, das Pfeifen ist ganz einfach
Foxtrot aus der Fernsehserie »Zum Blauen Bock«, 1976
T: Schenk, Heinz ◆ Manuskript

Man sagt: »Ich liebe dich«
Was man versteht unter Liebe
Lied und Valse Boston aus dem Film »Der große Bluff«, 1932
M+T: Grothe, Franz / Rotter, Fritz ◆ V: Beboton
A: französisch: **Chansons des mots d'amour**

Man sieht einer Frau nicht ins Herz
Und daß auch du wie alle andern bist
Lied aus der Operette »Die Nacht mit Casanova«, 1942
T: Balz, Bruno ◆ V: Crescendo
Melodie-Incipit s. S. 98

Man soll öfter wieder 'mal ins Kino geh'n
Als Bilder laufen lernten
Foxtrot aus der Fernsehserie »Zum Blauen Bock«, 1980
T: Schenk, Heinz ◆ Manuskript

Märchen
Das ganze Leben bleibt doch nur
aus der Fernsehserie »Zum Blauen Bock«, 1976
T: Schenk, Heinz ◆ Manuskript

Märchen aus unsrer Jugend
Schnell rauscht vorbei das Leben
Lied und Tango
M+T: Grothe, Franz / Rotter, Fritz ◆ V: Bote & Bock
1929

Marion-Serenade
T: Balz, Bruno ◆ Manuskript
[n. d.]

Marsch-Chanson
Alle 'mal herhör'n! Jetzt wird marschiert
Chanson aus dem Film »Wir Wunderkinder«, 1958
T: Neumann, Günter ◆ V: Takt & Ton

Werkverzeichnis

Maschinenlied »Mensch mit Herz«
Nur der Maschinen Gesang
aus dem Film »Das Schloß in Flandern«, 1936
T: Dehmel, Willy ♦ V: Beboton

Matrosen-Chor
Mein Schatz, ich geh
Lied aus dem Musical »Das Haus in Montevideo«, [n. d.]
T: Dehmel, Willy ♦ Manuskript

Mazurka
Ballett aus der Operette »Die Nacht mit Casanova«, 1942
V: Crescendo

Meerspinne
Rumba aus dem Film »Fanfaren der Liebe«, 1951
Manuskript

Mein Anwalt
Ich war einst eine Frau
Chanson
T: Schreiner, Klaus Peter ♦ Manuskript
[n. d.]

Mein Anwalt
Ich kriege täglich 10-20 Schreiben
Chanson aus dem TV-Film »Berlin ist eine Posse wert«, 1968
T: Hachfeld, Eckart ♦ Manuskript

Meine Lieblingspuppe, die hieß Josefine (Caroline)
Ich hatt' ein Lottchen, ich hatte ein Klärchen
Lied und Slowfox aus dem Film »Ich tanze mit dir in den Himmel hinein«, 1952
T: Marischka, Ernst ♦ V: Weinberger
Melodie-Incipit s. S. 102
A: italienisch: **Bambolina**
  A mezzogiorno ti vedo passare
  M'hanno detto che ti chiami Bambolina (R)
  T: Larici

Meine Welt, die bist du
Du lernst dann erst das Glück zu schätzen
Lied aus dem Film »Das Abenteuer geht weiter«, 1938
T: Marischka, Ernst ♦ V: Rahter

Mein Fräulein, ich verehre Sie
Ich bin in Sorgen, ob ich Sie morgen sehe
Lied und Tango
T: Wilczynski, Karl / Monosson, Leo ♦ V: Universum
1931
Melodie-Incipit s. S. 90
A: englisch: **There's Something in Your Eyes**
  T: Connelly, Reginald
  französisch: **Je vous admire mademoiselle**
  italienisch: **Zigani**
  Canta nell'orchestrina degli zigani
  O cuoricin di bambola (R)
  T: Neri, Ennio
  niederländisch: **Oh lieve meid, ik hou van jou**
  O leeve kleene blonde vrouw
  T: Dalm, Rudy van
  norwegisch: **Vis migen snule sympati**
  Jeg ser i done oeine
  T: Schoyen, Rolf Hiort
  rumänisch: **Sa-ti cant iubrica**
  Frumosa mea en te ador
  T: Pribeagu, J.
  schwedisch: **Min froeken jag bennrad**
  T: Carson, Henry
verwendet in den Filmen »Grand Hotel« und »Menschen im Hotel«

Mein Frisör weiß das viel besser
Chanson-Foxtrot
T: Dehmel, Willy ♦ V: Fünf Sterne
1956

Mein Herz klopft zum Zerspringen
Lied und Foxtrot
T: Marischka, Ernst ♦ Manuskript
[n. d.]

Mein Herz liegt gefangen in deiner Hand
Erst war es nur ein Spiel
Lied und Langsamer Foxtrot aus dem Film
»Liebespremiere«, 1943
T: Balz, Bruno ◆ V: Wiener Bohème
Melodie-Incipit s. S. 99
A: niederländisch: **Mijn levensgeluk heb jij in je hand**
T: Blanken, Nico

Mein Herz schlägt nur für dich allein
Langsamer Walzer aus dem Film »Die wilde Auguste«, 1956
T: Dehmel, Willy ◆ Manuskript

Mein kleiner Freund will nicht mehr mit mir reden
Zwar reden viele noch in diesen Tagen
Lied aus der Fernsehserie »Zum Blauen Bock«, 1981
T: Schenk, Heinz ◆ V: Wiener Bohème

Mein Leben ist die Liebe
Lied
T: Weyrich, Fred ◆ V: Wiener Bohème
1973

Mein lieber Freund, Sie sind heut eingeladen
(Tee-Lied)
Lied und Foxtrot aus dem Film »Alarm auf Station III«, 1939
T: Mayring, Philipp Lothar ◆ V: Wiener Bohème
Melodie-Incipit s. S. 95
A: französisch: **Ce soir**
  Mes chers amis, ce soir je cherche un amant
  T: Chamfleury, Robert
  italienisch: **Caro amico sei invitato**

Mein lieber Karl
Der Karl, das ist ein lieber Borsch
Lied aus der Fernsehserie »Zum Blauen Bock«, 1976
T: Schenk, Heinz ◆ V: Melodie der Welt

Mein lieber Sklave Ottokar
Chanson aus dem TV-Film »Auch schon im alten Rom«, 1969
T: Hachfeld, Eckart ◆ Manuskript

Mein liebes Mädel, wir müssen scheiden
Slowfox
M+T: Grothe, Franz / Rotter, Fritz ◆ V: Wiener Bohème
[n. d.]

Mein Liebling, wo bist du
(Madonna, wo bist du)
Kaum hab' ich dich gefunden
Lied und Slowfox aus dem Film »Sag mir, wer du bist«, 1933
T: Rotter, Fritz ◆ V: Wiener Bohème

Mein Lied
(Ungarland)
Mein Lied erzählt von einer Liebe
Lied und Csárdás
V: Weyrich, Fred ◆ V: Ring-Musik
1971

Mein Modell heißt Mona Lisa
Chanson aus dem TV-Film-Musical »Mitternachtszauber«, 1964
T: Rameau, Paul H. ◆ Manuskript

Mein Schatz tanzt so gern Paso doble
Jeden Sonntag zum Tanz
Paso doble aus dem Film »Und wer küßt mich«, 1932
T: Gilbert, Robert ◆ V: Beboton

Melodie
für Violine und Orchester
aus dem Film »Die Liebe des Maharadscha«, 1936
V: Wiener Bohème

Melodie d'amour
Blues-Fantasie für Orchester
Manuskript
1961

Werkverzeichnis

Die Melodie des Lebens
Seit vielen tausend Jahren gibt es Liebe
Lied
T: Dehmel, Willy ◆ V: Tauentzien
1964
A: englisch: Life's Melody

Melodie in Moll
Foxtrot
Manuskript
1968

Melodisches Intermezzo
für Klavier (Violine) und Orchester
Manuskript
1951

Der Mensch hat außen ein Gesicht
Ein jedes Ding hat doch zwei Seiten
Der Mensch hat zwar nach außen ein Gesicht
(R)
Couplet aus dem Film »Rote Mühle«, 1939
T: Dehmel, Willy ◆ V: Wiener Bohème

Millionen Herzen warten auf die Liebe
Ich hab' schon oft gefühlt
Lied und Langsamer Walzer aus dem Film
»Drei Mädels vom Rhein«, 1955
T: Dehmel, Willy ◆ V: Seith

Mir fällt's wie Schuppen von den Augen
Du kamst und ich dachte, das Wunder geschieht
Lied und Slowfox
T: Wegener, Wolfgang ◆ V: Gowin-Music
1971

Mir geht's immer »Danke schön«
Wird's am Berg am Abend zu kalt
Lied und Foxtrot aus dem Film »Winternachtstraum«, 1934
T: Marischka, Ernst ◆ V: Beboton

Mir ist, als ob heut Frühling wär
Unverhofft ging das Glück vorbei
Lied und Slowfox
T: Siegel, Ralph Maria ◆ V: Seith
1946

Mir ist heut wie Sonntag
Ich weiß nicht, was ist heut los
Lied und Foxtrot aus dem Film »Pat und Patachon im Paradies«, 1937
T: Dehmel, Willy ◆ V: Wiener Bohème
Melodie-Incipit s. S. 93

Mir kann keiner was erzählen
Ich will nichts von Liebe hören
Männer gibt es nur von einer Sorte
Chanson-Foxtrot aus dem Film »Ein Walzer mit dir«, 1942
T: Dehmel, Willy ◆ V: Meisel

Mister Brown
Jedes junge Mädchen träumt von einem Ideal
Lied und Foxtrot aus dem Film »Absender unbekannt«, 1949
T: Dehmel, Willy ◆ V: Tempoton
Melodie-Incipit s. S. 101

Mit der Drei geht alles besser
Man trifft die ›Drei‹ fast täglich
Marsch-Fox aus der Fernsehserie »Zum Blauen Bock«, 1980
T: Schenk, Heinz ◆ Manuskript

Mit diesem Tag geht meine Jugendzeit zu Ende
Lied aus der Operette »Die Nacht mit Casanova«, 1942
T: Balz, Bruno ◆ V: Crescendo

Mit dir ein Rendezvous
Mit dem Pfeil und mit dem Bogen
Lied und Foxtrot aus dem Film »Absender unbekannt«, 1949
T: Dehmel, Willy ◆ V: Tempoton

Mit dir könnt' ich Pferde stehlen geh'n
Ich will dich in Samt und Seide hüllen
Duett und Foxtrot aus der Operette »Die unsterbliche Sehnsucht«, 1937
T: Felix, Oskar ◆ V: Allegro

Mit dir möcht' ich nach Spanien
Eh man verreist

Lied und Spanischer Walzer aus der Operette »Die Nacht mit Casanova«, 1942
T: Balz, Bruno ◆ V: Crescendo

Mit euch, ihr Wolken, möchte ich zieh'n
Wenn mir der Wind seine Reisen erzählt
Lied aus dem Film »Rosen im Herbst«, 1955
T: Dehmel, Willy ◆ V: Wiener Bohème
Melodie-Incipit s. S. 102

Mit Humor und guter Laune
Uns Zwei, uns kennt ein jeder
Marsch-Fox aus der Fernsehserie »Zum Blauen Bock«, 1980
T: Schenk, Heinz ◆ Manuskript

Mit Marie möcht' ich mal auf den Funkturm geh'n
Marie, so heißt die Frau von meinem Freund
Marsch-Foxtrot
M: Grothe, Franz / Schmidt-Buss, Ulrich / Fritz Rotter ◆ T: Rotter, Fritz / Bussmann, Hans ◆ V: Wiener Bohème
1929
A: verwendet in dem TV-Spiel »Berliner Bilderbogen«, 1968

Mit Musik und guter Laune
Marsch-Fox aus der Fernsehserie »Zum Blauen Bock«, 1981
T: Schenk, Heinz ◆ Manuskript

Mitternachts-Blues
Wenn du das Heute versäumst, weil du vom Morgen nur träumst
Mitternacht – für zwölf Schläge lang (R)
Blues aus dem Film »Immer, wenn der Tag beginnt«, 1957
T: Dehmel, Willy ◆ V: Bavariaton
Melodie-Incipit s. S. 102
A: afrikaans: **Sonder you**
  T: Korsten, Gé
  englisch: **Forever Yours**
  französisch: **Blues de minuit**
  La nuit c'est pour les voyous un mystérieux rendez-vous

C'est la nuit, dormez, braves gens (R)
T: Baudoin, René / Astor, Bob
italienisch: **Blues di mezzanotte**
La mezzanotte per me è un'ora dolce
L'ora va e il suo rintoccar (R)
T: Gili, Giacomo Mario
niederländisch: **Midernacht-Blues**
Als je pas morgen het ziet was juist het heden je biedt
Middernacht, bij't nieuwe vegin (R)
T: Rex, Willy
polnisch: **Pulnocní Blues**
T: Rymkiewicz, M. Alexander
spanisch: **Blues a medianoche**

MKW-Werbe-Musik
Illustrationsmusik für kleines Orchester
Manuskript
1967

Modeschauen
Lied und Foxtrot aus dem TV-Film-Musical »Mitternachtszauber«, 1964
T: Rameau, Paul H. ◆ Manuskript

Mona Lisa
Eine junge Dame, die mir noch unbekannt
Lied und Langsamer Foxtrot
T: Dehmel, Willy ◆ V: Turicaphon
1938

Mon bijou
Damals in der guten alten Zeit
Lied und Langsamer Walzer
T: Dehmel, Willy ◆ V: Andersson
1955

Mond-Lied
Ich bin die Mondfrau
Mir ist so langweilig (R)
Lied und Bounce aus dem Film »Bühne frei für Marika«, 1958
T: Dehmel, Willy ◆ V: Takt & Ton

Moral
Musical von Günther Schwenn

nach der gleichnamigen Komödie von Ludwig Thoma
V: Meisel/Desch
1974

Der Moralisten-Song
Die Moral tut sehr moralisch
Lied und Chanson aus dem Musical »Moral«, 1974
T: Schwenn, Günther ◆ V: Meisel

Morgen kann alles anders sein
Es wird im Leben oft gescheh'n
Lied und Langsamer Foxtrot
T: Dehmel, Willy ◆ V: Wiener Bohème
1954

Moritat »Die beiden Evergreens«
Chanson aus dem TV-Spiel »So gut wie morgen ging es uns nie«, 1965
T: Hachfeld, Eckart ◆ Manuskript

Die Moritat vom verlorenen Sohn
Meine Damen und Herr'n, Sie brauchen
Melodram aus dem Film »Hafenmelodie«, 1949
T: Eich, Günter ◆ Manuskript
Melodie-Incipit s. S. 100

Die Moritat von den zwei Soldaten
Höret die Geschichte
Lied
T: Dehmel, Willy ◆ V: Wiener Bohème
1943

Musikalische Fahrschule
Wie schön ist Autofahren
aus der Fernsehserie »Zum Blauen Bock«, 1982
T: Schenk, Heinz ◆ Manuskript

Musikalischer Gesangsunterricht
(Die Gesangsstunde)
Wo man singt, da laß dich nieder
Chanson aus der Fernsehserie »Zum Blauen Bock«, 1980
T: Schenk, Heinz ◆ Manuskript

Musikalisches Reisebüro
Wohin fährt man denn heute
Couplet aus der Fernsehserie »Zum Blauen Bock«, 1974
T: Schenk, Heinz ◆ Manuskript

Musikalische Szenen im Duett
aus der Musikalischen Komödie »Liebesbriefe«, 1964
T: Lützkendorf, Felix ◆ V: Desch

Musikanten sind da
(Mein Herz will ich dir schenken)
Hörst du? Musikanten sind da
Spanisches Lied und Slowfox aus dem Film »Die blonde Carmen«, 1935
T: Dehmel, Willy ◆ V: Wiener Bohème
Melodie-Incipit s. S. 92
A: französisch: **Mon cœur a toi je donne**
   italienisch: **Sono qui i musicanti**
   spanisch: **Mi corazón te ofrezco**
   Llegaron los músicos

Musik bei Nacht
Über uns, unter uns
Lied und Foxtrot aus dem gleichnamigen Film, 1953
T: Dehmel, Willy ◆ V: Melodia
A: französisch: **Printemps viennois**
   italienisch: **Primavera en Viena**

Musik, die nie verklingt
Alle Gedanken deines Lebens
Walzerlied (unter Verwendung des Walzers »Sphärenklänge« op. 235 von Josef Strauß) aus dem Film »Frauen sind doch bessere Diplomaten«, 1939-41
T: Dehmel, Willy ◆ V: Ufaton
Melodie-Incipit s. S. 96
A: spanisch: **Sona musica**
   Tu y un bebe

Musikernummer
Foxtrot aus der Fernsehserie »Zum Blauen Bock«, [n. d.]
T: Schenk, Heinz ◆ Manuskript

Die Musik im Café
In einem kleinen Café
Lied und Tango
T: Dehmel, Willy ◆ V: Klabunde
1939
Melodie-Incipit s. S. 94
A: verwendet in dem Film »Rote Mühle«,
   1939

Muß man sich gleich scheiden lassen
Vorspiel nach Motiven aus dem gleichnamigen Film, 1953
Manuskript

My Boy, warum bist du heute so ernst
Lied aus dem Film »Alarm auf Station III«,
1939
T: Mayring, Philipp Lothar ◆ V: Wiener Bohème

My Golden Girl
Maidens today
Girl in the sun (R)
Lied und Valse Boston
T: Ross, Adrian ◆ V: Chappell
1929

Nach dir hab' ich heut solche Sehnsucht
Lied und Tango
T: Rotter, Fritz ◆ V: Beboton
[n. d.]

Nach einem Tag wie heut
Wenn die Sonne schlafen geht
Der Wein schmeckt einfach wunderbar (R)
Lied und Langsamer Walzer aus dem Film
»Wenn wir alle Engel wären«, 1956
T: Dehmel, Willy ◆ V: Seith

Nach hunderttausend Küssen
Chanson aus dem Film »Rosen im Herbst«,
1955
T: Dehmel, Willy ◆ V: Wiener Bohème

Die Nacht mit Casanova
Operette von Karl Georg Külb

V: Crescendo
1942

Die Nacht mit Casanova
Ouvertüre zur gleichnamigen Operette
V: Crescendo
1942

Nächtliche Impression
für Violoncello, Harfe und Streichorchester
V: Teoton
1952

Nächtliches Ständchen
Viel zu schön ist die Nacht
Lied
T: Dehmel, Willy ◆ Manuskript
1962

Na, dann wollen wir 'mal feiern
Ja, so sind die Jubiläen
Marsch-Fox aus der Fernsehserie »Zum Blauen Bock«, 1981
T: Schenk, Heinz ◆ Manuskript

Nanett', Nanett', ich hab' für Sie ein Telegramm
Lied und Foxtrot aus dem Film »Peter, Paul und Nanette«, 1934
T: Dehmel, Willy ◆ V: Leonardi

Na, nun raten Sie mal
Wir machen heut ein Weihnachtsspiel
Guten Tag allerseits
aus der Fernsehserie »Zum Blauen Bock«,
1975
T: Schenk, Heinz ◆ Manuskript

Narrentanz, Mummenschanz
Sind die Zeiten auch beschwerlich
aus der Fernsehserie »Zum Blauen Bock«,
1982
T: Schenk, Heinz ◆ Manuskript

Narrenzeit, schöne Zeit
Musik ist Trumpf

Marsch aus der Fernsehserie »Zum Blauen Bock«, 1978
T: Schenk, Heinz ◆ Manuskript

Na, wie wär's denn mit Erholung
(Reise-Medley)
Marsch-Fox aus der Fernsehserie »Zum Blauen Bock«, 1982
T: Schenk, Heinz ◆ Manuskript

Neo-Nora
Wie lange läßt du mich noch schmachten
Langsamer Walzer
T: Morlock, Martin ◆ Manuskript
[n. d.]

Nestroy-Medley
Man sieht, wenn auch die Zeit vergeht
aus der Fernsehserie »Zum Blauen Bock«, 1976
M: Nestroy, Johannes / Grothe, Franz ◆
T: Nestroy, Johannes / Schenk, Heinz ◆
Manuskript

Nichts als Zufälle
Potpourri nach Melodien aus dem gleichnamigen Film
Manuskript
1950

Nicht so eilig
Wie sie alle rennen und rasen
Lied aus dem Film »Der letzte Fußgänger«, 1960
T: Dehmel, Willy ◆ V: Film-Hansa

Nitschewo
Ich kenn' ein Zauberwort
Lied
T: Rauch, Fred ◆ Manuskript
[n. d.]

Noch einmal lieben
Lied aus dem TV-Film »Glück zu kleinen Preisen«, 1963
T: Rameau, Paul H. ◆ Manuskript

Noch 'mal Lausbub sein
Wir war'n liebe Buben, wer hat da gelacht
Couplet aus der Fernsehserie »Zum Blauen Bock«, 1981
T: Schenk, Heinz ◆ Manuskript

Nordische Romanze
für Violine und Orchester
V: Ufaton
1942

Nostalgie
Daß sie nur stets Bananen will
Chanson aus der Fernsehserie »Zum Blauen Bock«, 1978
T: Schenk, Heinz ◆ V: Wiener Bohème

Nur allein aus einem Grunde
Der Lehrsatz des Pythagoras
Couplet aus der Fernsehserie »Zum Blauen Bock«, 1982
T: Schenk, Heinz ◆ Manuskript

Nur auf die Minute kommt es immer an
Du und ich, wir waren fast am Ziel
Marschlied aus dem Film »Eine von uns«, 1932
T: Rotter, Fritz ◆ V: Beboton
A: französisch: L'instant propice
   Un regard, puis un geste charmant
   Il faut dans la vie choisir l'instant propice
   (R)
T: Nazelles, Réne

Nur nicht ängstlich, 's wird schon schiefgeh'n
Wenn die Straßen hell im Glanz der Lichter glüh'n
Onestep
T: Brüll, Karl / Hardt-Warden, Bruno ◆
V: Brull
1930
A: verwendet in der Revue »Servus 1930«

Nur zum Spaß jetzt etwas Blasmusik
Musikladen, Hitparade

Marsch-Fox aus der Fernsehserie »Zum
Blauen Bock«, 1974
T: Schenk, Heinz ♦ Manuskript

Ob es Vormittag ist
Wenn ich richtig singen könnte
Carioca aus der Operette »Die unsterbliche
Sehnsucht«, 1937
T: Felix, Oskar ♦ V: Allegro

Obwohl ich sonst nie neidisch bin
Peter und Heinz
Foxtrot aus der Fernsehserie »Zum Blauen
Bock«, 1975
T: Schenk, Heinz ♦ Manuskript

Obwohl wir nicht im Bild sind
Ja, wir sind die Regisseure
Marsch-Fox aus der Fernsehserie »Zum
Blauen Bock«, 1981
T: Schenk, Heinz ♦ Manuskript

Obwohl wir uns im Leben
Zu zweit geht alles besser
Marsch-Fox aus der Fernsehserie »Zum
Blauen Bock«, 1980
T: Schenk, Heinz ♦ Manuskript

Oh, das Reisen
Mit dem Auto rum zu rasen
Polka aus der Fernsehserie »Zum Blauen
Bock«, 1974
T: Schenk, Heinz ♦ Manuskript

O Herr dort oben
(Bittgebet des Pfarrers)
aus dem Musical »Das Wirtshaus im Spessart«, 1977
T: Schwenn, Günther ♦ V: Dreiklang-Dreimasken

Ohne dich hat die Welt keinen Sinn
Es lockten mich Wünschen und Wähnen
Lied und Valse Boston
T: Wilczynski, Karl ♦ V: Wiener Bohème
1931

Ohne Furcht und ohne Tadel
Daß Adel stets verpflichtet
Marsch-Fox aus der Fernsehserie »Zum
Blauen Bock«, 1976
T: Schenk, Heinz ♦ Manuskript

Ohne Litzen, ohne Tressen
Marschlied aus dem Musical »Moral«, 1974
T: Schwenn, Günther ♦ V: Meisel

Ohne Pfeil und ohne Bogen
Wir von der alten Garde
Marsch-Fox aus der Fernsehserie »Zum
Blauen Bock«, 1978
T: Schenk, Heinz ♦ Manuskript

Oh, was ist die deutsche Sprache
Hallo Roy – ich seh' Black
Lied aus der Fernsehserie »Zum Blauen
Bock«, 1976
T: Schenk, Heinz ♦ Manuskript

Oh, wie schön
Walzerlied aus dem Film »Der letzte Fußgänger«, 1960
T: Dehmel, Willy ♦ V: Film-Hansa

Oh wie schön, oh wie schön
aus der Fernsehserie »Zum Blauen Bock«,
[n. d.]
T: Schenk, Heinz ♦ Manuskript

Olympia
(Jazz-Fantasie)
Konzertstück
Manuskript
1929
A: UA: März 1929 Berlin, Großes Schauspielhaus

Die Oma aus Stuttgart
Ich habe einen lieben Gast
Couplet aus der Fernsehserie »Zum Blauen
Bock«, 1975
T: Schenk, Heinz ♦ Manuskript

Werkverzeichnis

Opas Kino ist nicht tot
Die guten, alten Filme
Chanson aus der Fernsehserie »Zum Blauen Bock«, 1974
T: Schenk, Heinz ♦ Manuskript

Operettenmaskenball
Gestatten, schöne Maske
Marsch-Fox aus der Fernsehserie »Zum Blauen Bock«, 1974
T: Schenk, Heinz ♦ Manuskript

Opern-Parodie
aus dem Musikalischen Lustspiel »Vier unterm Dach«, 1935
Text: Dehmel, Willy ♦ V: Crescendo

Opern-Parodie
Ob mein Geliebter
aus dem Film »Bühne frei für Marika«, 1958
T: Dehmel, Willy ♦ Manuskript

Orpheus in der Unterwelt
Jazz-Paraphrase nach Motiven von Jacques Offenbach
V: Roehr
1929

O Señor
Gitarren spielt auf zum Tanz
Karneval in Rio de Janeiro
Lied und Rumba aus dem Film »Mein ganzes Herz ist voll Musik«, 1958
T: Dehmel, Willy ♦ V: Bavariaton

Oui, Monsieur
(Die Fremdenführerin von Paris)
Die schönste Stadt der Welt ist Paris
Lied und Valse musette aus dem Film »Mädchen ohne Grenzen«, 1955
T: Dehmel, Willy ♦ V: Rialto

Pack das Glück am Schopf
Marsch-Fox aus der Fernsehserie »Zum Blauen Bock«, 1979
T: Schenk, Heinz ♦ Manuskript

Palotás
Ungarischer Tanz aus dem Film »Tanz mit dem Kaiser«, 1941
V: Ufaton

Panoptikum der großen kleinen Tiere
Und die Moral von der Geschicht'
Chanson aus dem Musical »Moral«, 1974
T: Schwenn, Günther ♦ V: Meisel

Panoptikum, Panoptikum
Heute gibt sich 'mal der Adel
Foxtrot aus der Fernsehserie »Zum Blauen Bock«, 1979
T: Schenk, Heinz ♦ Manuskript

Papas Kino ist nicht tot
Erinnerungen bleiben
Foxtrot aus der Fernsehserie »Zum Blauen Bock«, 1978
T: Schenk, Heinz ♦ Manuskript

Der Party-Säufer
Neulich abends um fünf
Chanson aus dem TV-Film »Berlin ist eine Posse wert«, 1968
T: Hachfeld, Eckart ♦ Manuskript

Pfeif-Solo
aus dem Fernsehspiel »Kellerassel«, 1969
Manuskript

Pfui, Papa
Lied aus dem Musical »Das Wirtshaus im Spessart«, 1977
T: Schwenn, Günther ♦ V: Dreiklang-Dreimasken

Piroschka-Suite
für Orchester nach Motiven aus dem Film »Ich denke oft an Piroschka«
Manuskript
1968

Plötzlich Räuber, 20! 30!
Chanson

T: Dehmel, Willy ◆ Manuskript
[n. d.]

Die Polizei hat in der Liebe nichts zu sagen
Lied
T: Friebe, Friedrich ◆ Manuskript
[n. d.]

Pony, mein Pony
Lied aus dem Film »Ein Tag ist schöner als der andere«, 1969
T: Eichborn, Justina ◆ Manuskript

Postillionlied
Mein Schatz, der ist Postillion
Lied aus dem Film »Die schwedische Nachtigall«, 1940/41
T: Dehmel, Willy ◆ V: Wiener Bohème
Melodie-Incipit s. S. 97
A: französisch: **La chanson du postillon**

Präludium
für Chor und Orchester
Manuskript
[n. d.]

Prelude op. 4
Manuskript
1922

Pro und Contra
Zu Pro und Contra fragen wir
Foxtrot aus der Fernsehserie »Zum Blauen Bock«, 1977
T: Schenk, Heinz ◆ Manuskript

Rattenfänger-Serenade
Lockend erklingt eine leise Musik
Kennt ihr das Lied von jenem Rattenfänger (R)
Lied
T: Dehmel, Willy ◆ V: Wiener Bohème
1943

Räuberballade
In einem Städtchen
Ballade aus dem Film »Es tut sich was um Mitternacht«, 1933
T: Stemmle, Robert Adolf ◆ V: Bloch

Redet nicht so viel von den guten, alten Zeiten
Lied aus dem Bühnenstück »Berliner Bilderbogen«, 1942
Text: Balz, Bruno ◆ Manuskript

Regen im Mai
Die dunklen Wolken wird der Wind verjagen
Regen, Regen, nichts als Regen (R)
Lied und Langsamer Foxtrot
T: Dehmel, Willy ◆ V: Wiener Bohème
1954

Reisen
Chanson aus dem TV-Spiel »So gut wie morgen ging es uns nie«, 1965
T: Hachfeld, Eckart ◆ Manuskript

Reiter-Marsch
Frauen und Pferde lieben die Bojaren
Marsch aus dem Film »Helden«, 1958
T: Dehmel, Willy ◆ V: Bavariaton
Melodie-Incipit s. S. 104
A: finnisch: **Tyttoe ja husaari**
   T: Melakoski, Erkki/Kouta, Rauni
  französisch: **Cavalier du Danube**
   T: Astor, Bob/Baudoin, René
  niederländisch: **Heldenmars**
   T: Haag, Stan

Reiter-Quadrille
V: Wiener Bohéme
[n. d.]

Rheinreise
Wir laden Sie heut alle hier
Couplet aus der Fernsehserie »Zum Blauen Bock«, 1977
T: Schenk, Heinz ◆ Manuskript

Rhein-Walzer
aus dem Film »Drei Mädels vom Rhein«,

1955
V: Seith

Ringsum im Hafen
Lied aus dem TV-Film »Glück zu kleinen Preisen«, 1963
T: Rameau, Paul H. ♦ Manuskript

Romantischer Sonntag
für Violine und kleines Orchester
nach Motiven aus dem Film »Ave Maria«
Manuskript
[n. d.]

Romantischer Walzer
(Herbst-Elegie)
für Orchester
V: Crescendo
1940

Romanze f-moll
Konzertstück für Klavier und Orchester
Manuskript
1975

Romanze in Moll
Intermezzo für Violine und Orchester
Manuskript
1968

Rosen und Frau'n
Rote Rosen am Zaun
Tangolied
T: Halton, Theo / Brüll, Karl ♦ V: Brull
1928
Melodie-Incipit s. S. 89
A: »Herrn Kammersänger Richard Tauber und meinem lieben Freund Dajos Béla in dankbarer Verehrung zugeeignet«
dänisch: **Nætternes Nat**
Maane, lyt nu engang
T: Müller, Borge
englisch: **Roses and Women**
Roses blushing all red
spanisch: **Mujeres y rosas**
verwendet in der Operette »Ehe auf Zeit«, 1929

Rüdesheim am Rhein
Viele Lieder sind erklungen
Lied aus der Fernsehserie »Zum Blauen Bock«, 1976
T: Schenk, Heinz ♦ Manuskript

Ruh dein liebes müdes Herz bei mir aus
Wenn du einmal sehr einsam bist
Lied und Langsamer Walzer aus dem Film »Illusion«, 1941
T: Balz, Bruno ♦ V: Ufaton
A: französisch: **Si ton cœur est las**

Sag das noch einmal
So was von schön, so was von süß
Lied und Tango
M: Grothe, Franz / Rubens, Eddie ♦ T: Rotter, Fritz / Rubens, Eddie ♦ V: Beboton
1932

Sag mir, wer du bist
Intermezzo aus dem gleichnamigen Film, 1932/33
V: Wiener Bohème

Salzburger Geschichten
Fantasie für Orchester
nach Motiven aus dem gleichnamigen Film
V: Europaton
1964

Sambarina
Man sagt, die Heimat der Samba soll Südamerika sein
Lied und Samba aus dem Film »Whisky, Wodka, Wienerin«, 1958
T: Dehmel, Willy ♦ V: Bavariaton / Weinberger

Sammelbüchsen-Song
Armer Staat bittet um 'ne milde Gabe
Für das Erntedankfest, für den Luftschutzbund im Land (R)
Chanson aus dem Film »Wir Wunderkinder«, 1958
T: Neumann, Günter ♦ V: Takt & Ton

Sankt Gallen ist so wunderschön
Gruezi mitenand
aus der Fernsehserie »Zum Blauen Bock«,
1976
T: Schenk, Heinz ♦ Manuskript

Santa-Claus-Lied
Heute kommt der Santa Claus
aus der Fernsehserie »Zum Blauen Bock«,
1973
T: Schenk, Heinz ♦ Manuskript

Schatz, wir fahren Schiffche, Bootche
Mein Papa ein Genießer
Walzer aus der Fernsehserie »Zum Blauen Bock«, 1980
T: Schenk, Heinz ♦ Manuskript

Schauspielschule
aus der Fernsehserie »Zum Blauen Bock«,
1979
T: Schenk, Heinz ♦ Manuskript

Schenk mir fünf Minuten deinen Mund
Lied und Valse Boston
M: Grothe, Franz / Rubens, Eddie ♦
T: Rotter, Fritz ♦ V: Wiener Bohème
1930
A: französisch: **Un baiser sur tes levres**

Schenk mir noch einen Tanz
Gleich ist es aus, du gehst nach Haus
Lied und Slowfox
T: Dehmel, Willy ♦ V: Crescendo
1954

Schließ deine Augen und träume
Wenn die Sonne schlafen geht
Lied und Slowfox aus dem Film »Ehe in Dosen«, 1939
T: Dehmel, Willy ♦ V: Meisel
Melodie-Incipit s. S. 95

Der Schlitten ist vorgefahren
aus dem Film »Spiel«, 1944
T: Dehmel, Willy ♦ V: Tauentzien

Schloß im Süden
Intermezzo aus dem Film »Das Schloß im Süden«, 1933
V: Ufaton

Schlumpsi-Foxtrot
Mein Freund hat furchtbar lange Ohren
Ein Herz voller Liebe und ein Herz voller Treue (R)
Lied und Foxtrot aus dem Film »Tingel-Tangel«, 1930
T: Wilczynski, Karl ♦ V: Beboton

Schnatter-Lied
Ach, Liebste, haben Sie gehört
aus dem Film »Heldinnen«, 1960
T: Dehmel, Willy / Schwenn, Günther / Kerr, Charlotte ♦ V: Wiener Bohème

Schnüffel-Tango
Ich schnüffle für mein Leben gern
Tango aus dem Film »Heldinnen«, 1960
T: Dehmel, Willy / Schwenn, Günther ♦
Manuskript

Schön ist so ein stiller Winternachtstraum
Nah am Kamin sitz' ich mit dir allein
Lied und Langsamer Foxtrot aus dem Film »Winternachtstraum«, 1934
T: Marischka, Ernst ♦ V: Beboton

Das Schönste auf der Welt
Das ist das Schönste auf der Welt
Walzerlied aus dem Film »Hoch klingt der Radetzkymarsch«, 1958
T: Nachmann, Kurt ♦ V: Wiener Bohème

Der schönste Sinn auf dieser Welt
Foxtrot aus der Fernsehserie »Zum Blauen Bock«, 1976
T: Schenk, Heinz ♦ Manuskript

Der schönste Tag im ganzen Jahr
Manchmal können viele, viele Stunden vergeh'n

Werkverzeichnis

Draußen in der Puszta
Lied und Foxtrot aus dem Film »Bühne frei für Marika«, 1958
T: Dehmel, Willy ◆ V: Takt & Ton

Die schönste Zeit des Lebens
Lied und Foxtrot
T: Dehmel, Willy ◆ V: Tonart
1941
A: spanisch: **Bello tempo de mi vida**

Schön wär's, Liebling
Ich träum' so oft
Hawaiian Valse aus dem Film »Moral und Liebe«, 1932
T: Karlick, Gerd ◆ V: Beboton
A: englisch: **My Lovely Darling**

Schön wie der junge Frühling
Jeden könnt' ich küssen
Lied und Slowfox aus dem Film »Die blonde Carmen«, 1935
T: Hannes, Hans ◆ V: Wiener Bohème
Melodie-Incipit s. S. 92
A: englisch: **Lovely Like the Dawn of Spring**
Beautiful as the Young Spring
französisch: **Espoir d'amour**
Que la vie est belle
T: Veber, Serge
italienisch: **Proda del ballo**
schwedisch: **Skoen som den unga vaeren**

Schön wie ein Juwel
(Schwipslied)
Chanson
T: Dehmel, Willy ◆ Manuskript
[n. d.]

Schreib mir einen Brief
Ich sitze hier, vor mir die Karte fremder Länder
Lied und Tango
T: Dehmel, Willy ◆ V: Turicaphon
1940
A: Neufassung: **Schreib mir einen Brief**

Ich sitze hier und schaue in die Sterne
Lied und Langsamer Walzer
T: Dehmel, Willy

Schulze von der Aristokratie
Wir Leute mit dem feinen Air
Couplet aus dem TV-Film »Berlin ist eine Posse wert«, 1968
T: Hachfeld, Eckart ◆ Manuskript

Schwarze Orchideen
So hell und klar die Nacht
Spanischer Walzer aus dem Film »Spiel«, 1944
T: Dehmel, Willy ◆ Manuskript

Schwedische Serenade
(Serenade E-dur)
für Streichorchester und Harfe
V: Teoton
1951

Sehnsuchts-Blues
Gestern war ich noch in Arizona
Wo ist der Mann, den ich mir erträume (R)
Lied aus dem Film »Mein ganzes Herz ist voll Musik«, 1958
T: Dehmel, Willy ◆ V: Bavariaton

Sei gegrüßt
aus dem Film »Der Priester und das Mädchen«, 1958
T: Dehmel, Willy ◆ Manuskript

Sei mir gegrüßt, du geliebte Frau
Du bist zum Leben, zur Liebe erwacht
Lied und Valse Boston aus der Revue »Insulaner sehen dich an«, 1931
M+T: Grothe, Franz / Wilczynski, Karl ◆ V: Beboton
Melodie-Incipit s. S. 90
A: englisch: **You Gave Me Love**
My greetings
T: Connelly, Reg
verwendet in dem Film »Salon Dora Green« (1932)

Serenade
für Violine und Klavier
Manuskript
[n. d.]

Serenade der Nacht
Niemand kann den Harmonien schöner Musik widersteh'n
Lied und Langsamer Walzer
T: Dehmel, Willy ◆ V: Capriccio
1949
A: dänisch: **Serenade d'amour**
  (Nattlig serenad)
  T: Ulrik, Sven

Die Show ist aus
Jeden Abend steht er auf der Bühne
Chanson aus der Fernsehserie »Zum Blauen Bock«, 1979
T: Schenk, Heinz ◆ V: Wiener Bohème

Sieh mich an
Lied und Langsamer Walzer aus dem TV-Film »Glück zu kleinen Preisen«, 1963
T: Rameau, Paul H. ◆ Manuskript

Sie werden aus Kopenhagen verlangt
Finaletto 1. Bild aus der Operette »Die unsterbliche Sehnsucht«, 1937
T: Felix, Oskar ◆ V: Allegro

Sing mit mir
Für jeden Menschen, da kommt einmal die Zeit
Lied und Foxtrot aus dem Film »Hab mich lieb«, 1942
T: Dehmel, Willy ◆ V: Ufaton
Melodie-Incipit s. S. 98
A: flämisch: **Zingt met mij**
  T: Hermany
  französisch: **Chante avec moi**
  Dans l'existence, un certain jour, c'est curieux
  T: Lemarchand, Henry

Sing Show
Da Talkshow große Mode ist
Chanson aus der Fernsehserie »Zum Blauen Bock«, 1974
T: Schenk, Heinz ◆ Manuskript

So ein Elferrat wie uns, den gibt's nur einmal
Marsch-Fox aus der Fernsehserie »Zum Blauen Bock«, 1979
T: Schenk, Heinz ◆ Manuskript

So ein Garten ist doch wunderschön
Was nutzt uns denn der Alltagstrott
Marsch-Fox aus der Fernsehserie »Zum Blauen Bock«, 1975
T: Schenk, Heinz ◆ Manuskript

So ein Hobby kann nie schaden
Ich, zum Beispiel, male
Foxtrot aus der Fernsehserie »Zum Blauen Bock«, 1974
T: Schenk, Heinz ◆ Manuskript

So ein Kuß kommt von allein
Ach, mir fehlt Erfahrung
Lied und Foxtrot aus dem Film »Keine Angst vor Liebe«, 1933
T: Dehmel, Willy ◆ V: Beboton
Melodie-Incipit s. S. 91

So endete eine Liebe
Fantasie nach dem Lied der Erzherzogin Maria Luise aus dem Film »So endete eine Liebe«, 1934
V: Wiener Bohème

So fängt Liebe an
Lied und Slowfox aus dem Film »Der letzte Fußgänger«, 1960
T: Dehmel, Willy ◆ V: Film-Hansa

So kann es nicht bleiben
Lied und Foxtrot
T: Dehmel, Willy ◆ Manuskript
1961

Solang noch ein Walzerlied auf dieser Welt erklingt
Laßt uns gemeinsam beim funkelnden Wein
Walzerlied
T: Siegel, Ralph Maria ◆ V: Seith
1946

Werkverzeichnis

Sonate für Violine und Klavier
Manuskript
1929
A: Nur 3. Satz *Intermezzo* erhalten.

Der Song vom Dandy
Warum muß man ständig aus dem Haus
aus der Musikalischen Komödie »Der ideale Gatte«, 1961
T: Mostar, Herrmann ♦ V: Mondial

Der Song vom Hosenband
Von der Höflingsschar umgeben
aus der Musikalischen Komödie »Der ideale Gatte«, 1961
T: Mostar, Herrmann ♦ V: Mondial

Der Song vom kalten Buffet
Wir als saturierte Menschen
aus der Musikalischen Komödie »Der ideale Gatte«, 1961
T: Mostar, Herrmann ♦ V: Mondial

Song vom Sinn der Gefühle
Was will diese junge Meute von heute
aus der Musikalischen Komödie »Der ideale Gatte«, 1961
T: Mostar, Herrmann ♦ V: Mondial

Song vom Zeitmangel
Nein, ich bleibe nur Minuten
aus der Musikalischen Komödie »Der ideale Gatte«, 1961
T: Mostar, Herrmann ♦ V: Mondial

Song von den Kanälen
Das Sitzen an den Kanälen
aus der Musikalischen Komödie »Der ideale Gatte«, 1961
T: Mostar, Herrmann ♦ V: Mondial

Song von den sieben Todtugenden
Es waren einst sieben Todsünden
aus der Musikalischen Komödie »Der ideale Gatte«, 1961
T: Mostar, Herrmann ♦ V: Mondial

Song von der Moral
Ja, klingt der Satz auch infernalisch
aus der Musikalischen Komödie »Der ideale Gatte«, 1961
T: Mostar, Herrmann ♦ V: Mondial

Der Song von der Schüchternheit
Zur Stunde der Gespenster
aus der Musikalischen Komödie »Der ideale Gatte«, 1961
T: Mostar, Herrmann ♦ V: Mondial

Der Song von der Society
How do you do, Gräfin Basildon
aus der Musikalischen Komödie »Der ideale Gatte«, 1961
T: Mostar, Herrmann ♦ V: Mondial

Der Song von der Vergangenheit
Sie ist eine wunderschöne Frau
aus der Musikalischen Komödie »Der ideale Gatte«, 1961
T: Mostar, Herrmann ♦ V: Mondial

Sonnabendnacht im Hafen
Thema aus dem gleichnamigen TV-Film, 1965
Manuskript

Die Sonne scheint jeden Tag
Einer kommt, einer geht
Lied und Slowfox
T: Leissle, Walter ♦ V: Seith
1967

So sah ich nie die Sterne glühen
Wenn ich jetzt mein Leben seh'
Lied und Langsamer Foxtrot
T: Dehmel, Willy ♦ V: Crescendo
1954

So schön wie heut, so müßt' es bleiben
Ihr kennt nicht die breiten, grünen Felder
Lied und Foxtrot aus dem Film »Tanz mit dem Kaiser«, 1941
T: Dehmel, Willy ♦ V: Ufaton

Melodie-Incipit s. S. 97
A: englisch: **As Lovely As Today**
französisch: **Madame la terre, arrêtez vous**
La nature a bien trop souvent des sautes Quand il fait doux, que tout s'éclaire (R)
T: Llenas, François
niederländisch: **Melodie moet in je zingen**
T: Niessen, Rhinus / Nus, Willy
verwendet in den Filmen »Der schwarze Blitz« (1958), »David« (1979)

So wie du lacht das Glück
Lied und Valse Boston
T: Wilczynski, Karl ♦ V: Beboton
[n. d.]

Spanische Tanzfantasie
über das Lied »Ach, ich liebe alle Frauen«
nach Motiven aus dem Film »Frauen sind doch bessere Diplomaten«
V: Ufaton
1941

Spanische Treppe
Ballettmusik und Revue-Szene aus dem Film »Die Frau meiner Träume«, 1943 / 44
Manuskript

Spaß mit dem Seniorenpaß
Urlaub mit Seniorenpaß
Marsch aus der Fernsehserie »Zum Blauen Bock«, [n. d.]
T: Schenk, Heinz ♦ Manuskript

Spezialitäten
Nun, da wär' der Bismarckhering
Marsch-Fox aus der Fernsehserie »Zum Blauen Bock«, 1982
T: Schenk, Heinz ♦ Manuskript

Spiel auf dem Piano
Immer nur Jazz
Lied
T: Rauch, Fred ♦ Manuskript
1968

Sportsequenz
Chanson aus dem TV-Spiel »So gut wie morgen ging es uns nie«, 1965
T: Hachfeld, Eckart ♦ Manuskript

Sport und Show
Swing aus der Fernsehserie »Zum Blauen Bock«, 1975
T: Schenk, Heinz ♦ Manuskript

Sprichwörtliches
Es wird nichts so heiß gegessen
Couplet aus der Fernsehserie »Zum Blauen Bock«, 1979
T: Schenk, Heinz ♦ V: Wiener Bohème

Die Stadt Darmstadt läßt schön grüßen
Marsch aus der Fernsehserie »Zum Blauen Bock«, 1980
T: Schenk, Heinz ♦ Manuskript

Ständchen
Mach doch dein kleines Fenster auf
(nach Motiven von Carl Zeller)
aus dem Film »Rosen in Tirol«, 1940
T: Marischka, Ernst ♦ V: Wiener Bohème

Steigen Sie ein
Das Leben ist ein Rummelplatz
Walzerlied aus dem TV-Film »Glück zu kleinen Preisen«, 1963
T: Rameau, Paul H. ♦ Manuskript

Stelldichein auf Rhein-Main
(Flughafen-Lied)
Wissen Sie noch
Marsch-Fox aus der Fernsehserie »Zum Blauen Bock«, [n. d.]
T: Schenk, Heinz ♦ Manuskript

Die Sterne im Zirkuszelt
Hochverehrtes Publikum
Lied aus dem Film »Sterne über Colombo«, 1953
T: Dehmel, Willy ♦ Manuskript

Werkverzeichnis

Das Sternenlied
Auf Wald und Feld hat sich die Nacht gesenkt
Lied aus dem Film »Ich denke oft an Piroschka«, 1955
T: Dehmel, Willy ♦ V: Europaton
Melodie-Incipit s. S. 102
A: schwedisch: **Stjärnasång**
 I skog, på fält har mörkret nu sig sänkt
 O, stjärnasång (R)
 T: Axelsson, Astrid
 O, ljuva natt
 I denna stilla natt nu rar en fläkt
 T: Axelsson, Astrid

Sterne über Colombo
Lied und Tango aus dem gleichnamigen Film, 1953
T: Dehmel, Willy ♦ V: Siegel
A: italienisch: **Stelle d'argento**
 T: Larici

Stimmung, Stimmung
Einleitung – Stimmungsbar
Foxtrot aus der Fernsehserie »Zum Blauen Bock«, 1977
T: Schenk, Heinz ♦ Manuskript

Stört es dich, wenn ich ...
Duett aus der Operette »Die unsterbliche Sehnsucht«, 1937
T: Felix, Oskar ♦ V: Allegro

Struwwelpeterlied
Ja, es kennt ihn doch ein jeder
Marsch aus der Fernsehserie »Zum Blauen Bock«, 1977
T: Schenk, Heinz ♦ Manuskript

Suite
für Chor und Orchester
1. Ouvertüre
2. Tango
3. Walzer – Indischer Marsch
Manuskript
[n. d.]
A: Summchor auf Vocalisen

Suite a-moll
für Flöte und Orchester
V: Swington
1970

Suite in C
für Streichorchester mit obligatem Cembalo (Violine)
V: Swington
1970

Süße kleine Lady
Wenn Sie gestatten, dann bin ich so frei
Tango aus dem Film »Diskretion – Ehrensache«, 1938
T: Dehmel, Willy ♦ V: Monopol

Süße, kleine Puppe, du
Lied aus dem TV-Film-Musical »Mitternachtszauber«, 1964
T: Rameau, Paul H. ♦ Manuskript

Süße Romanze
aus dem Film »Der schwarze Blitz«, 1958
V: Bavariaton
A: englisch: **Sweet Romance**

Symphonischer Prolog
für Orchester nach Motiven aus dem Film »Eine von uns«
Manuskript
[n. d.]

Das Talent, das ist doch klar
Foxtrot aus der Fernsehserie »Zum Blauen Bock«, 1977
T: Schenk, Heinz ♦ Manuskript

Tango
V: Heinrichshofen
[n. d.]

Tango appassionata
aus dem Film »Die blaue Stunde«, 1952
Manuskript

Tanz der Silhouetten
(Ballett-Ouvertüre)
für Orchester
V: Hohner
1951

Tanzstunde
Zur Tanzstunde hier
Chanson aus der Fernsehserie »Zum Blauen Bock«, 1978
T: Schenk, Heinz ✦ Manuskript

Tarantella
Ich singe jetzt für euch allein
Ich hab' in meinem Leben vieles gesehen
Schöne Frau'n, guter Wein
Lied
T: Dehmel, Willy ✦ V: Peermusic
1968
Melodie-Incipit s. S. 105

Tempo, Tempo
Tempo bitte, Tempo bitte
Szene aus dem Musical »Das Wirtshaus im Spessart«, 1977
T: Schwenn, Günther ✦ V: Dreiklang- Dreimasken

Thema b-moll
(Memories of Leningrad)
Langsamer Foxtrot
Manuskript
[n. d.]

Thema in e-moll
Foxtrot
Manuskript
1968

Theo aus Montevideo
Keiner konnte wie Theo
Lied aus dem Musical »Das Haus in Montevideo«, [n. d.]
T: Dehmel, Willy ✦ Manuskript

There's Something in Your Eyes
Love was a mystery till our first greeting
Lied und Slowfox
T: Lombardo, Carmen (American Version) / Connelly, Reg (English Version) ✦
V: Universum
1931
A: »The Captivating Melody Sensation of England and Germany«

Der Tonnenmann
Als Hauswirt hab' ich, das ist klar
Chanson aus dem TV-Film »Berlin ist eine Posse wert«, 1968
T: Hachfeld, Eckart ✦ Manuskript

Tote Liebe
Chanson
T: Drath, Flory ✦ V: Kiesewetter
[n. d.]

Tränen der Liebe
Lied und Slowfox aus dem Film »Whisky, Wodka, Wienerin«, 1958
T: Dehmel, Willy ✦ V: Bavariaton / Weinberger

Die Trapp-Familie
Ouvertüre zu dem gleichnamigen Film, 1956
Manuskript

Traum-Boston
(Träume)
(Adieu, Monsieur)
Au revoir, monsieur
Lied und Valse Boston
T: Halton, Theo ✦ V: Chappell
1928
Melodie-Incipit s. S. 89
A: verwendet in der Operette »Ehe auf Zeit« (1929)

Traumland – Wunderland
Wenn ich von dir träume
Lied und Slowfox
T: Rauch, Fred ✦ Manuskript
1968

Tuffta – tuffta – tuffta
Die meisten Büttenreden
Gesungene Büttenrede aus der Fernsehserie
»Zum Blauen Bock«, 1977
T: Schenk, Heinz ♦ Manuskript

Twens, Twist, Madison
aus dem TV-Film »Glück zu kleinen Preisen«, 1963
T: Rameau, Paul H. ♦ Manuskript

Über die Seine führt eine Brücke
Lied
T: Greeb, Ulla ♦ Manuskript
[n. d.]

Überfall-Chanson
Es war am letzten Freitag nachmittag um vier
Chanson aus dem Film »Das Wirtshaus im Spessart«, 1957
T: Dehmel, Willy ♦ Manuskript

Über Tiere wissen wir Bescheid
Wenn einer einen Affen hat
Couplet aus der Fernsehserie »Zum Blauen Bock«, 1980
T: Schenk, Heinz ♦ Manuskript

Ui, jui, jui-ui, jui, jui – vorne hui und hinten pfui
Couplet aus der Fernsehserie »Zum Blauen Bock«, 1982
T: Schenk, Heinz ♦ Manuskript

Um einen Kuß von dir hab' ich so oft gefleht
Lied und Slowfox
T: Wilczynski, Karl ♦ V: Wiener Bohème
[n. d.]

Um ein Haar
Lied aus der Fernsehserie »Zum Blauen Bock«, 1978
T: Schenk, Heinz ♦ V: Wiener Bohème

Und darum sind wir sauer
(Weltmeisterlied)

Aufgepaßt und zugehört
Marsch-Fox aus der Fernsehserie »Zum Blauen Bock«, 1978
T: Schenk, Heinz ♦ Manuskript

Und die ganze Welt spricht von Nanette
(Tutto il mondo parla di Nanette)
Kennen Sie die Frau noch nicht
Lied und Foxtrot aus dem Film »Peter, Paul und Nanette«, 1934
T: Dehmel, Willy ♦ V: Leonardi

Und er ritt mit seinem Diener
Lied aus dem Film »Das Wirtshaus im Spessart«, 1957
T: Dehmel, Willy / Neumann, Günter ♦ Manuskript
A: verwendet in dem Musical »Das Wirtshaus im Spessart«, 1976

Und wir singen wundervoll
Marsch-Fox aus der Fernsehserie »Zum Blauen Bock«, 1978
T: Schenk, Heinz ♦ Manuskript

Ungarische Rhapsodie
für Orchester nach Motiven aus dem Film »Bühne frei für Marika«
Manuskript
[n. d.]

Unser Geld muß in die Wirtschaft
Ja, wir haben schwere Zeiten
Marsch aus der Fernsehserie »Zum Blauen Bock«, 1981
T: Schenk, Heinz ♦ Manuskript

Uns gibt's nur einmal
(Lied der Originale)
Es wird in diesen Tagen
Marsch aus der Fernsehserie »Zum Blauen Bock«, 1978
T: Schenk, Heinz ♦ Manuskript

Uns ist alles Wurst
Zuerst die Wiener Würstchen

Marsch-Foxtrot aus der Fernsehserie »Zum
Blauen Bock«, 1978
T: Schenk, Heinz ♦ Manuskript

Uns können alle
Sieht man hier die hohen Steuern
Chanson aus der Fernsehserie »Zum Blauen
Bock«, 1980
T: Schenk, Heinz ♦ V: Wiener Bohème

Unsre Wirtschaft
Chanson aus der Fernsehserie »Zum Blauen
Bock«, 1976
T: Schenk, Heinz ♦ Manuskript

Die unsterbliche Sehnsucht
Operette von Oskar Felix
V: Allegro
1937

Valera rum bum
T: Dehmel, Willy ♦ Manuskript
[n. d.]

Valse bleue in Moll
(Melodie einer Nacht)
*Überall wohin ich gehe, verfolgt mich dies
Lied*
Lied und Langsamer Walzer aus dem Film
»Furioso«, 1950
T: Dehmel, Willy ♦ V: Schaeffers
Melodie-Incipit s. S. 101

Valse capriccio
für Klavier und Orchester
V: Melodia
1951

Valse c-moll
für Orchester
V: Wiener Bohème
1971

Valse exotique
für Orchester
aus dem Film »Verrat an Deutschland«, 1954
Manuskript

Valse mélancolique a-moll
für Violine und Orchester
V: Wiener Bohème
1962

Valse passion
für Klavier
V: Stockholms Musikproduktion
1952

Valse rubato
für Saxophon und Klavier
V: Hohner
1951

Vergiß das ganze Leben
Lied und Langsamer Walzer aus der Scala-
Revue »Piccadilly«, 1937
T: Dehmel, Willy ♦ V: Beboton

Vergiß nie unsre Liebe
Frag nicht woher, frag nicht wohin
Lied und Langsamer Walzer
T: Dehmel, Willy ♦ V: Tauentzien
1942

Viele Grüße aus Hannover
Marsch aus der Fernsehserie »Zum Blauen
Bock«, 1978
T: Schenk, Heinz ♦ Manuskript

Viele hunderttausend weiße Blüten
(Frühling, Sommer, Herbst und Winter)
*Hundertfach, tausendfach, tritt hervor die
Natur*
Lied und Foxtrot
T: Dehmel, Willy ♦ V: Beboton
1934
Melodie-Incipit s. S. 92

Vier auf einen Streich
Emil und die Detektive
Marsch aus der Fernsehserie »Zum Blauen
Bock«, 1981
T: Schenk, Heinz ♦ Manuskript

Vier unterm Dach
Musikalisches Lustspiel von Walter F. Fichelscher
Verlag: Crescendo
1935

Villarino
(I Villa Rino)
Tango
M: Grothe, Franz / Bertuch, Max ♦ T: Löwenberg, Rudolf ♦ Manuskript
1927

Vision
für Klavier, Streichorchester, Oboe und Harfe
aus dem Film »Vom Teufel gejagt«, 1950
V: Sidemton

Vom Theater, vom Theater
Da wär' ich Major von Tellheim
aus der Fernsehserie »Zum Blauen Bock«, 1982
T: Schenk, Heinz ♦ Manuskript

Von dem Bildschirm, von dem Bildschirm
Daß Singen nur mein Hobby ist
Marsch-Fox aus der Fernsehserie »Zum Blauen Bock«, 1975
T: Schenk, Heinz ♦ Manuskript

Von Sankt Pauli bis Haiti
Mädel, laß doch das Schluchzen, das Weinen
Marschlied aus dem Film »Das Schloß im Süden«, 1933
T: Hannes, Hans ♦ V: Ufaton
A: französisch: **Le vrai marin**

Von Zeit zu Zeit
Es begann schon so im Paradiese
Lied und Langsamer Foxtrot aus dem Film »Man spielt nicht mit der Liebe«, 1949
T: Flatow, Curth ♦ V: Filmton

Vorbei, vorbei
Damals, als mir das Leben noch Zeit ließ

Gestern hast du mich noch heiß geküßt (R)
Lied aus dem Film »Der Vorhang fällt«, 1939
T: Dehmel, Willy ♦ V: Ufaton
A: englisch: **It's All Over Now**
   französisch: **Pour moi**
   italienisch: **C'est fini**

Vor dem Fest, das nicht mehr weit ist
aus der Fernsehserie »Zum Blauen Bock«, 1980
T: Schenk, Heinz ♦ Manuskript

Vorspiel E-dur
(Heiteres Vorspiel)
für Orchester
Manuskript
[ca. 1965]

Vorwärts! Marsch, in die Schlacht!
Tschingdarassa, Menschen sind so dummderassa
Marsch aus dem Film »Herrliche Zeiten im Spessart«, 1967
T: Neumann, Günter ♦ Manuskript

Walzer
aus dem Film »Herrliche Zeiten im Spessart«, 1967
T: Neumann, Günter ♦ Manuskript

Walzer-Fantasie
für Jazz-Orchester
nach Themen von Johann Strauß
Manuskript
[n. d.]

Walzer-Impression
für Orchester
Manuskript
[n. d.]

Walzerlied-Motiv
T: Dehmel, Willy ♦ V: Cinevox
[n. d.]

Wann kommst du wieder
Wenn ich durch die Räume geh'
Lied und Slowfox
T: Brée, Else ♦ V: Royal
1962

Wart nicht auf die große Liebe
Ich sah im Traum die Pompadour
Lied und Slowfox aus dem Film »Ave Maria«, 1953
T: Balz, Bruno ♦ V: Takt & Ton

Warum bin ich (bist du) denn bloß kein Torero
Wenn man schon auf der Welt
Lied und Paso doble aus dem Film »Der Vorhang fällt«, 1939
T: Dehmel, Willy ♦ V: Ufaton
Melodie-Incipit s. S. 95
A: französisch: **Quand on est torero**

Warum bin ich so gern bei dir
Ich bin eine höhere Tochter
Lied und Foxtrot aus dem Musical »Moral«, 1974
T: Schwenn, Günther ♦ V: Meisel

Warum denn immer Blasmusik
Ob Schützenfest, ob Karneval
Marsch-Fox aus der Fernsehserie »Zum Blauen Bock«, 1981
T: Schenk, Heinz ♦ Manuskript

Warum fuhr Columbus nach Amerika
Ist es nicht schön abends um zehn
Swing-Foxtrot aus dem Film »Nichts als Zufälle«, 1949
T: Siegel, Ralph Maria ♦ V: Siegel
Melodie-Incipit s. S. 100

Warum hast du ein Herz aus Stein
Jeden Tag steh' ich verliebt vor dir
Lied und Foxtrot aus dem Film »Die wunderschöne Galathee«, 1950
T: Dehmel, Willy ♦ V: Schaeffers

Warum hat der Napoleon
Bon soir, mesdames! Bon soir, messieurs
Chanson und Foxtrot aus dem Film »Napoleon ist an allem schuld«, 1938
T: Dehmel, Willy ♦ V: Beboton
Melodie-Incipit s. S. 94

Warum ist in Wien gerade der Walzer zu Haus
Schön, wie die Blumen blüh'n
Walzerlied aus dem Film »Immer, wenn ich glücklich bin«, 1937
T: Marischka, Ernst ♦ V: Beboton

Warum ist nur mein Herz so dumm
Es warst nicht du, der mich geküßt
Lied und Slowfox aus dem Film »Bildnis einer Unbekannten«, 1954
T: Käutner, Helmut ♦ V: Hohner

Warum lügen alle Männer
Duett aus der TV-Komödie »Bunbury«, 1963
T: Dehmel, Willy ♦ Manuskript

Warum soll das ausgerechnet mir passieren
Chanson aus der Fernsehserie »Zum Blauen Bock«, [n. d.]
T: Schenk, Heinz ♦ V: REA

Warum vergißt du mich, wenn ich nicht bei dir bin
Manchmal bild' ich mir heimlich ein
Lied und Tango
M+T: Grothe, Franz / Rotter, Fritz ♦ V: Wiener Bohème
1930
Melodie-Incipit s. S. 90

Warum, weshalb und wieso
Schon jedem Problem ging man auf den Grund
Wenn der Mensch sich verliebt (R)
Lied und Foxtrot aus dem Film »Alarm auf Station III«, 1939

T: Dehmel, Willy ◆ V: Wiener Bohème
Melodie-Incipit s. S. 96

Was bin ich
aus der Fernsehserie »Zum Blauen Bock«, 1979
T: Schenk, Heinz ◆ Manuskript

Was der Frau gefällt, gefällt nicht immer dem Mann
Der Mann sagt ›nein‹
Lied
T: Schwabach, Kurt ◆ Manuskript
1931

Was hältst du von der Liebe
Lied und Tango
M+T: Grothe, Franz / Rotter, Fritz ◆ V: Wiener Bohème
[n. d.]

Was ist das Leben, wenn du mich nicht liebst
Hunderttausend Reime möcht' ich gern erfinden
Lied und Slowfox aus dem Film »Winternachtstraum«, 1934
T: Marischka, Ernst ◆ V: Beboton
Melodie-Incipit s. S. 92

Was kann man alles mit fünf Mark
Um die Welt sich anzuseh'n
Foxtrot aus der Fernsehserie »Zum Blauen Bock«, 1978
T: Schenk, Heinz ◆ Manuskript

Was schenkst du mir dann
Hat ein Jüngling das Bedürfnis
Wenn ich heut abend mit dir tanzen geh' (R)
Lied und Foxtrot aus dem Film »Der ungetreue Eckehart«, 1931
T: Schwabach, Kurt ◆ V: Beboton
A: englisch: **Heavens Above, I'm Lucky in Love**
(I'm Lucky in Love)
I've found the dreams I dream with you come true (R)
T: Pola, Edward
serbokroatisch: **Zta dat' ces mi tad**
Da od zenske imas mira
Na ples sa tobom ako podem ja (R)
T: Binicki, Aca

Was wär'n Behörden ohne Akten
Lied aus dem Musical »Moral«, 1974
T: Schwenn, Günther ◆ V: Meisel

Was wir einst in Kindertagen
Zu Weihnachten, da wünscht man sich
Chanson aus der Fernsehserie »Zum Blauen Bock«, 1979
T: Schenk, Heinz ◆ Manuskript

Weihnachts-Couplet
Alle Jahre wieder kommt der Weihnachtsmann
Couplet aus der Fernsehserie »Zum Blauen Bock«, 1973
T: Schenk, Heinz ◆ Manuskript

Die Weihnachtswünsche
(Meine Weihnachtswünsche)
Morgen, Kinder, wird's was geben
Wünsche gibt es ja so viele
Lied aus der Fernsehserie »Zum Blauen Bock«, 1974
T: Schenk, Heinz ◆ Manuskript

Weihnachtszauber
Es ist so still in Stadt und Land
Lied
T: Stoll, Kat ◆ Manuskript
[n. d.]

Weil ein Meister nicht vom Himmel fällt
Ein Weltmeister zu werden
Couplet aus der Fernsehserie »Zum Blauen Bock«, 1974
T: Schenk, Heinz ◆ Manuskript

Wein nicht, Baby
Lied und Slowfox

T: Kremer, Ludwig/Faber, Hermann ◆
Manuskript
[n. d.]

Weißt du
Gern möcht' ich manchmal gesteh'n
Lied und Langsamer Foxtrot aus dem Film
»Die Entführung«, 1935
T: Beckmann, Hans Fritz ◆ V: Meisel

Weißt du noch, wie wunderbar
Lied aus dem Film »Alt-Heidelberg«, 1959
T: Marischka, Ernst ◆ V: Europaton

Die Welt ist schön, Herr Kapitän
Kommt von irgendwoher 'mal ein Schiff übers Meer
Lied und Foxtrot aus dem Film »Die Entführung«, 1935
T: Beckmann, Hans Fritz ◆ V: Meisel

Die Welt, sie ist ein Karussell
Als Kind beginnt man diese Fahrt
Walzerlied aus der Fernsehserie »Zum Blauen Bock«, 1979
T: Schenk, Heinz ◆ V: Wiener Bohème

Wenn die Glocke zwölf geschlagen
In weiter Ferne leuchten die Sterne
Foxtrot-Intermezzo
T: Dehmel, Willy ◆ V: Beboton
1935

Wenn die Nächte leuchten
Nächte leuchten hell und silbern
Lied und Foxtrot
T: Dehmel, Willy ◆ V: Beboton
1937

Wenn die Sterne glüh'n über Mexico
Schwer an süßen Düften
Lied und Serenade
T: Nettesheim, Horst Eugen ◆ V: Melodia
1954

Wenn die Violine spielt
Du träumst beim Tee
Lied und Valse Boston
M+T: Grothe, Franz/Rotter, Fritz ◆
V: Alrobi
1929
Melodie-Incipit s. S. 89
A: »Dajos Béla gewidmet«
englisch: **List'ning to the Violin**
Over our tea
finnisch: **Kiehtoen kun viulu soi**
T: Ryynänen, Roine Richard
französisch: **C'est une valse qui chante**
schwedisch: **Lytt til fiolinens klang**
verwendet in den Filmen »Die Nacht gehört uns« (1929) und »In einer kleinen Konditorei« (1929)

Wenn die wilden Rosen blüh'n
Warum ist mein Herz so schwer
Lied aus dem Film »Ave Maria«, 1953
T: Balz, Bruno ◆ V: Takt & Ton
A: schwedisch: **När rosorna står i blom**
T: Rybrant, Gösta

Wenn draußen lacht der Sonnenschein
Sieh, der Frühling ist gekommen
Marschlied aus dem Film »Zwei im Sonnenschein«, 1933
T: Cremer, Hans Martin ◆ V: Wiener Bohème

Wenn du und ich
Tango
Manuskript
[n. d.]

Wenn du willst, wenn du kannst, wenn du möchtest
Ich hab' auf dich so gewartet
Lied und Foxtrot aus dem Film »Bühne frei für Marika«, 1958
T: Dehmel, Willy ◆ V: Takt & Ton

Wenn eine schöne Frau dich lächelnd ansieht
Lied und Tango

T: Kremer, Ludwig / Faber, Hermann ◆
Manuskript
[n. d.]

Wenn ein junger Mann kommt
Manche Menschen geh'n an ihrem Glück vorbei
Lied und Foxtrot aus dem Film »Frauen sind doch bessere Diplomaten«, 1939-41
T: Dehmel, Willy ◆ V: Ufaton
Melodie-Incipit s. S. 97
A: italienisch: **Se venisse un giovanotto**
  spanisch: **Cuando llega un hombre joven**
  Cuando vienes tu
  verwendet in den Filmen »Friederike von Barring« (1956) und »Franziska« (1957)

Wenn ich auch nicht weiß, wie du dich nennst
Irgendwie, irgendwo könnt' ich alles erfahren von dir
Lied und Langsamer Foxtrot aus dem Film »Vater braucht eine Frau«, 1952
T: Dehmel, Willy ◆ V: Hohner

Wenn ich dich seh'
Lied und Foxtrot aus dem Film »Der letzte Fußgänger«, 1960
T: Dehmel, Willy ◆ V: Film-Hansa

Wenn ich nachts nicht schlafen kann
Selbst ein Baby in den Windeln
Duett und Foxtrot aus der Operette »Die unsterbliche Sehnsucht«, 1937
T: Felix, Oskar ◆ V: Allegro

Wenn ich nur wüßt'
Ich hab' ihn, ich hab' ihn
Lied aus dem Film »Heldinnen«, 1960
T: Dehmel, Willy / Schwenn, Günther / Kerr, Charlotte ◆ V: Wiener Bohème

Wenn in Paris der Flieder blüht
Manches Lied erzählt von dieser schönen Stadt
Lied und Langsamer Walzer aus dem Film »Der schwarze Blitz«, 1958

T: Dehmel, Willy ◆ V: Bavariaton
Melodie-Incipit s. S. 103

Wenn man einmal auf den Busch klopft
Da wär' ich die Witwe Bolte
Marsch-Fox aus der Fernsehserie »Zum Blauen Bock«, 1980
T: Schenk, Heinz ◆ Manuskript

Wenn man sucht, wird man finden
Endlich hab' ich dich gefunden
Lied und Foxtrot aus dem Film »Ich kenn' dich nicht und liebe dich«, 1933
T: Dehmel, Willy ◆ V: Beboton
A: französisch: **Quand on cherche on trouve toujours**
  Je cherchais la femme rêvée depuis longtemps
  T: Valentin, Albert
  italienisch: **Chi cerca trova**

Wenn's auch Lüge war
Du sprachst jeden Tag aufs neue
Lied und Langsamer Foxtrot
T: Balz, Bruno ◆ V: Erimusic
1949

Wenn sich auch die Zeiten ändern
Es war eine Prinzessin
Slowfox aus der Fernsehserie »Zum Blauen Bock«, 1979
T: Schenk, Heinz ◆ Manuskript

Wenn unser Berlin auch verdunkelt ist
Na ja, Licht ist wunderschön
Marschlied aus dem Bühnenstück »Berliner Bilderbogen«, 1942
T: Balz, Bruno ◆ V: Bennefeld
A: verwendet in dem TV-Spiel »Berliner Bilderbogen« (1968)

Wenn wir uns nicht hätten
Es geht sehr oft im Leben ein Ding total daneben
Lied und Foxtrot aus dem Film »Junger Mann, der alles kann«, 1957
T: Dehmel, Willy ◆ V: Bavariaton

Wenn wir zwei zu zwei'n auf den Bummel geh'n
Nach Adam Riese sehen vier Augen mehr als zwei
Lied und Foxtrot
T: Wilczynski, Karl ◆ V: Fürstner
1931

Wenn zwei sich lieben so wie wir
Duett aus der Musikalischen Komödie »Liebesbriefe«, 1964
T: Lützkendorf, Felix ◆ V: Desch

Wer bei uns lacht, lacht am besten
Die Welt ist gar nicht heiter
aus der Fernsehserie »Zum Blauen Bock«, 1977
T: Schenk, Heinz ◆ Manuskript

Wer das glaubt, ja der wird selig
Wir berichten hier von Dingen
Marsch-Fox aus der Fernsehserie »Zum Blauen Bock«, 1982
T: Schenk, Heinz ◆ Manuskript

Wer hat die Liebe erfunden
Chanson
T: Dehmel, Willy ◆ Manuskript
[n. d.]

Wer im Film viel Böses tut
Wir sind von Herzen friedlich
Chanson aus der Fernsehserie »Zum Blauen Bock«, 1976
T: Schenk, Heinz ◆ Manuskript

Wer schenkt mir Liebe
Ich möchte mal inkognito
Lied und Foxtrot aus der Operette »Die Nacht mit Casanova«, 1942
T: Balz, Bruno ◆ V: Crescendo
Melodie-Incipit s. S. 98

Wer weiß, wozu es gut ist
Oft fällt ein Plan, den ich gemacht
Lied und Langsamer Foxtrot
T: Dehmel, Willy ◆ V: Presto
1949

Wieder mal ein Tag
Lied aus dem Film »Der Engel, der seine Harfe versetzte«, 1958
T: Neumann, Günter ◆ Manuskript

Das Wiedersehen
Heut ich durch die Straßen ging
Lied
T: Schaumburg-Lippe, Friedrich Christian zu ◆ V: Seith
1952

Wieder versöhnt
Lied aus dem Film »Ein Stück vom Himmel«, 1957
T: Dehmel, Willy ◆ V: Bavariaton
A: englisch: **Happiness**

Wieder wird es Frühling
Ich liebe dich, wie ich noch niemals geliebt
Lied und Slowfox
T: Wilczynski, Karl ◆ V: Brull
1931

Wie geht es dir, mein Schatz
Trifft sich einmal, irgend einmal
Tango
T: Wilczynski, Karl ◆ V: Roehr
1931

Wie man's macht, man macht's verkehrt
Kinder, was sind das für Zeiten
Couplet aus der Fernsehserie »Zum Blauen Bock«, 1979
T: Schenk, Heinz ◆ V: Wiener Bohème

Wiener Intermezzo
V: Hohner
1952

Wiener Lied
Lied und Slowfox
T: Halton, Theo ◆ Manuskript
[n. d.]

Werkverzeichnis

Wie schön ist doch die Welt
Wo ist die Uhr für den Mond
Lied
T: Dehmel, Willy ◆ Manuskript
[n. d.]

Wie schreibt man Glück
Wir schreiben Glück mit einem großen ›G‹
Lied und Moderato-Foxtrot
T: Dehmel, Willy ◆ V: Siegel
1962

Wie soll denn das bloß enden
Immer Zank, immer Krach
Lied und Foxtrot aus der Operette »Die Nacht mit Casanova«, 1942
T: Balz, Bruno ◆ V: Crescendo

Wie verschieden ist die Welt
Ach, warum es nur so viele Unterschiede gibt
Lied aus dem Musikalischen Lustspiel »Vier unterm Dach«, 1935
T: Dehmel, Willy ◆ V: Crescendo

Wie wird die Zeit vergehen ohne dich
Lied und Foxtrot
T: Rauch, Fred ◆ Manuskript
[n. d.]

Wildeck, Obersuhl lädt ein
aus der Fernsehserie »Zum Blauen Bock«, 1977
T: Schenk, Heinz ◆ Manuskript

Der Winter, der ein Sommer war
Die Lage ist bedenklich
Lied aus der Fernsehserie »Zum Blauen Bock«, 1977
T: Schenk, Heinz ◆ Manuskript

Wir bauen uns ein Häuschen
Ein Häuschen und ein Garten soll unsre Heimat sein
Ein Häuschen mit Garten, und wär's auch nur klein (R)
Lied aus dem Film »Die Trapp-Familie in Amerika«, 1958
T: Dehmel, Willy ◆ V: Edition Modern
Melodie-Incipit s. S. 104

Wir fragten uns was int'ressant
Couplet aus der Fernsehserie »Zum Blauen Bock«, 1976
T: Schenk, Heinz ◆ Manuskript

Wir gehen uns entgegen
Immer wenn der Abend kommt
Lied
T: Brée, Else ◆ V: Royal
1962
A: englisch: **I Need Not Lonely Be**
Day is turning into night
T: Mann, Harry / Nichols, Reg

Wir gründen eine feine Familie
Fritz! Herr Beermann
Lied aus dem Musical »Moral«, 1974
T: Schwenn, Günther ◆ V: Meisel

Wir haben einen neuen Wagen
Schöne Wagen gibt es heut wie Sand am Meer
Lied aus der Fernsehserie »Zum Blauen Bock«, 1980
T: Schenk, Heinz ◆ V: Wiener Bohème

Wir haben nun zur Fasenacht
aus der Fernsehserie »Zum Blauen Bock«, [n. d.]
T: Schenk, Heinz ◆ Manuskript

Wir haben stets 'nen Mann dabei
Ich heiße Ruth, wie jeder weiß
Foxtrot aus der Fernsehserie »Zum Blauen Bock«, 1974
T: Schenk, Heinz ◆ Manuskript

Wir haben uns gut verstanden
aus dem gleichnamigen Kurzfilm, 1929
M+T: Rotter, Fritz / Hansen, Max / Grothe, Franz ◆ Manuskript

Wir kommen nun zum guten Schluß
Marsch aus der Fernsehserie »Zum Blauen Bock«, [n. d.]
T: Schenk, Heinz ◆ Manuskript

Wir lassen uns nicht unterkrieg'n
Warum bist du so traurig
Lied und Foxtrot aus dem Film »Zwei im Sonnenschein«, 1933
T: Cremer, Hans Martin ◆ V: Wiener Bohème
Melodie-Incipit s. S. 91

Wir liegen auf der Bärenhaut
(Beamtensong)
Chanson aus dem TV-Film »Auch schon im alten Rom«, 1969
T: Hachfeld, Eckart ◆ Manuskript

Wir machen den Krimi erträglich
Das Fernseh'n in den Stuben
Chanson aus der Fernsehserie »Zum Blauen Bock«, 1977
T: Schenk, Heinz ◆ Manuskript

Wir machen eine Rosenschau
Foxtrot aus der Fernsehserie »Zum Blauen Bock«, 1975
T: Schenk, Heinz ◆ Manuskript

Wir probieren alles aus
Ja, im Fernseh'n
Chanson-Duett aus der Fernsehserie »Zum Blauen Bock«, 1980
T: Schenk, Heinz ◆ Manuskript

Wir reisen mit Musik
Wohin wir auch immer reisen
Lied und Foxtrot aus dem TV-Film-Musical »Mitternachtszauber«, 1964
T: Rameau, Paul H. ◆ Manuskript
A: verwendet in dem TV-Film »Wir reisen mit Musik« (1965)

Wir sagen uns: »Auf Wiedersehn«
Was soll der Streit
Marschlied aus dem Musikalischen Lustspiel »Vier unterm Dach«, 1935
T: Dehmel, Willy ◆ V: Crescendo

Wir sind alle Marionetten
Chanson aus der Fernsehserie »Zum Blauen Bock«, 1982
T: Schenk, Heinz ◆ V: REA
Melodie-Incipit s. S. 106

Wir sind beide quizlebendig
Allein und gegen alle
Couplet aus der Fernsehserie »Zum Blauen Bock«, 1978
T: Schenk, Heinz ◆ Manuskript

Wir sind das Brot der Polizei
Lied aus dem Musical »Moral«, 1974
T: Schwenn, Günther ◆ V: Meisel

Wir sind des Kaisers heimliche Armee
Marsch aus dem Film »Napoleon ist an allem schuld«, 1938
T: Dehmel, Willy ◆ Manuskript

Wir sind die Männer mit den schnellen Kisten
(Rennfahrerlied)
Ob's die Avus war
Marsch-Fox und Lied aus der Fernsehserie »Zum Blauen Bock«, 1969
T: Schenk, Heinz ◆ Manuskript

Wir sind im Herzen alle jung geblieben
Marsch aus der Fernsehserie »Zum Blauen Bock«, 1969
T: Schenk, Heinz ◆ Manuskript

Wir sind Telehausbesitzer
Ich lade oft Talente
Marsch-Fox aus der Fernsehserie »Zum Blauen Bock«, 1978
T: Schenk, Heinz ◆ Manuskript

Wir sind vornehm
Krimis sind meist sehr vulgär
Couplet aus der Fernsehserie »Zum Blauen Bock«, 1975
T: Schenk, Heinz ◆ Manuskript

Wir stehen selber unsren Mann
Der Mann, so heißt es allgemein
Foxtrot aus der Fernsehserie »Zum Blauen Bock«, 1980
T: Schenk, Heinz ◆ Manuskript

Wir steh'n hinter den Kulissen
Im Nachspann, da läuft immer
Foxtrot aus der Fernsehserie »Zum Blauen Bock«, 1976
T: Schenk, Heinz ◆ Manuskript

Wir tragen die Folgen im Fernsehprogramm
O. K., Sir, sagte man zu mir
Foxtrot aus der Fernsehserie »Zum Blauen Bock«, 1974
T: Schenk, Heinz ◆ Manuskript

Wir tranken auf das Glück und auf die Liebe
Wie schön war doch mit dir die Zeit
Walzerlied aus der Fernsehserie »Zum Blauen Bock«, 1974
T: Schenk, Heinz ◆ Manuskript

Das Wirtshaus im Spessart
Eine musikalische Räuberpistole [Musical] von Curt Hanno Gutbrod nach Motiven des gleichnamigen Films von Kurt Hoffmann
V: Crescendo
1976

Das Wirtshaus im Spessart
Walzerlied aus dem gleichnamigen Musical, 1976
T: Schwenn, Günther ◆ V: Dreiklang-Dreimasken

Wir turnen für das Vaterland
Marschlied aus dem Musical »Moral«, 1974
T: Schwenn, Günther ◆ V: Meisel

Wir von der Powenzbande
Im schönen Mössel an der Maar
Marsch-Fox aus der Fernsehserie »Zum Blauen Bock«, 1974
T: Schenk, Heinz ◆ Manuskript

Wir wandern, wir wandern
Ach, wie wunder-, wunderschön ist die weite, weite Welt
Marschlied aus dem Film »Das Haus in Montevideo«, 1951
T: Dehmel, Willy ◆ V: Siegel
Melodie-Incipit s. S. 101
A: italienisch: **Viaggiamo, viaggiamo**
Tutto è bello intorno a noi ma più avanti ci sarà
T: Larici
niederländisch: **Naar biiten**
verwendet in dem gleichnamigen Film-Remake (1963)

Wir werd'n das Kind schon richtig schaukeln
Einmal tritt der Tag an jeden 'ran
Lied und Foxtrot
T: Dehmel, Willy ◆ V: Wiener Bohème
1941
Melodie-Incipit s. S. 98

Wissen Sie, bei so 'ner Herrschaft
Chanson aus der Musikalischen Komödie »Liebesbriefe«, 1964
T: Lützkendorf, Felix ◆ V: Desch

Wissen Sie, ob das Glück Telefon hat
Es ist im Leben leider so
Lied und Swing-Foxtrot aus dem Film »Seitensprünge im Schnee«, 1950
T: Dehmel, Willy ◆ V: Schaeffers

Wochentags immer
Thema aus dem gleichnamigen Film, 1963
Manuskript

Wo ein Willi ist
Foxtrot aus der Fernsehserie »Zum Blauen Bock«, 1978
T: Schenk, Heinz ◆ Manuskript

Wohin läuft denn der Mann
In jedem Krimi, in jeder Serie
Foxtrot aus der Fernsehserie »Zum Blauen Bock«, 1972
T: Schenk, Heinz ◆ Manuskript

Wollen Sie den Streß vergessen
Marsch-Fox aus der Fernsehserie »Zum

Blauen Bock«, [n. d.]
T: Schenk, Heinz ◆ Manuskript

Womit kann man glücklich machen
Schön ist die Welt
Lied und Slowfox aus dem Film »Peter, Paul und Nanette«, 1934
T: Dehmel, Willy ◆ V: Leonardi
A: italienisch: **Cosi ci può far felici**

Wovon träumst du, kleine Tatjana
Ein junger Dichter, der liebte ein Mädchen
Lied und Tango
T: Balz, Bruno ◆ V: Takt & Ton
1953

Wozu sind die Straßen da, zu besingen
(Fernsehstraßenlied)
Ringstraße, sie kennt ein jeder
Foxtrot aus der Fernsehserie »Zum Blauen Bock«, 1981
T: Schenk, Heinz ◆ Manuskript

Die Wunder der Welt
Lied und Tango aus dem TV-Film-Musical »Mitternachtszauber«, 1964
T: Rameau, Paul H. ◆ Manuskript

Wunderschöne Frau, tanz diesen Tango mit mir
Leise spiel'n zum Tanz die Geigen
Lied und Tango
M+T: Grothe, Franz / Rotter, Fritz ◆ V: Dreiklang-Dreimasken
1928
Melodie-Incipit s. S. 89
A: »Herrn Kammersänger Richard Tauber in Verehrung zugeeignet«

Wünsch dir das nicht
Du bist so penibel, so adlig und sensibel
Lied aus dem Musical »Das Wirtshaus im Spessart«, 1976
T: Schwenn, Günther ◆ V: Dreiklang-Dreimasken

Wutlied
Jetzt wird es mir zu dumm

Lied aus dem Film »Heldinnen«, 1960
T: Dehmel, Willy / Schwenn, Günther / Kerr, Charlotte ◆ Manuskript

Der Zahnjodler
Wann i den Bohrer seh'
Ein Mensch sehr mutig und beherzt
Chanson aus der Fernsehserie »Zum Blauen Bock«, 1978
T: Schenk, Heinz ◆ Manuskript

Zärtliche Musik und du
Die Welt versinkt
Lied und Langsamer Walzer aus dem Film »Achtung! Feind hört mit«, 1940
T: Dehmel, Willy ◆ V: Wiener Bohème
Melodie-Incipit s. S. 96
A: französisch: **Je veux ce soir**
  Revien, chérie
  T: Stollberg, Wera von

Zärtliche Träumerei
(Sweet Dreams · Douce rêverie)
für Klavier, Streichorchester und Harfe
V: Melodia
1952

Zärtliche Walzermusik
Lied aus dem Film »Ein Walzer mit dir«, 1942
T: Dehmel, Willy ◆ V: Meisel

Zauber der Liebe
Konzertwalzer für Orchester
nach Motiven aus dem Film »Das Haus in Montevideo«
V: Europaton
1964

Die Zeit der Rosen
Die Zeit der Rosen geht auch vorbei
Lied aus dem Film »Der Strom«, 1941
T: Dehmel, Willy ◆ Manuskript

Zigeuner, du hast mein Herz gestohlen
Leider bin ich nichts als ein Spiel für dich
Lied und Tango
M: Grothe, Franz / Egen, Austin ◆

T: Schwabach, Kurt ♦ V: Beboton
1931
Melodie-Incipit s. S. 91
A: englisch: **Zigeuner**
(Gipsy You Have Stolen My Heart)
Hazy lights are twinkling beneath the trees
Zigeuner, your gipsy music calls me (R)
T: Connelly, Reg
finnisch: **Mustalaisen soitto**
Sanoilla ken onnensa tulkitsee
Nyt soita viululla, mustalainen (R)
T: Vainio, Juha
französisch: **Lolita**
Je sais que je ne suis pour toi, vois-tu
Lolita, comme une vagabonde (R)
T: Blot, Max / Cis, Jean
italienisch: **Tzigano tu mi hai rubato il cuor**
niederländisch: **Zigeuner, je hebt mijn hart gestolen**
T: Valentijn, Dick
rumänisch: **Tigane, tu mi-ai ghicit durerea**
Nu credeam sa ajung sa pot uita
T: Kiritescu, N.
schwedisch: **Zigenare, du tog mitt hjärta**
spanisch: **Gitano, has robado mi corazón**

Zigeuner haben keine Heimat
Lied
T: Weyrich, Fred ♦ V: April
1971

Zigeunerromanze
Konzertstück für Klavier und Orchester
V: Melodia
1953

Zu einem heit'ren Kartenspiel
(Parodistenkartenspiel)
Couplet aus der Fernsehserie »Zum Blauen Bock«, 1979
T: Schenk, Heinz ♦ Manuskript

Zu einem Jodeltreffen
Bei uns im schönen Bayern

Marsch-Fox aus der Fernsehserie »Zum Blauen Bock«, 1976
T: Schenk, Heinz ♦ Manuskript

Zu einem Jubiläum
aus der Fernsehserie »Zum Blauen Bock«, 1980
T: Schenk, Heinz ♦ Manuskript

Zu einem Kölner Stammtisch
Marsch aus der Fernsehserie »Zum Blauen Bock«, [n. d.]
T: Schenk, Heinz ♦ Manuskript

Zu einem Schlager-ABC
Foxtrot aus der Fernsehserie »Zum Blauen Bock«, 1976
T: Schenk, Heinz ♦ Manuskript

Zu einer kleinen Party
aus der Fernsehserie »Zum Blauen Bock«, [n. d.]
T: Schenk, Heinz ♦ Manuskript

Zusammenbruch-Song
Ade, du schöne Zeit voll Glück
Stimmung! Es lebe die Nachkriegszeit (R)
aus dem Film »Wir Wunderkinder«, 1958
T: Neumann, Günter ♦ V: Takt & Ton

Zwei Tränen sind unsere Liebe
Nimm kein Mädel aus Stralau-Rummelsburg
Wenn man die Liebe intensiv studiert hat
Lied und Tango
M: Grothe, Franz / Rubens, Eddie ♦
T: Rotter, Fritz ♦ V: Wiener Bohème
1930

Zwei und zwei
Wir waren mit die ersten
Foxtrot aus der Fernsehserie »Zum Blauen Bock«, 1977
T: Schenk, Heinz ♦ Manuskript

Zwei unter Millionen
Langsamer Foxtrot aus dem gleichnamigen Film, 1961
V: Ufaton
Melodie-Incipit s. S. 104

Bühnenwerke

Ehe auf Zeit
Operette in drei Akten von Theo Halton
GESANGSTEXTE: Theo Halton, Karl Brüll
MUSIK: Franz Grothe
Manuskript (verschollen)
[1929]
Musiknummern:
  Rosen und Frau'n
  Adieu, Monsieur
A: Laut Angabe des Komponisten wurde dieses Bühnenwerk nicht aufgeführt.

Vier unterm Dach
Ein lustiges Volksstück in 6 Bildern von Walter F(riedrich) Fichelscher
GESANGSTEXTE: Willy Dehmel
MUSIK: Franz Grothe
VERLAG: Crescendo
UA: 7. 6. 1935 Berlin, Theater in der Saarlandstraße
Musiknummern:
1 Alt Heidelberg [M: Zimmermann, Anton • T: Scheffel, Joseph Victor von]
2 Ich heiße Ilse, doch man nennt mich Nina
3 Man geht zum Tanz, man geht zum Tee
4 Wie verschieden ist die Welt
5 Opern-Parodie
6 Fräulein Doktor, Sie versteh'n was
7 Fühlst du nicht, das Glück ist da
8 Wir sagen uns: »Auf Wiederseh'n«

Die unsterbliche Sehnsucht
Operette in 5 Bildern von Oskar Felix
MUSIK: Franz Grothe
VERLAG: Allegro
UA: 7. 2. 1937 Breslau, Opernhaus
Musiknummern:
1 Introduktion und erste Szene
2 Kannst du heute oder morgen
3 Ein bißchen Komödie
4 Wenn ich nachts nicht schlafen kann
5 Finaletto 1. Bild
6 Ist sie nicht wundervoll
7 Ich komm' vom Theater nicht los
8 Liebst du mich
9 Diplomatie
10 Du bist mein Himmel auf Erden
11 Ob es Vormittag ist
12 Jede Liebe hat ein Ende
13 Vorspiel zum 5. Bild
14 Stört es dich, wenn ich …
15 Mit dir könnt' ich Pferde stehlen geh'n
A: Dieses Operetten-Libretto diente als Vorlage für das Drehbuch von Bobby E. Lüthge zu dem Film *Dyplomatyczna żona* (Polen/Deutschland 1937) (Deutsche Fassung: *Abenteuer in Warschau* [alternativ: *Ein bißchen Komödie*]), Musik: Michael Jary

Die Nacht mit Casanova
Operette in drei Akten von Karl Georg Külb
GESANGSTEXTE: Bruno Balz
MUSIK: Franz Grothe
VERLAG: Crescendo
UA: 6. 2. 1942 Stuttgart, Württembergisches Staatstheater
Musiknummern:
  Ouvertüre
1 Introduktion und Auftritt: **Mit diesem Tag ging meine Jugendzeit zu Ende**
1a Bühnenmusik
2 Duett **Ich kann nicht schlafen geh'n**
3 Terzett **Drei Männer auf dem Maskenball**
4 Lied **Ein Mann, der nie eine Dummheit macht**
5 Duett **Wer schenkt mir Liebe**

5a Reminiszenz
6 Musikalische Szene
7 Finale I **Der Liebe Freud', der Liebe Leid**
Lied **des Casanova**
8 Introduktion zum 2. Akt
8a Abgang
9 Terzett **Mit dir möcht' ich nach Spanien**
10 Lied **Du müßtest bei mir sein**
11 Reminiszenz **Ein Mann, der nie eine Dummheit macht**
12 Duett **Liebende Herzen finden sich doch**
13 Duett **Wie soll denn das bloß enden**
14 Reminiszenz **Wie soll denn das bloß enden**
15 Finale II **Man sieht einer Frau nicht ins Herz**
16 Mazurka
17 Terzett **Himmelblau ist die ganze Welt**
18 Reminiszenz **Drei Männer gehen ins Exil**
19 Finaletto III

Berliner Bilderbogen

Ein Stück für Front und Heimat
BUCH: Liesegang
GESANGSTEXTE: Bruno Balz
MUSIK: Franz Grothe
Manuskript
[1942]
Musiknummern:
    Das muß man vergessen können
    Für eine Stunde Leidenschaft
    Grüß mir die Berolina
    Kartoffelpuffer
    Der letzte Leierkasten von Berlin
    Redet nicht so viel von den guten, alten Zeiten
    Wenn unser Berlin auch verdunkelt ist
A: Dieses vom Musikverlag Albert Bennefeld angekündigte Bühnenwerk wurde nicht realisiert.

Der ideale Gatte

Musikalische Komödie in zwei Teilen nach dem Schauspiel »Ein idealer Gatte« von Oscar Wilde
BUCH, GESANGSTEXTE: Herrmann Mostar
MUSIK: Franz Grothe
VERLAG: Mondial
UA: 3. 12. 1963 Hamburg, Kammerspiele
Musiknummern:
1 Song von der Moral
2 Song vom Sinn der Gefühle
3 Der Song von der Society
4 Der Song vom kalten Buffet
5 Song von den sieben Todtugenden
6 Der Song von der Schüchternheit
7 Song vom Zeitmangel
8 Der Song vom Dandy
9 Der Song vom Hosenband
10 Song von der Vergangenheit
11 Song von den Kanälen
12 Finale »How Do You Do«

Das Haus in Montevideo

Musical nach dem gleichnamigen Film bzw. Bühnenstück von Curt Goetz
BUCH: Curth Flatow
GESANGSTEXTE: Willy Dehmel
MUSIK: Franz Grothe
Manuskript (unvollendet)
[n. d.]
Musiknummern:
    Dein Mann
    Die ganze Welt
    Matrosenchor

Liebesbriefe

Musikalische Komödie in 6 Bildern von Felix Lützkendorf
MUSIK: Franz Grothe
VERLAG: Desch
UA: 8. 10. 1965 Detmold, Landestheater
Musiknummern:
1 **Vorspiel**
2 **Laßt Blumen sprechen**
3 **He Maggy Rouff**
4 **Männern muß man alles sagen**
5 **Ein Mädchen braucht, um glücklich zu sein**

6   Wissen Sie, bei so 'ner Herrschaft
7   Lied vom überflüssigen Ehemann
8   Ich bin ein Mann von fuffzig Jahren
9   Ballade von den unmöglichen Eltern
10 Musikalische Szenen im Duett
11 Das Lied von den Wundereltern
12 Liebesbriefe in alten Kommoden
13 Ich kann's noch nicht glauben
14 Wenn zwei sich lieben, so wie wir
A: Musikalische Fassung der gleichnamigen Komödie (UA: 31.12.1938 Berlin, Kleines Haus des Preußischen Staatstheaters)

Der Engel, der seine Harfe versetzte
Musical nach dem gleichnamigen Film
BUCH, GESANGSTEXTE: Günter Neumann
MUSIK: Franz Grothe
Manuskript (unvollendet)
[ca. 1971]
Musiknummer:
   Es liegt bei dir

Moral
Musical in 11 Bildern
nach der gleichnamigen Komödie von Ludwig Thoma
BUCH, GESANGSTEXTE: Günther Schwenn
MUSIK: Franz Grothe
VERLAG: Meisel/Desch
UA: 26.10.1974 Gelsenkirchen, Musiktheater im Revier
Musiknummern:
1   **Vorspiel**
2   **Kleinstadtbummel**
3   **Es ist so still**
4   **Hunger macht erfinderisch**
5   **Der Choral von der Moral**
6   **Wir sind das Brot der Polizei**
7   **Ja, Liebe ist gefährlich**
8   **Was wär'n Behörden ohne Akten**
9   **Der Moralistensong**
10 **Bist du erst in der Mühle drin**
11 **Es gibt für mich nur das Gesetz**
12 **Ohne Litzen, ohne Tressen**
13 Man muß Besitz zusammenhalten
14 Warum bin ich so gern bei dir
15 Einmal habe ich geliebt
16 In Emilsburg – in Emilsburg
17 Wir turnen für das Vaterland
18 Alles nackt
19 Ich frage nicht nach Titel und nach Orden
20 Der Geist ist willig
21 Wir gründen eine feine Familie
22 Die Laterna magica
23 Hier ist die Welt noch wie vor hundert Jahren
24 Panoptikum der großen kleine Tiere

Das Wirtshaus im Spessart
Eine musikalische Räuberpistole in 11 Bildern [Musical] nach Motiven des gleichnamigen Films von Kurt Hoffmann
BUCH: Curt Hanno Gutbrod
GESANGSTEXTE: Günther Schwenn, Willy Dehmel
MUSIK: Franz Grothe
VERLAG: Crescendo/Dreiklang-Dreimasken
UA: 2.4.1977 Gelsenkirchen, Musiktheater im Revier
Musiknummern:
1   **In den tiefen, dunklen Wäldern** (Ballade des Parucchio)
2   **Das Wirtshaus im Spessart**
3   **Ich bin arm**
4   **Ein freies Leben**
5   **Ich pfeife auf die Konvention**
6   **Ach, das könnte schön sein**
7   **Pfui, Papa**
8   **Hilfe! Hilfe! Überfall**
9   Man kann die Liebe nicht erklären
10 O Herr dort oben
11 Und er ritt mit seinem Diener
12 Eine Stunde laß uns träumen
13 **Die will ich haben**
14 Tempo, Tempo
15 Hier ist er nicht
16 Wünsch dir das nicht

Bühnenwerke

Ferien, oh Ferien
Musical in 6 Bildern
BUCH, GESANGSTEXTE: Barbara Noack
MUSIK: Franz Grothe
Manuskript (unvollendet)
[n. d.]
Musiknummern:
    Jetzt geh'n wir aus
    Ein Mann von fünfzig Jahren

Melodien-Incipits

Alfano

Einmal noch hab Vertrauen

Traum-Boston

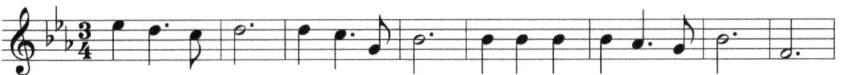

Es gab nur eine, die ich geliebt hab

Rosen und Frau'n

Wenn die Violine spielt

Wunderschöne Frau, tanz diesen Tango mit mir

Alles für euch, schöne Frau'n

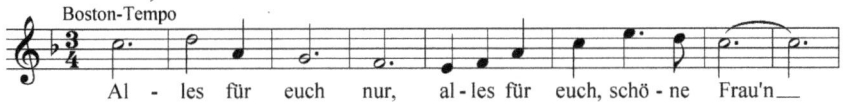

Melodien-Incipits

Warum vergißt du mich, wen ich nicht bei dir bin

Du bist in letzter Zeit so schrecklich blond geworden

Keine Feier ohne Meyer

Automaten-Tango

Mein Fräulein ich verehre Sie

Sei mir gegrüßt, du geliebte Frau

Der erste Schritt vom rechten Weg

Für dich, für dich, mein Baby

Zigeuner, du hast mein Herz gestohlen

Es ist alles Komödie

An der Donau, wenn der Wein blüht

Wir lassen uns nicht unterkrieg'n

Ich habe eine kleine stille Liebe

Hab keine Angst vor Liebe

So ein Kuß kommt von allein

Ich liebe dich und kenn dich nicht

Melodien-Incipits

Das macht die Liebe

Erst eine Walzernacht

Ich träume immer nur von dem einen

Viele hunderttausend weiße Blüten

Was ist das Leben, wenn du mich nicht liebst
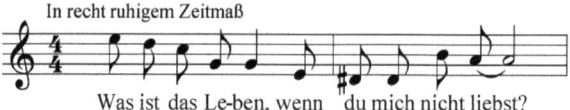

Musikanten sind da

Schön, wie der junge Frühling

Melodien-Incipits

Ein neues Leben fängt an

Herz, du kennst meine Sehnsucht

Du bist mein Himmel auf Erden

Jede Liebe hat ein Ende
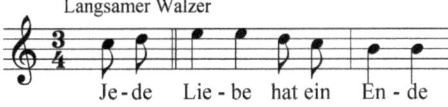

Mir ist heut wie Sonntag

Die Geigen, ja die Geigen

Immer wenn ich glücklich bin

Man darf nicht zu schwarz sehn

Melodien-Incipits

Kleine Melodie, dich vergeß ich nie
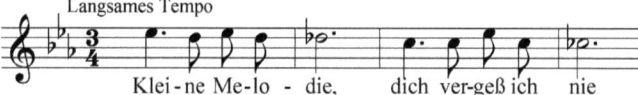

Auf den Flügeln bunter Träume

Abends, wenn alle Menschen schlafen

Durch die Nacht klingt ein Lied

Es war ein Mädchen und ein Matrose

Warum hat der Napoleon

Die Musik im Café

Ganz leise kommt die Nacht

Jede Frau hat ein süßes Geheimnis

Guten Tag, liebes Glück

Das Leben ist so schön

Man kann sein Herz nur einmal verschenken

Warum bin ich denn bloß kein Torero
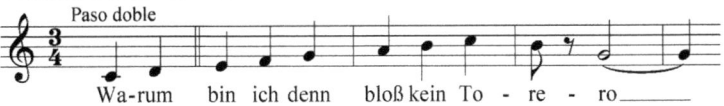

Das gewisse Etwas
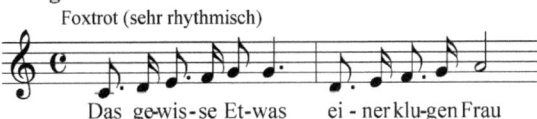

Schließ deine Augen und träume

Mein lieber Freund, Sie sind heut eingeladen

Melodien-Incipits

Ja und Nein

Warum, weshalb und wieso

Zärtliche Musik und du

Hoch drob'n auf dem Berg

Ach, ich liebe alle Frauen

Einen Walzer für dich und für mich

Musik, die nie verklingt

Wenn ein junger Mann kommt

Lied der Nachtigall

Postillonlied

So schön wie heut, so müßt' es bleiben

Frühling in Wien

Illusion

Melodien-Incipits

Wer schenkt mir Liebe

Man sieht einer Frau nicht ins Herz

Du und ich und der Sonnenschein

Wir werd'n das Kind schon richtig schaukeln

Es ist nur die Liebe
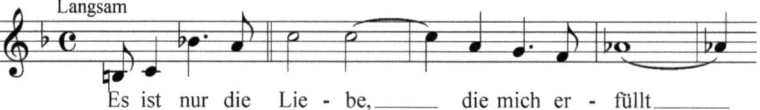

Ich möchte so gerne

Komm und gib mir deine Hand

Sing mit mir

Das muß man vergessen können

Für eine Stunde Leidenschaft

Ich bin die Frau, von der man spricht

Ich will dein Schatten sein

Allerschönste aller Frauen

Ich bin heut frei, meine Herr'n

Mein Herz liegt gefangen in deiner Hand
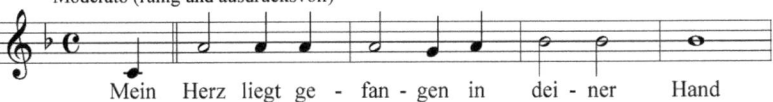

Ich warte auf dich

Melodien-Incipits

In der Nacht ist der Mensch nicht gern alleine

In der Nacht ist der Mensch nicht gern al - lei - ne

Mach dir nichts daraus

Schau nicht hin, schau nicht her, schau nur gra - de - aus

Eines Tages

Ich steh al - lein in die - ser gro - ßen Welt

Lieber guter Mann im Mond

Lie - ber gu - ter Mann im Mond sag mir wo die Lie - be wohnt?

Ein Student und eine ...dentin

Ein Stu - dent und ei - ne ...den - tin gin - gen einst ins Hi - Ha - Heu

Warum fuhr Columbus nach Amerika

War - um fuhr Co - lum - bus nach A - me - ri - ka

Moritat vom verlorenen Sohn

Ach, vie - le von uns sind ver - lo - re - ne Kin - der, doch niemand in der Welt trägt Kum - mer um uns!

Das Lied von den abfahrenden Schiffen

Ich hab' so einen Animus

Mister Brown

Jeder Abschied kann ein neuer Anfang sein

Valse bleu in Moll

Ich zähl mir's an den Knöpfen ab

Laß mich nie mit dir allein

Wir wandern, wir wandern

Melodien-Incipits

Meine Lieblingspuppe, die hieß Josefine

Mei-ne Lieb-lings-pup-pe, die hieß Jo - se - fi - ne

Ich kenn den Jimmy aus Havanna

Ich kenn den Jim-my aus Ha - van-na, und den Jon-ny aus Ha - wai

Ich weiß das erste Mal noch ganz genau

Ich weiß das er-ste Mal noch ganz ge - nau als wär es heu - te

Mit euch, ihr Wolken

Mit euch, ihr Wol-ken, möch-te ich zieh'n

Das Sternenlied

Das Ster-nen-lied! Hörst du das Ster-nen-lied? Mil-lio-nen Ster - ne

sin - gen für uns zwei!

Ich gehe singend durch die Stadt

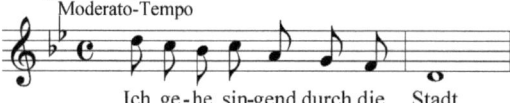

Ich ge-he sin-gend durch die Stadt

Mitternachtsblues

Ich weiß mehr als du glaubst

Ach, das könnte schön sein

Ballade des Parucchio

Wenn in Paris der Flieder blüht

Etwas leise Musik

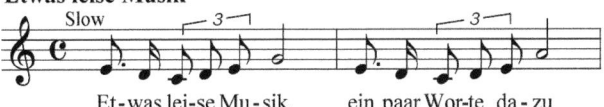

Chanson vom Wirtschaftswunder

Melodien-Incipits

Wir bauen uns ein Häuschen

Reiter-Marsch

Ein kleiner Hund

Heut hat mein Herz tausend Flügel

Immer, wenn du fortgehst

Kutschen-Lied
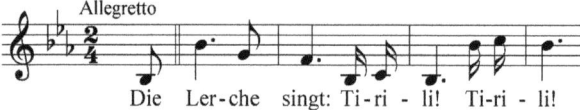

Zwei unter Millionen

Kalenderlied

Melodien-Incipits

Heidi-Thema
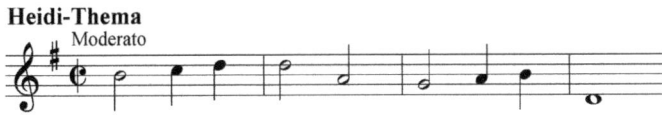

Hörst du der Lerche fröhliches Lied

Ich klopf heut nacht an deine Tür

Bovary-Melodie

Tarantella

Hundert volle Gläser

Einmal habe ich geliebt

Melodien-Incipits

Hier ist die Welt noch wie vor hundert Jahren

Ja, Liebe ist gefährlich

Eine Stunde, laß uns träumen

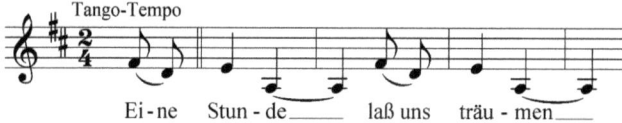

Man kann die Liebe nicht erklären

Das ganze Leben ist ein Zirkus

Es ist alles nur geliehen

Wir sind alle Marionetten

Filmographie

Die Nacht gehört uns *(Deutschland 1929)*
Liebesroman
UA: 23.12.1929 Berlin
PRODUKTION: FFG, Froelich-Film GmbH, Berlin
DREHBUCH: Walter Reisch, Walter Supper nach dem Bühnenstück von Henry Kistemaeckers
REGIE: Carl Froelich
TONREGIE: Joseph Masolle
LIEDTEXT: Fritz Rotter
MUSIK: Hansom Milde-Meißner unter Verwendung von Kompositionen von Charles Gounod, Franz Grothe, Luigi Bernauer und Eduardo di Capua
DARSTELLER: Hans Albers, Charlotte Ander, Otto Wallburg, Walter Janssen, Ida Wüst, Lucie Englisch, Julius Falkenstein, u. a.
Musiknummer:
Wenn die Violine spielt
Französische Version: *La nuit est a nous*
Italienische Version: *La notte e nostra*
Schwedischer Titel: *Natten tillhör oss*
A: erster künstlerisch gelungener deutscher Tonspielfilm

Wir haben uns gut verstanden
(Deutschland 1929)
Varietéfilm (Kurzfilm)
PRODUKTION: Tobis-Industrie-GmbH (Tiges), Berlin
REGIE: Max Reichmann
MUSIK: Fritz Rotter, Max Hansen, Franz Grothe
DARSTELLER: Max Hansen
Musiknummer:
Wir haben uns gut verstanden
Gesang: Max Hansen

In einer kleine Konditorei
(Deutschland 1929)
(Was kleine Mädchen träumen)
Liebesroman
UA: 20.1.1930 Berlin
PRODUKTION: Münchner Lichtspielkunst AG (Emelka)
Drehbuch, REGIE: Robert Wohlmuth
LIEDTEXT: Fritz Rotter
MUSIK: Giuseppe Becce, Franz Grothe, Fred Raymond
DARSTELLER: Marion Gerth, Valery Boothby, Franz Scharwenka, Jacque Catelain, Ferdinand Martini, Sylvester Bauriedl, Lawrence Wolf, Hans Erich Pfleger, Richard Bischoff, u. a.
Musiknummer:
Wenn die Violine spielt
A: Der Film, noch stummgedreht, wurde nachsynchronisiert, so entsteht Münchens erster Tonfilm.

Komm zu mir zum Rendezvous
(Deutschland 1930)
Deutsche Version von *L'amour chante*
Musikalisches Lustspiel
UA: 29.8.1930 Dresden
PRODUKTION: Harmonie-Film GmbH
DREHBUCH: Robert Florey, Carl Boese, Walter Hasenclever nach der Novelle von Jacques Bousquet und H. Falk
REGIE: Carl Boese
LIEDTEXT: Menne Freudenberg
MUSIK: Franz Grothe, Eduard Künneke, Maurice Yuain
DARSTELLER: Lucie Englisch, Ralph Arthur Roberts, Alexa Engström, Walter Rilla, Szöke Szakall [d.i. Jenö Gerö], Paul Morgan, Fritz Schulz, Trude Lieske, u. a.

Musiknummer:
Kennst du schon das neuste Spiel
Gesang: Trude Lieske
Spanische Version: *El amor solfeando*

El amor solfeando *(Spanien 1930)*
(El profesor de mi mujer)
Spanische Version von *L'amour chante*
Musikalisches Lustspiel
PRODUKTION: Cinaes, Renacimiento Films
DREHBUCH: Robert Florey, Carl Boese nach der Novelle von J. Bousquet und H. Falk
REGIE: Armand Guerra
MUSIK: Armand Bernard, Franz Grothe, Eduard Künneke, Artur Guttmann, Amadeo Vives
DARSTELLER: Alady, Imperio Argentina, Florelle, Julia Lajos, José Ortiz de Zárate, Valentin Parera, Carlos San Martin, Luis Torrecilla, Lolo Trillo

Boykott *(Deutschland 1930)*
(Primanerehre)
Schülermilieu
UA: 15.12.1930 Berlin
PRODUKTION: Emelka-Ilma-Produktion
DREHBUCH: Eugen Kürschner nach der Novelle »Boykott« von Arnold Ulitz
REGIE: Robert Land
LIEDTEXTE: Karl Wilczynski
MUSIK: Franz Grothe, Alexander Laszlo
DARSTELLER: Lil Dagover, Ernst Stahl-Nachbaur, Rolf von Goth, Theodor Loos, Austin Egen, Magda Schneider, u.a.
Musiknummern:
Ein bunter Blumenstrauß
Gesang: Austin Egen
Frisch auf – was ist die Welt
Österreichischer Titel: *Jugend in Not*

Tingel-Tangel *(Deutschland 1930)*
Musikalische Posse
UA: 29.12.1930 Berlin
PRODUKTION: Erich Engels-Film GmbH
DREHBUCH: Alexander Alexander
REGIE: Jaap Speyer
LIEDTEXTE: Karl Wilczynski
MUSIK: Franz Grothe, Austin Egen
DARSTELLER: Elisabeth Pinajeff, Ernst Verebes, Fritz Kampers, Julius Falkenstein, Katta Sterna, Austin Egen, Alfred Braun, Leo Monosson, u.a.
Musiknummern:
Alles für euch, schöne Frau'n
Gesang: Alfred Braun
Schlumpsi-Foxtrot
Österreichischer Titel: *Schlumpsi, der Ehestifter*

Arme kleine Eva *(Deutschland 1930/31)*
Sitten- und Gesellschaftsmilieu
UA: 2.4.1931 Berlin
PRODUKTION: Aco-Film GmbH
DREHBUCH: Walter Wassermann, Walter Schlee nach dem gleichnamigen Roman von Paul Langenscheidt
REGIE: Edmund Heuberger
MUSIK: Franz Grothe, Erwin Ludwig
DARSTELLER: Grete Mosheim, Harry Hardt, Lotte Spira, Eduard von Winterstein, Hilde Hildebrand, Ferdinand von Alten, u.a.
Österreichischer Titel: *Eva*

Das Geheimnis der roten Katze *(Deutschland 1931)*
(Die rote Katze)
Kriminal- und Gesellschaftsmilieu
UA: 22.5.1931 Dresden
PRODUKTION: Deutsche Tonfilm GmbH
DREHBUCH: Erich Philippi [d.i. Arnold Lippschitz], Karl Wilczynski
REGIE: Erich Schönfelder
LIEDTEXT: Karl Wilczynski
MUSIK: Franz Grothe
DARSTELLER: Rosa Valetti, Hans Junker-

mann, Ernst Verebes, Margot Walter, Siegfried Arno, Paul Westermeier, Else Reval, Heidi Eisler, u. a.

Musiknummer:
Du bist die schönste Frau der Welt
Gesang: Heidi Eisler, Franz Grothe, Klavier

Der ungetreue Eckehart *(Deutschland 1931)*
Familienschwank
UA: 21. 9. 1931 Berlin
PRODUKTION: Orplid GmbH
DREHBUCH: Walter Wassermann, Walter Schlee frei nach dem gleichnamigen Bühnenschwank von Hans Sturm
REGIE: Carl Boese
LIEDTEXTE: Kurt Schwabach
MUSIK: Franz Grothe
DARSTELLER: Ralph Arthur Roberts, Paul Hörbiger, Fritz Schulz, Lucie Englisch, Paul Henckels, Comedian Harmonists, u. a.

Musiknummer:
Was schenkst du mir dann
Gesang: Comedian Harmonists, Kapelle Dajos Béla

Keine Feier ohne Meyer *(Deutschland 1931)*
(Der Heiratsschwindler)
(Der Heiratsvermittler)
Posse
UA: 27. 10. 1931 Berlin
PRODUKTION: Aco-Film GmbH
DREHBUCH: Fritz Falkenstein, Curt Johannes Braun
REGIE: Carl Boese
LIEDTEXT: Karl Wilczynski
MUSIK: Artur Guttmann, Franz Grothe
DARSTELLER: Siegfried Arno, Ralph Arthur Roberts, Adele Sandrock, Lucie Englisch, Kurt Vespermann, u. a.

Musiknummer:
Keine Feier ohne Meyer

Österreichischer Titel: *Hotel »Zur stillen Liebe«*

Kabarett-Programm *(Deutschland 1931)*
Kurzspielfilm
UA: 1931 Berlin
PRODUKTION: Universum-Film AG (UFA)
REGIE: Kurt Gerron
LIEDTEXT: Karl Wilczynski
MUSIK: Franz Grothe

Musiknummer:
Es kam das Glück wohl über Nacht
Gesang: Dolly Lorenz

Eine von uns *(Deutschland 1932)*
Alltagsmilieu und Sittenroman
UA: 4. 10. 1932 Köln
PRODUKTION: T. K. Tonfilmproduktion GmbH
DREHBUCH: Irma von Cube nach dem Roman »Gilgi, eine von uns« von Irmgard Keun
REGIE: Johannes Meyer
LIEDTEXTE: Fritz Rotter
MUSIK: Franz Grothe
DARSTELLER: Brigitte Helm, Gustav Dießl, Ernst Busch, Jessie Vihrog, u. a.

Musiknummern:
Der erste Schritt vom rechten Weg
Nur auf die Minute kommt es immer an
beide Titel gesungen von Ernst Busch

Französischer Titel: *Gilgi, jeune fille moderne*
Österreichischer Titel: *Eine von uns – Gilgi*

Der große Bluff *(Deutschland 1932)*
(Schüsse in der Nacht)
Kriminalkomödie
UA: 2. 2. 1933 Berlin
PRODUKTION: T.K.-Tonfilm-Produktion GmbH
DREHBUCH: Walter Wassermann, Walter Schlee nach dem Bühnenstück »Der große Bluff« von Fred Heller und Adolf Schütz
REGIE: Georg Jacoby
LIEDTEXTE: Fritz Rotter
MUSIK: Franz Grothe

Filmographie

DARSTELLER: Lee Parry, Betty Amann, Otto Wallburg, Harald Paulsen, Adele Sandrock, Paul Hörbiger, Theo Lingen, u. a.

Musiknummern:
Es ist alles Komödie
Gesang: Dolly Lorenz
Ich bin der Liebling der Polizisten
Gesang: Harald Paulsen, Otto Wallburg
Man sagt: »Ich liebe dich«
Gesang: Harald Paulsen, Lee Parry

Österreichischer Titel: *Alles ist Komödie*

Moral und Liebe *(Deutschland 1932)*
(Die heilige Dirne)
(Liebe, Moral und Geld)
Nachkriegsmilieu 1918
UA: 3. 2. 1933 Berlin
PRODUKTION: Kristall-Film GmbH
DREHBUCH: Georg C. Klaren
REGIE: Georg Jacoby
LIEDTEXT: Gerd Karlick
MUSIK: Franz Grothe
DARSTELLER: Grete Mosheim, Oskar Homolka, Camilla Horn, Paul Heidemann, Rosa Valetti, Hilde Hildebrand, Johannes Riemann, u. a.

Musiknummer:
Schön wär's, Liebling

Salon Dora Green *(Deutschland 1932)*
(Die Falle)
Kriminalfilm
UA: 22. 2. 1933 Berlin
PRODUKTION: T. K. Tonfilmproduktion GmbH
DREHBUCH: Bobby E. Lüthge, Hans Rudolf Berndorff nach dem Roman »Diplomatische Unterwelt« von Hans Rudolf Berndorff
REGIE: Henrik Galeen
LIEDTEXTE: Robert Gilbert, Karl Wilczynski, Franz Grothe
MUSIK: Franz Grothe
DARSTELLER: Mady Christians, Paul Hartmann, Leonard Steckel, Alfred Abel, Betty Bird, Kurt Vespermann, Fritz Odemar, u. a.

Musiknummern:
Kleine Liebe, große Liebe, alles geht vorbei
Sei mir gegrüßt
beide Titel gespielt von der Kapelle Oscar Joost

Englischer Titel: *The House of Dora Queen*
Schweizer Titel: *Diplomatische Unterwelt*

Und wer küßt mich *(Deutschland 1932)*
Deutsche Version von *La ragazza dal livido azzurro*
Musikalische Verwechslungskomödie
UA: 7. 3. 1933 Berlin
PRODUKTION: Itala-Film GmbH
DREHBUCH: Herbert Rosenfeld, F. D. Andam (d. i. Friedrich Dammann) nach der gleichnamigen Novelle der beiden Autoren
REGIE: Emmerich W. Emo
LIEDTEXTE: Robert Gilbert
MUSIK: Franz Grothe
DARSTELLER: Marion Taal, Felix Bressart, Georg Alexander, Margo Lion, Theo Lingen, Margarete Kupfer, u. a.

Musiknummern:
Du sollst es leise sagen
Mein Schatz tanzt so gern Paso doble
beide gesungen von Margo Lion
Ich hab' geträumt, daß du von mir geträumt hast

Österreichischer Titel: *Das Mädchen mit dem blauen Fleck*

Sag mir, wer du bist
(Deutschland 1932/33)
Musikalisches Lustspiel
UA: 15. 5. 1933 Berlin
PRODUKTION: T. K. Tonfilmproduktion GmbH

DREHBUCH: Walter Wassermann, Walter Schlee nach dem Bühnenstück »Madonna, wo bist du?« von Max Bertuch, Hanns Dekner und Albrecht Haselbach
REGIE: Georg Jacoby
LIEDTEXTE: Fritz Rotter
MUSIK: Franz Grothe
DARSTELLER: Liane Haid, Viktor de Kowa, Otto Wallburg, Olly Gebauer, Fritz Schulz, Gertrud Wolle, u. a.
Musiknummern:
Auch ich träum' so gern von der Liebe
Gesang: Liane Haid
Auf zum Karneval
Ich such' dich, Madonna
Mein Liebling, wo bist du
Sag mir, wer du bist
Gesang: Liane Haid, Eric Helgar

Englische Version: *Tell Me Who Are You*
Österreichischer Titel: *Madonna, wo bist du*

Walzerkrieg (*Deutschland 1933*)
Musikalische Ausstattungskomödie
UA: 4. 10. 1933 Berlin
PRODUKTION: Universum Film AG (UFA)
DREHBUCH: Hans Müller, Robert Liebmann
REGIE: Ludwig Berger
LIEDTEXT: Hanns Dekner
MUSIK: Franz Grothe, Alois Melichar nach Motiven von Johann Strauß und Joseph Lanner
DARSTELLER: Renate Müller, Willy Fritsch, Adolf Wohlbrück, Paul Hörbiger, Theo Lingen, Rose Barsony, Karl Stepanek, u. a.
Musiknummer:
An der Donau, wenn der Wein blüht
(mit Alois Melichar)
Gesang: Renate Müller

Französische Version: *La guerre des valses*

Zwei im Sonnenschein (*Deutschland 1933*)
Lustspiel
UA: 2. 11. 1933 Leipzig
PRODUKTION: T. K. Tonfilmproduktion GmbH
DREHBUCH: Johannes Riemann
REGIE: Georg Jacoby
Liedtexte: Hans Martin Cremer
MUSIK: Franz Grothe
DARSTELLER: Charlotte Ander, Viktor de Kowa, Vera Liessem, Oscar Sabo, Kurt Vespermann, Theo Lingen, u. a.
Musiknummern:
Wenn draußen lacht der Sonnenschein
Wir lassen uns nicht unterkrieg'n

Österreichischer Titel: *Wenn der Mensch verliebt ist*

Das Schloß im Süden (*Deutschland 1933*)
Liebeskomödie
UA: 16. 11. 1933 Düsseldorf
PRODUKTION: Boston-Films Company GmbH
DREHBUCH: Hans H. Zerlett
REGIE: Géza von Bolváry
LIEDTEXTE: Willy Dehmel, Hans Hannes
MUSIK: Franz Grothe
DARSTELLER: Liane Haid, Viktor de Kowa, Paul Kemp, Max Gülstorff, Eric Ode, Fritz Odemar, u. a.
Musiknummern:
Für dich und mich ein kleines Schloß im Süden
Gesang: Viktor de Kowa
Ich habe eine kleine stille Liebe
Gesang: Liane Haid
Intermezzo
Von Sankt Pauli bis Haiti

Englische Version: *Dream Castle*
Französische Version: *Château de rêve*

Château de rêve (*Frankreich 1933*)
(Un château dans la midi)
Französische Version von *Das Schloß im Süden*
UA: 8. 12. 1933 Paris

Filmographie

PRODUKTION: Boston-Film GmbH
DREHBUCH: Hans H. Zerlett
REGIE: Géza von Bolváry, Henri-Georges Clouzot
MUSIK: Franz Grothe
Dartsteller: Edith Méra, Jaque Catelein, Lucien Baroux, Adrien le Gallo, Danielle Darieux, Roger Dann, Marcel André, Vivian Grey, u. a.

Musiknummern:
Je n'ai qu'un cœur
Le vrai marin

Keine Angst vor Liebe *(Deutschland 1933)*
Musikalisches Lustspiel
UA: 12.12.1933 Berlin
PRODUKTION: Ideal-Film GmbH
DREHBUCH: Walter Pieper, Charlie Roellinghoff nach einer Idee von Dr. Eger
REGIE: Hans Steinhoff
LIEDTEXTE: Willy Dehmel
MUSIK: Franz Grothe
DARSTELLER: Liane Haid, Adolf Wohlbrück, Jessie Vihrog, Theo Lingen, Ralph Arthur Roberts, Hilde Hildebrand, u. a.

Musiknummern:
Hab keine Angst vor Liebe
Gesang: Liane Haid
So ein Kuß kommt von allein
Gesang: Liane Haid, Ralph Arthur Roberts

La guerre des valses *(Frankreich 1933)*
Französische Version von *Walzerkrieg*
UA: 15.12.1933 Paris
PRODUKTION: UFA/ACE
DREHBUCH: Hans Müller, Robert Liebmann
REGIE: Ludwig Berger, Raoul Ploquin
MUSIK: Franz Grothe, Alois Melichar nach Motiven von Johann Strauß und Joseph Lanner
DARSTELLER: Janine Crispin, Fedinand Gravey, Fernand Charpin, Pierre Mingand, Arletty, Maximilienne, Paul Olivier, Eric Roiné, Madeleine Ozeray, Armand Dranem, u. a.

Musiknummer:
Valse tendre, valse blonde
(mit Alois Melichar)

La ragazza dal livido azzuro
(Italien/Deutschland 1933)
(La signorina dal livido azzurro)
Musikalische Verwechslungskomödie
UA: 1. Dezember 1933
PRODUKTION: Persic-Itala-Film S. A., Rom/Itala-Film GmbH, Berlin
DREHBUCH: Oreste Biancoli nach Herbert Rosenfeld und F. D. Andam (d. i. Friedrich Dammann) nach der Novelle »... und wer küßt mich?« von Herbert Rosenfeld und F. D. Adam
REGIE: Emmerich W. Emo
MUSIK: Franz Grothe
DARSTELLER: Hilda Springer, Sergio Tofano, Renato Cialente, Eva Magni, Enrico Viarisio, Pina Renzi, Celeste Almieri Calza

Deutsche Version: *Und wer küßt mich*

Zwischen zwei Herzen *(Deutschland 1933)*
Liebeskomödie
UA: 30.1.1934 Berlin
PRODUKTION: Terra-Film AG
DREHBUCH: Curt Johannes Braun nach dem Roman »Ulla, die Tochter« von Werner Scheff
REGIE: Herbert Selpin
LIEDTEXT: Hermann Schulenburg
MUSIK: Franz Grothe
DARSTELLER: Luise Ullrich, Harry Liedtke, Olga Tschechowa, Fritz Odemar, Paul Henckels, Erna Morena, Paul Heidemann, u. a.

Musiknummer:
Frühling und Liebe

Österreichischer Titel: *Mein liebes, dummes Mädel*

Filmographie

Ich kenn' dich nicht und liebe dich
(Deutschland 1933)
Musikalische Komödie
UA: 1.2.1934 Nürnberg
PRODUKTION: Boston-Films Company mbH
DREHBUCH: Walter Jerven, Hans Rameau
REGIE: Géza von Bolváry
LIEDTEXTE: Willy Dehmel
MUSIK: Franz Grothe
DARSTELLER: Willi Forst, Magda Schneider, Olga Limburg, Max Gülstorff, Theo Lingen, Fritz Odemar, u. a.

Musiknummern:
Ich liebe dich und kenn' dich nicht
Gesang: Magda Schneider, Willi Forst
Laßt Blumen sprechen
Gesang: Magda Schneider, Willi Forst
Wenn man sucht, wird man finden
Gesang: Willi Forst

Französische Version: *Toi que j'adore*
Österreichischer Titel: *Frühlingsnächte in Nizza*

Toi que j'adore *(Frankreich 1933)*
Französische Version von *Ich kenn' dich nicht und liebe dich*
Musikalische Komödie
UA: 9.3.1934 Paris
DREHBUCH: Walter Jerven, Hans Rameau, Albert Valentin
REGIE: Albert Valentin, Géza von Bolváry
MUSIK: Franz Grothe
DARSTELLER: Jean Murat, Edwige Feuillère, Violaine Barry, Charles Dechamps, Geogette Delmarès, Angelo Ferrari, Henry Houry, Pierre Juvenet, Frank O'Neill, Pierre Piérade, Georges Saillard, Pierre Sergeol

Fräulein Frau *(Deutschland 1933)*
Lustspiel
UA: 23.2.1934 Leipzig
PRODUKTION: T.K.-Tonfilmproduktion GmbH
DREHBUCH: Axel Eggebrecht nach dem gleichnamigen Lustspiel von Ludwig Fulda
REGIE: Carl Boese
LIEDTEXT: Bruno Balz
MUSIK: Franz Grothe
DARSTELLER: Jenny Jugo, Paul Hörbiger, Anton Pointner, Olga Limburg, Hans Herrmann Schaufuß, Fritz Odemar, u. a.

Musiknummer:
Das macht die Liebe
Gesang: Jenny Jugo, Paul Hörbiger

Es tut sich was um Mitternacht
(Deutschland 1933)
(Ein Mädel mit Tempo)
Kriminallustspiel
UA: 19.3.1934 Berlin
PRODUKTION: T. K.-Tonfilmproduktion GmbH
DREHBUCH: Robert A. Stemmle nach dem Roman »Susi macht alles« von K. R. C. Browne
REGIE, LIEDTEXTE: Robert A. Stemmle
MUSIK: Franz Grothe
DARSTELLER: Dolly Haas, Albert Lieven, Leopoldine Konstantin, Ralph Arthur Roberts, Oskar Sima, u. a.

Musiknummern:
Eine Jungfrau ward erzogen
In des Gartens dunkler Laube
Räuberballade

Heinz im Mond *(Deutschland 1934)*
(Hans im Mond)
Musikalisches Lustspiel
UA: 5.9.1934 Berlin
PRODUKTION: Cicero-Filmproduktion GmbH
DREHBUCH: Robert A. Stemmle nach dem Roman »Un cœur et deux paillassons« (»Ein Herz und zwei Strohmatten«) von Marcel Arnac
REGIE: Robert A. Stemmle

Filmographie

MUSIK: Franz Grothe
DARSTELLER: Heinz Rühmann, Annemarie Sörensen, Oskar Sima, Rudolf Platte, Fita Benkhoff, Hans Leibelt, u. a.

Österreichischer Titel: *Zwischen den Bräuten*

So endete eine Liebe *(Deutschland 1934)*
Historischer Liebesroman
UA: 18. 10. 1934 Berlin
PRODUKTION: Cine-Allianz Tonfilm GmbH, Berlin
DREHBUCH: Karl Hartl, Walter Reisch
REGIE: Karl Hartl
LIEDTEXTE: Hermann Schulenburg
MUSIK: Franz Grothe
DARSTELLER: Paula Wessely, Willi Forst, Gustaf Gründgens, Erna Morena, Maria Koppenhöfer, Gustl Waldau, Franz Herterich, u. a.

Musiknummer:
Lied der Erzherzogin Maria Luise
So endete eine Liebe (Fantasie nach dem Lied der Erzherzogin)

Italienischer Titel: *Cosi fini un amore*

Aufforderung zum Tanz
(Deutschland 1934)
(Der Weg Carl Maria von Weber's)
Künstlermilieu
UA: 4. 12. 1934 Leipzig
PRODUKTION: Cicero-Film GmbH
DREHBUCH: Hans Martin Cremer
REGIE: Rudolf van der Noss
LIEDTEXT: Edith Hamann
MUSIK: Franz Grothe nach Motiven von C. M. von Weber
DARSTELLER: Willi Domgraf-Fassbaender, Eliza Illiard, Eugen Rex, Margot Köchlin, u. a.

Musiknummern:
Gondoliere
Gesang: Willi Domgraf-Fassbaender

Ihr größter Erfolg *(Deutschland 1934)*
(Therese Krones)
Musikalische Komödie im Künstlermilieu
UA: 20. 12. 1934 Stuttgart
PRODUKTION: T. K. Tonfilmproduktion GmbH und Cine-Allianz Tonfilm GmbH
DREHBUCH: Hans H. Fischer, Hertha von Gebhardt, Ernst Marischka
REGIE: Johannes Meyer
LIEDTEXTE: Ernst Marischka
MUSIK: Franz Grothe
DARSTELLER: Marta Eggerth, Aribert Mog, Leo Slezak, Gustl Waldau, Max Gülstorff, Theo Lingen, Albrecht Schoenhals, u. a.

Musiknummern:
Erst eine Walzernacht
Ich bin heut so froh
Ich träume immer nur von dem einen
alle Titel gesungen von Marta Eggerth

Englischer Titel: *Her Greatest Success*
Französischer Titel: *Son plus grand succès*
Italienischer Titel: *Il suo piú grande successo* (Teresa Krones)

Peter, Paul und Nanette *(Deutschland 1934)*
Musikalische Komödie
UA: 15. 1. 1935 Berlin
PRODUKTION: Czerny-Produktion GmbH
Drehbuch, REGIE: Erich Engels
LIEDTEXTE: Willy Dehmel
MUSIK: Franz Grothe
DARSTELLER: Hermann Thimig, Hans Junkermann, Hilde Krüger, Paul Heidemann, Olga Limburg, Paul Henckels, Hilde Hildebrand, Hans Richter, Jupp Hussels, Paula Denk, Jakob Tiedtke, u. a.

Musiknummern:
Nanett', Nanett', ich hab' für Sie ein Telegramm
Gesang: Paula Denk, Hilde Krüger
Und die ganze Welt spricht von Nanette
Gesang: Paul Heidemann, Hermann Thimig

Womit kann man glücklich machen
Gesang: Hermann Thimig, Hilde Krüger

Winternachtstraum *(Deutschland 1934)*
Musikalisches Lustspiel
UA: 13. 2. 1935 Heidelberg
PRODUKTION: Boston-Films Co. mbH
DREHBUCH: Ernst Marischka
REGIE: Géza von Bolváry
LIEDTEXTE: Ernst Marischka
MUSIK: Franz Grothe
DARSTELLER: Magda Schneider, Wolf Albach-Retty, Hans Moser, Theo Lingen, Richard Romanowsky, Gustl Waldau, Hubert von Meyerinck, Eric Ode, Walter Steinbeck, u. a.

Musiknummern:
Mir geht's immer »Danke schön«
Gesang: Magda Schneider, Wolf Albach-Retty
Schön ist so ein stiller Winternachtstraum
Was ist das Leben, wenn du mich nicht liebst
Gesang: Magda Schneider, Wolf Albach-Retty

Die blonde Carmen *(Deutschland 1935)*
Operetten- und Künstlermilieu
UA: 7. 8. 1935 Leipzig
PRODUKTION: Cine-Allianz Tonfilmproduktion GmbH
DREHBUCH: Hans H. Zerlett nach dem Bühnenstück »Sie hat natürlich recht« von Roland Schacht
REGIE: Viktor Janson
LIEDTEXTE: Hans Hannes, Willy Dehmel
MUSIK: Franz Grothe
DARSTELLER: Marta Eggerth, Wolfgang Liebeneiner, Leo Slezak, Ida Wüst, Else Kochhan, Ellen Frank, Hans Leibelt, Josef Eichheim, u. a.

Musiknummern:
Es liegt mir so im Blute drin
Musikanten sind da (Mein Herz will ich dir schenken)
Schön wie der junge Frühling
alle Lieder gesungen von Marta Eggerth
Cancan

Der Ammenkönig *(Deutschland 1935)*
(Das Tal des Lebens)
(Das Tal der Liebe)
Sittenmilieu
UA: 5. 12. 1935 Berlin
PRODUKTION: Centropa-Film GmbH
DREHBUCH: Axel Eggebrecht, Ernst Hasselbach, Erich Kröhnke nach einer Komödie von Max Dreyer
REGIE: Hans Steinhoff
LIEDTEXT: Richard Billinger
MUSIK: Franz Grothe
DARSTELLER: Käthe Gold, Richard Romanowsky, Marieluise Claudius, Erika von Thellmann, Fita Benkhoff, Gustav Knuth, Theo Lingen, u. a.

Musiknummern:
Intermezzo
Lied der Markgräfin
Gesang: Käthe Gold

Italienischer Titel: *Il paese delle balie*

Verlieb dich nicht am Bodensee
(Deutschland 1935)
(Liebe am Bodensee)
(Eine Serenade für dich)
Sängerfilm
UA: 21. 12. 1935 Hannover
PRODUKTION: Alpha-Filmproduktion GmbH
DREHBUCH: H. Fritz Köllner
REGIE: Carl Heinz Wolff
LIEDTEXTE: Willy Dehmel
MUSIK: Franz Grothe
DARSTELLER: Helge Rosvaenge, Maria Beling, Paul Henckels, Hermann Speelmans, Carl Beckersachs, u. a.

Musiknummern:
  Es ist eine gar alte Weise
  Heute ist für mich die ganze Welt viel zu klein
  beide Lieder gesungen von Helge Rosvaenge
  Ein kleiner Scheck, ein bißchen Schick

Österreichischer Titel: *Reise in die Ehe*

Die lustigen Weiber (*Deutschland 1935*)
Musikalisches Lustspiel
UA: 24.1.1936 Berlin
PRODUKTION: Cine-Allianz-Tonfilmproduktion GmbH
DREHBUCH: Georg Zoch
REGIE: Carl Hoffmann
MUSIK: Franz Grothe, Ernst Fischer
DARSTELLER: Magda Schneider, Leo Slezak, Ida Wüst, Otto Wernicke, Willi Schaeffers, Maria Krahn, u. a.

Die Entführung (*Deutschland 1935*)
Gesellschaftsmilieu
UA: 1.4.1936 Leipzig
PRODUKTION: Boston-Film Company mbH
DREHBUCH: Wolf Neumeister nach der gleichnamigen Komödie von Paul Armont und Marcel Gerbidon
REGIE: Géza von Bolváry
LIEDTEXTE: Hans Fritz Beckmann
MUSIK: Franz Grothe
DARSTELLER: Gustav Fröhlich, Marieluise Claudius, Theo Lingen, Elsa Wagner, Walter Janssen, Lola Chlud, u. a.
Musiknummern:
  Weißt du
  Gesang: Paul Dorn
  Die Welt ist schön, Herr Kapitän
  Gesang: Metropol Vokalisten

Österreichischer Titel: *Entführung an der Riviera*

Die Liebe des Maharadscha
(*Italien/Deutschland/Österreich 1936*)
(Eine Frau zwischen zwei Welten)
Deutsche Version von *Una donna fra due mondi*
Abenteuer- und Künstlermilieu
UA: 15.4.1936 Wien
PRODUKTION: Astra-Film S.A., Rom, Bavaria Film AG, Horus-Film GmbH, Wien
DREHBUCH: Georg C. Klaren, Corrado Alvaro
REGIE: Arthur Maria Rabenalt
LIEDTEXT: Willy Dehmel
MUSIK: Franz Grothe
DARSTELLER: Gustav Dießl, Hilde von Stolz, Isa Miranda, Attila Hörbiger, Vasa Prihoda, u. a.
Musiknummern:
  Gestern, heute und morgen
  Gesang: Isa Miranda
  Intermezzo
  Melodie
  beide gespielt von Vasa Prihoda, Violine

Österreichischer Titel: *Die weiße Frau des Maharadscha*

Das Schloß in Flandern (*Deutschland 1936*)
Sängerfilm
UA: 14.8.1936 Berlin
PRODUKTION: Tobis-Magna-Filmproduktion GmbH
DREHBUCH: Curt Johannes Braun
REGIE: Géza von Bolváry
LIEDTEXTE: Willy Dehmel
MUSIK: Franz Grothe, unter Verwendung eines Walzers von Johan Strauß (Sohn)
DARSTELLER: Marta Eggerth, Paul Hartmann, Georg Alexander, Hilde Weißner, Sabine Peters, Otto Wernicke, Kurt Seifert, Willi Schaeffers, u. a.
Musiknummern:
  Ein neues Leben fängt an
  Herz, du kennst meine Sehnsucht

Maschinenlied »Mensch mit Herz«
alle Titel gesungen von Marta Eggerth

Una donna fra due mondi *(Italien/ Deutschland 1936)*
Abenteuer- und Künstlermilieu
Uraufführung: Oktober 1936
PRODUKTION: Cariddi Oreste Barbieri Astra Film
DREHBUCH: Georg C. Klaren, Corrado Alvaro
REGIE: Goffredo Alessandrini, Arthur Maria Rabenalt
LIEDTEXT: Arnoldo Tazzonelli
MUSIK: Franz Grothe
DARSTELLER: Isa Miranda, Mario Ferrari, Giulio Donadio, Vasa Prihoda, Celeste Almieri Calza, Corrado Alvaro, Oreste Bilancia, Angelo Bizzarri, Olinto Cristina, u. a.
Musiknummern:
Canzone del mio cuore
Gesang: Isa Miranda
Intermezzo
Melodie
beide gespielt von Vasa Prihoda, Violine

Deutsche Version: *Die Liebe des Maharadscha*
US-Version: *A Woman Between Two Worlds* (1940)

Wo die Lerche singt
(Deutschland/Schweiz/Ungarn 1936)
Musikalisches Lustspiel
UA: 30.10.1936 Berlin
PRODUKTION: Film AG Berna, Bern – Budapest – Berlin
DREHBUCH: Géza von Czifra nach Motiven der gleichnamigen Operette von Arthur Maria Willner, Heinz Reichert und Franz Lehár
REGIE: Carl Lamac [Karel Lamač]
MUSIK: Franz Lehár, Franz Grothe, Johann Strauß II

DARSTELLER: Marta Eggerth, Hans Söhnker, Lucie Englisch, Fritz Imhoff, Rudolf Carl, Alfred Neugebauer, u. a.

Ungarische Version: *Pacsirta*
(Diese Version wurde nicht hergestellt.)

Pat und Patachon im Paradies
(Österreich 1937)
Lustspiel
UA: 22.10.1937 Berlin
PRODUKTION: Atlantis-Film GmbH, Wien
DREHBUCH: Karl Peter Gillmann, Georg Zoch nach dem Bühnenstück »Eine Insel entdeckt« von Karl von Stigler
REGIE: Carl Lamac [Karel Lamač]
LIEDTEXTE: Willy Dehmel
MUSIK: Franz Grothe, Paul Hühn
DARSTELLER: Pat und Patachon, Karl Schenstrøm, Harald Madsen, Lucie Englisch, Mady Rahl, Rudolf Carl, u. a.
Musiknummern:
Das ist Tanzmusik
(Fantasie in Harmonien)
Mir ist heut' wie Sonntag

Österreichischer Titel: *Eine Insel wird entdeckt*

Immer, wenn ich glücklich bin
(Österreich 1937)
(Das lockende Spiel)
Musikalisches Lustspiel
UA: 20.1.1938 Berlin/21.1.1938 Wien
PRODUKTION: Projetograph-Film GmbH
DREHBUCH: Ernst Marischka
REGIE: Carl Lamac [Karel Lamač]
LIEDTEXTE: Ernst Marischka
MUSIK: Franz Grothe
DARSTELLER: Marta Eggerth, Paul Hörbiger, Lucie Englisch, Frits van Dongen, Hans Moser, Theo Lingen, u. a.
Musiknummern:
Eine Sehnsucht brennt so heiß in mir
Immer, wenn ich glücklich bin
Manola

Warum ist in Wien gerade der Walzer zu Haus
alle vier Lieder gesungen von Marta Eggerth
Man darf nicht zu schwarz seh'n
Gesang: Paul Hörbiger, Hans Moser
US-Titel: *Waltz Melodies*

Die fromme Lüge *(Deutschland 1938)*
Künstlermilieu
UA: 25.3.1938 Aachen
PRODUKTION: Terra
DREHBUCH: Philipp Lothar Mayring, H. G. Petersson nach einem Bühnenstück von Hadrian M. Netto und H. von Puttkamer
REGIE: Nunzio Malasomma
LIEDTEXT: Willy Dehmel
MUSIK: Franz Grothe unter Verwendung von Opernmelodien
DARSTELLER: Pola Negri, Josefine Dora, Hermann Braun, Harald Paulsen, Herbert Hübner, Hans Leibelt, Walter Groß, u. a.
Musiknummer:
Du gehörst zu mir
Die Goldene Sieben

Diskretion – Ehrensache *(Deutschland 1938)*
(Frechheit siegt*)*
Lustspiel
UA: 23.8.1938 Dresden
PRODUKTION: Cine-Allianz Tonfilmproduktion GmbH
DREHBUCH: H. W. Becker, G. von Großschmidt, Rolf Meyer, Kurt E. Walter nach dem Roman »Glück muß der Mensch haben« von Hannes Peter Stolp
REGIE: Johannes Meyer
LIEDTEXT: Willy Dehmel
MUSIK: Franz Grothe
DARSTELLER: Heli Finkenzeller, Hans Holt, Ralph Arthur Roberts, Ida Wüst, Theo Lingen, Fita Benkhoff, u. a.
Musiknummer:
Süße kleine Lady
US-Titel: *Discretion with Honor*

Geheimzeichen LB 17 *(Deutschland 1938)*
Spionage- und Kriminalfilm
UA: 9.8.1938 Berlin
PRODUKTION: Terra-Filmkunst GmbH
DREHBUCH: Ludwig Metzger, Berthold Ebbecke und Philipp Lothar Mayring
REGIE: Viktor Tourjansky
LIEDTEXTE: Willy Dehmel
MUSIK: Franz Grothe
DARSTELLER: Willy Birgel, Hilde Weißner, Bernhard Minetti, Otto Wernicke, Theodor Loos, René Deltgen, u. a.
Musiknummern:
Abends, wenn alle Menschen schlafen
Auf den Flügeln bunter Träume
Gesang: Doddy Delissen

Rote Orchideen *(Deutschland 1938)*
Spionage- und Kriminalfilm
UA: 8.9.1938 Berlin
PRODUKTION: F.D.F. – Fabrikation deutscher Filme GmbH
DREHBUCH: Philipp Lothar Mayring, H. G. Petersson, Kurt Heuser
REGIE: Nunzio Malasomma, Walter Janssen
LIEDTEXTE: Willy Dehmel
MUSIK: Franz Grothe
DARSTELLER: Olga Tschechowa, Albrecht Schoenhals, Hans Nielsen, Camilla Horn, Walter Janssen, Herbert Hübner, Ursula Herking, u. a.
Musiknummer:
Durch die Nacht klingt ein Lied

Napoleon ist an allem schuld
(Deutschland 1938)
Musikalische Satire
UA: 29.11.1938 Berlin
PRODUKTION: Tobis-Filmkunst GmbH, Berlin
DREHBUCH: Curt Goetz, Karl Peter Gillmann
REGIE: Curt Goetz
LIEDTEXTE: Willy Dehmel

MUSIK: Franz Grothe unter Verwendung der französischen Volksweise *Joli Tambour*
DARSTELLER: Curt Goetz, Valerie von Martens, Else von Möllendorff, Kirsten Heiberg, Paul Henckels, Max Gülstorff, Rudolf Schündler, Eduard von Winterstein, u. a.

Musiknummern:
Es war ein Mädchen und ein Matrose
Gesang: Valerie von Martens
Kleiner Tambour
Gesang: Curt Goetz
Warum hat der Napoleon
Gesang: Kirsten Heiberg
Wir sind des Kaisers heimliche Armee

Italienischer Titel: *Mariti a Congresso*
Spanischer Titel: *Napoleon tiene la culpa*

Das Abenteuer geht weiter
(Deutschland 1938)
(Jede Frau hat ein süßes Geheimnis)
Musikalisches Lustspiel
UA: 24. 2. 1939 Hamburg
PRODUKTION: Bavaria-Filmkunst GmbH
DREHBUCH: Ernst Marischka nach der Filmnovelle »Ein kleines Lied« von Dinah Nelken
REGIE: Carmine Gallone
LIEDTEXTE: Ernst Marischka
MUSIK: Franz Grothe
DARSTELLER: Johannes Heesters, Maria von Tasnady, Gusti Wolf, Paul Kemp, Theo Lingen, Richard Romanowsky, u. a.

Musiknummern:
Jede Frau hat ein süßes Geheimnis
Meine Welt, die bist du
beide Titel gesungen von Johannes Heesters

Schweizer Titel: *Das Erlebnis geht weiter*
US-Titel: *Another Experience*

Castelli in aria *(Italien/Deutschland 1938)*
Theater- und Gesellschaftsmilieu
UA: 19. 3. 1939 Venedig
PRODUKTION: Astra-Film, Rom/UFA
DREHBUCH: Alessandro de Stefani, Franz Tanzler nach der Novelle »Drei Tage im Paradies« von Franz Franchy
REGIE: Augusto Genina
LIEDTEXTE: C. della Gatta
MUSIK: Franz Grothe, Giovanni d'Anzi
DARSTELLER: Lilian Harvey, Vittorio de Sica, Otto Treßler, Hilde von Stolz, Fritz Odemar, Carla Sveva, Rio Nobile, Umberto Sacripanti, Nino Altieri, Federico de Martino, Jolanda d'Andrea, Cesare Gambardelli, u. a.

Musiknummern:
Ecco la felicità
La vita è uno splendor
beide Titel gesungen von Lilian Harvey

Deutsche Version: *Ins blaue Leben*

Ins blaue Leben *(Italien/Deutschland 1938)*
Deutsche Version von *Castelli in aria*
Theater- und Gesellschaftsmilieu
UA: 4. 4. 1939 Wien
PRODUKTION: Astra-Film, Rom/UFA
DREHBUCH: Alessandro de Stefani, Franz Tanzler nach der Novelle »Drei Tage im Paradies« von Franz Franchy
REGIE: Augusto Genina
LIEDTEXTE: Willy Dehmel
MUSIK: Franz Grothe, Giovanni d'Anzi
DARSTELLER: Lilian Harvey, Vittorio de Sica, Otto Treßler, Hilde von Stolz, Fritz Odemar, Annie Rosar, u. a.

Musiknummern:
Guten Tag, liebes Glück
Das Leben ist so schön
beide Titel gesungen von Lilian Harvey

Der Vorhang fällt *(Deutschland 1939)*
(Schuß im Rampenlicht)
Kriminalfilm
UA: 13. 7. 1939 Berlin

Filmographie

PRODUKTION: Universum Film AG (UFA)
DREHBUCH: Georg Zoch nach dem Kriminalstück »Schuß im Rampenlicht« von Paul van der Hurk
REGIE: Georg Jacoby
LIEDTEXTE: Willy Dehmel
MUSIK: Franz Grothe
DARSTELLER: Anneliese Uhlig, Elfie Mayerhofer, Hilde Sessak, Gustav Knuth, Rudolf Fernau, Rudolf Platte, Lina Carstens, Hans Brausewetter, u.a.

Musiknummern:
Katharina, hab Erbarmen
Gesang: Anneliese Uhlig
Man kann sein Herz nur einmal verschenken
Gesang: Herbert Ernst Groh, Margarethe Slezak
Vorbei – Vorbei
Gesang: Hilde Sessak
Warum bin ich denn bloß kein Torero
Gesang: Metropol Vokalisten

Ehe in Dosen *(Deutschland 1939)*
Künstler- und Gesellschaftsmilieu
UA: 18.8.1939 Elbing
PRODUKTION: Cine-Allianz-Tonfilmproduktion GmbH
DREHBUCH: Rudolf F. Klein, Johannes Meyer frei nach dem gleichnamigen Theaterstück von Leo Lenz und Ralph Arthur Roberts
REGIE: Johannes Meyer
LIEDTEXTE: Willy Dehmel
MUSIK: Franz Grothe
DARSTELLER: Leny Marenbach, Grethe Weiser, Johannes Riemann, Ralph Arthur Roberts, Hilde Weißner, Hilde Hildebrand, Rudolf Platte, u.a.

Musiknummern:
Das gewisse Etwas
Gesang: Grethe Weiser
Schließ deine Augen und träume
Gesang: Hilde Weißner

Alarm auf Station III *(Deutschland 1939)*
Kriminal- und Abenteuerfilm
UA: 27.11.1939 Frankfurt/Main
PRODUKTION: Terra-Filmkunst GmbH
Drehbuch, REGIE: Philipp Lothar Mayring
LIEDTEXTE: Philipp Lothar Mayring, Willy Dehmel
MUSIK: Franz Grothe
DARSTELLER: Gustav Fröhlich, Kirsten Heiberg, Hans Nielsen, Jutta Freybe, Walter Franck, Aribert Wäscher, Berta Drews, Karl Dannemann, u.a.

Musiknummern:
Ich brauche einen Mann
Mein lieber Freund, Sie sind heut' eingeladen
My Boy, warum bist du heute so ernst
alle drei Lieder gesungen von Kirsten Heiberg
Warum, weshalb und wieso

Der singende Tor *(Italien/Deutschland 1939)*
(Der Gang in die Nacht)
(Mord um Mitternacht)
Sänger- und Kriminalfilm
UA: 22.12.1939 Nürnberg
PRODUKTION: Itala-Film S.A., Rom-Berlin
DREHBUCH: L. A. C. Müller nach einer Idee von Max W. Kimmich
REGIE: Johannes Meyer
LIEDTEXT: Willy Dehmel
MUSIK: Franz Grothe, Franco Casavola, Ernesto de Curtis, Riccardo Zandonai
DARSTELLER: Beniamino Gigli, Kirsten Heiberg, Werner Fuetterer, Hans Olden, Hilde Körber, Elsa Wagner, Rudolf Platte, Friedrich Kayßler, u.a.

Musiknummer:
Ja und Nein
Gesang: Kirsten Heiberg

Italienischer Titel: *La casa lontana*

Tobis Trichter III *(Deutschland 1939)*
Kurzfilm

Film-Feuilleton mit Spielszenen unter Verwendung von Dokumentarmaterial und Ausschnitten aus Spielfilmen, enthält u. a. »Kleine Schallplattenstunde mit Kirsten Heiberg und Franz Grothe«
PRODUKTION: Tobis
REGIE: Franz Schröder
MUSIK: Franz Grothe
DARSTELLER: Franz Grothe, Kirsten Heiberg, Jupp Hussels, Emil Jannings, Harry Piel

Frauen sind doch bessere Diplomaten
(Deutschland 1939-41)
Musikalische Liebeskomödie
UA: 31.10.1941 Berlin
PRODUKTION: Universum Film AG (UFA)
DREHBUCH: Karl Georg Külb, Gustav Kampendonk
REGIE: Georg Jacoby
LIEDTEXTE: Willy Dehmel
MUSIK: Franz Grothe
DARSTELLER: Marika Rökk, Willy Fritsch, Georg Alexander, Erika von Thellmann, Aribert Wäscher, Hans Leibelt, Ursula Herking, Edith Oss, Karl Kuhlmann, Erich Fiedler, u. a.
Musiknummern:
  Ach, ich liebe alle Frauen
  Einen Walzer für dich und für mich
  Musik, die nie verklingt (nach Josef Strauß)
  Wenn ein junger Mann kommt
  alle vier Titel gesungen von Marika Rökk
  Erst ein Tsching, dann ein Bum
  Mädel, nicht weinen
A: Erster deutscher Farbspielfilm mit Drehbeginn: Juli 1939. Durch die ständige Verbesserung des Farbfilmverfahrens hat sich die Fertigstellung immer wieder verzögert.

Rote Mühle *(Deutschland 1939)*
Lustspiel und Nachtlokalmilieu
UA: 11.1.1940 Berlin
PRODUKTION: Aco-Film GmbH
DREHBUCH: Kurt E. Walter nach dem gleichnamigen Theaterstück von Jürgen von Alten
REGIE: Jürgen von Alten
LIEDTEXTE: Willy Dehmel
MUSIK: Franz Grothe
DARSTELLER: Ida Wüst, Theo Lingen, Grethe Weiser, Rudolf Platte, Paul Westermeier, Edith Oss, u. a.
Musiknummern:
  Ja, ja, das männliche Geschlecht
  Der Mensch hat außen ein Gesicht
  beide Titel gesungen von Grethe Weiser

Achtung! Feind hört mit
(Deutschland 1940)
Spionage- und Abenteuerfilm
UA: 3.9.1940 Berlin
PRODUKTION: Terra-Filmkunst GmbH
DREHBUCH: Kurt Heuser nach einer Idee von Georg C. Klaren
REGIE: Arthur Maria Rabenalt
LIEDTEXT: Willy Dehmel
MUSIK: Franz Grothe
DARSTELLER: Kirsten Heiberg, Rolf Weih, Christian Kayssler, René Deltgen, Michael Bohnen, Lotte Koch, Rudolf Schündler, Ernst Waldow, Erich Ponto, u. a.
Musiknummer:
  Zärtliche Musik und du
  Gesang: Kirsten Heiberg

Rosen in Tirol *(Deutschland 1940)*
Lustspiel und Operettenmilieu
UA: 5.12.1940 Berlin
PRODUKTION: Terra-Filmkunst GmbH
DREHBUCH: Ernst Marischka nach der Operette »Der Vogelhändler« von Carl Zeller
REGIE: Géza von Bolváry
LIEDTEXTE: Ernst Marischka
MUSIK: Franz Grothe unter Verwendung von Operettenmelodien von Carl Zeller
DARSTELLER: Marte Harell, Johannes Hee-

Filmographie

sters, Theo Lingen, Hans Moser, Theodor Danegger, Leo Slezak, Erika von Thellmann, Hans Holt, Josef Eichheim, u. a.
Musiknummern:
Hoch drob'n auf dem Berg
Gesang: Hans Holt und Chor
Ständchen »Mach doch dein kleines Fenster auf«
Gesang: Johannes Heesters

Italienischer Titel: *Baruffe d'amore*

Die schwedische Nachtigall
(Deutschland 1940 / 41)
Theater- und Gesellschaftsmilieu
UA: 9.4.1941 Leipzig
PRODUKTION: Terra-Filmkunst GmbH
DREHBUCH: Gert von Klaß, Per Schwenzen nach dem Schauspiel »Gastspiel in Kopenhagen« von Friedrich Forster-Burggraf
REGIE: Peter Paul Brauer
LIEDTEXTE: Willy Dehmel
MUSIK: Franz Grothe
DARSTELLER: Ilse Werner, Karl Ludwig Diehl, Joachim Gottschalk, Aribert Wäscher, Hans Leibelt, Volker von Collande, u. a.
Musiknummern:
Lied der Nachtigall (Zauberlied der Nacht)
Postillionlied
beide Lieder gesungen von Erna Berger

Tanz mit dem Kaiser *(Deutschland 1941)*
Musikalische Liebes- und Verwechslungskomödie
UA: 19.12.1941 Wien (28.4.1942 Berlin)
PRODUKTION: Universum-Film AG (UFA)
DREHBUCH: Géza von Cziffra und Friedrich Schreyvogel; nach dem Bühnenstück »Die Nacht in Siebenbürgen« von Nikolas Asztalos
REGIE: Georg Jacoby
LIEDTEXTE: Willy Dehmel
MUSIK: Franz Grothe

DARSTELLER: Marika Rökk, Wolf Albach-Retty, Maria Eis, Hilde von Stolz, Axel von Ambesser, Hans Leibelt, Rudolf Karl, Wilhelm Bendow, Lucie Englisch, u. a.
Musiknummern:
Es kann im Himmel bestimmt auch nicht schöner sein
Frühling in Wien
Gesang: Marika Rökk, Wolf Albach-Retty
Palotás
So schön wie heut', so müßt' es bleiben
Gesang: Marika Rökk

Italienischer Titel: *Ballo con l'imperatore*

Illusion *(Deutschland 1941)*
Künstler- und Gesellschaftsmilieu
UA: 30.12.1941 Berlin
PRODUKTION: Universum-Film AG (UFA)
DREHBUCH: Werner Eplinius, Viktor Tourjansky
REGIE: Viktor Tourjansky
LIEDTEXT: Bruno Balz
MUSIK: Franz Grothe
DARSTELLER: Johannes Heesters, Brigitte Horney, Hilde Sessak, Otto Ernst Hasse, Theodor Danegger, Nikolai Kolin, u. a.
Musiknummern:
Illusion
Ruh dein liebes müdes Herz bei mir aus

Der Strom *(Deutschland 1941)*
(Wenn du noch eine Heimat hast)
(Menschen in Not)
Familiendrama, Deichbauernmilieu
UA: 8.1.1942 Danzig
PRODUKTION: Terra-Filmkunst GmbH
DREHBUCH: Erich Ebermayer, Eberhard Keindorff, Johanna Sibelius nach dem Drama »Der Strom« von Max Halbe
REGIE: Günther Rittau
LIEDTEXT: Willy Dehmel
MUSIK: Franz Grothe

DARSTELLER: Lotte Koch, Hans Söhnker, Friedrich Kayßler, Paul Bildt, Paul Henkkels, Charlott Daudert, E. W. Borchert u.a.

Musiknummer:
Die Zeit der Rosen
Gesang: Charlott Daudert

Hab mich lieb *(Deutschland 1942)*
(Dir zuliebe)
Revuefilm
UA: 8.12.1942 Berlin
PRODUKTION: Universum-Film AG (UFA)
DREHBUCH: Georg Jacoby, Johann von Vaszary, Herbert Witt
REGIE: Harald Braun
LIEDTEXTE: Willy Dehmel
MUSIK: Franz Grothe
DARSTELLER: Marika Rökk, Viktor Staal, Mady Rahl, Hans Brausewetter, Ursula Herking, Hertha Mayen, Willi Witte, Aribert Wäscher, u.a.

Musiknummern:
Es ist nur die Liebe
Ich möchte so gerne
Sing mit mir
3 Titel gesungen von Marika Rökk
Komm und gib mir deine Hand
Gesang: Marika Rökk, Hertha Mayen, Willi Witte

Ein Walzer mit dir *(Deutschland 1942)*
Musikalisches Lustspiel
UA: 12.2.1943 Dresden
PRODUKTION: Berlin-Film GmbH
Drehbuch, REGIE: Hubert Marischka
LIEDTEXTE: Willy Dehmel
MUSIK: Franz Grothe unter Verwendung einer Komposition von Carl Millöcker
DARSTELLER: Lizzi Waldmüller, Albert Matterstock, Rudolf Platte, Grethe Weiser, Walter Müller, Lucie Englisch, u.a.

Musiknummern:
Ein Walzer mit dir
Hört auf die Musik (Tarantella)
Ich bin die Frau, von der man spricht
Ich will dein Schatten sein
Zärtliche Walzermusik
5 Titel gesungen von Lizzi Waldmüller
Mir kann keiner was erzählen
Gesang: Grethe Weiser

Ich vertraue dir meine Frau an
(Deutschland 1942/43)
Gesellschaftsmilieu
UA: 2.4.1943 München
PRODUKTION: Terra-Filmkunst GmbH
DREHBUCH: Bobby E. Lüthge, Berthold Bürger [d.i. Erich Kästner], Helmut Weiß nach dem gleichnamigen Theaterstück von Johann von Vaszary
REGIE: Kurt Hoffmann
LIEDTEXTE: Willy Dehmel
MUSIK: Franz Grothe, Werner Bochmann
DARSTELLER: Heinz Rühmann, Lil Adina, Else von Möllendorff, Paul Dahlke, Werner Fuetterer, Kurt von Ruffin, Alexa von Porembsky, Wilhelm Bendow, Ralph Lothar, u.a.

Musiknummer:
Allerschönste aller Frauen
Gesang: Kurt von Ruffin, Orchester Willi Stech

Italienischer Titel: *Ti affido mia moglie*
Schwedischer Titel: *Ta hand om min fru*

Liebespremiere *(Deutschland 1943)*
(Bist du verliebt?)
(Intimitäten)
Künstler- und Theatermilieu
UA: 11.6.1943 Köln
PRODUKTION: Terra-Filmkunst GmbH
DREHBUCH: Willy Clever, Ellen Fechner nach einer Idee von Géza von Cziffra, sowie Motiven des Musikalischen Lustspiels »Axel an der Himmelstür« von Ralph Benatzky

REGIE: Arthur Maria Rabenalt
LIEDTEXTE: Bruno Balz
MUSIK: Franz Grothe
DARSTELLER: Hans Söhnker, Kirsten Heiberg, Margot Hielscher, Fritz Odemar, Rolf Weih, Charlott Daudert, Rudolf Schündler, u.a.

Musiknummern:
Heute nacht woll'n wir den Teufel tanzen seh'n
Gesang: Margot Hielscher
Ich bin heut frei, meine Herr'n
Komm, Zauber der Nacht
Mein Herz liegt gefangen in deiner Hand
3 Titel gesungen von Kirsten Heiberg

Der ewige Klang *(Deutschland 1942/43)*
(Der Geiger)
Geigenbauer- und Gesellschaftsmilieu
UA: 18.6.1943 Straßburg
PRODUKTION: Terra-Filmkunst GmbH
DREHBUCH: A. Artur Kuhnert, Günther Rittau
REGIE: Günther Rittau
LIEDTEXTE: Willy Dehmel
MUSIK: Franz Grothe
DARSTELLER: Olga Tschechowa, Elfriede Datzig, Rudolf Prack, Ernst Wilhelm Borchert, Otto Ernst Hasse, Ludwig Schmid-Wildy, u.a.

Musiknummern:
Heimatlied
Die Lerche und der Geiger
Gesang: Elisabeth Schwarzkopf

Die Frau meiner Träume
(Deutschland 1943/44)
Revuefilm
UA: 25.8.1944 Berlin
PRODUKTION: Ufa-Filmkunst GmbH
DREHBUCH: Johann von Vaszary, Georg Jacoby, Herbert Witt
REGIE: Georg Jacoby
LIEDTEXTE: Willy Dehmel
MUSIK: Franz Grothe
DARSTELLER: Marika Rökk, Wolfgang Lukschy, Grethe Weiser, Georg Alexander, Walter Müller, Valentin Froman, u.a.

Musiknummern:
Ich warte auf dich
Gesang: Rudi Schuricke
In der Nacht ist der Mensch nicht gern alleine
Gesang: Marika Rökk und Chor
Mach dir nichts daraus
Gesang: Marika Rökk, Walter Müller, Margarete Slezak
Spanische Treppe

Aufruhr der Herzen
(Deutschland 1943/44)
(Bewährung der Herzen)
Handwerker- und Liebesroman
UA: 8.9.1944 Innsbruck
PRODUKTION: Terra-Filmkunst GmbH
DREHBUCH: A. Artur Kuhnert
REGIE: Hans Müller
MUSIK: Franz Grothe
DARSTELLER: Lotte Koch, Rudolf Prack, Otto Ernst Hasse, Elise Aulinger, Ernst von Klipstein, Kate Kühl, Ludwig Schmid-Wildy, u.a.

Jan und die Schwindlerin
(Deutschland 1943/44)
Lustspiel, Seebadmilieu
UA: 4.3.1947 Berlin
PRODUKTION: Ufa-Filmkunst GmbH
DREHBUCH: Per Schwenzen nach seiner gleichnamigen Komödie
REGIE: Hans Weißbach
LIEDTEXT: Willy Dehmel
MUSIK: Franz Grothe
DARSTELLER: Gerty Soltau, Herbert Tiede, Walther Süssenguth, Käthe Alving, Ursula Zeitz, Josef Sieber, Kurt Vespermann, u.a.

Musiknummer:
Ja, die Welt ist schön und bunt
Gesang: Walther Süssenguth

Spiel mit der Liebe *(Deutschland 1944)*
(Spiel)
Lustspiel
UA: 5.12.1944 Breslau
PRODUKTION: Prag-Film AG
DREHBUCH: Werner Eplinius nach einer Idee von Hugo Zehder
REGIE: Alfred Stöger
LIEDTEXTE: Willy Dehmel
MUSIK: Franz Grothe
DARSTELLER: Hertha Mayen, O. W. Fischer, Oskar Sima, Erika von Thellmann, Harald Paulsen, Lucie Englisch, Hilde Hildebrand, u. a.
Musiknummern:
Auf einer goldenen Kugel
Ich bin der König des Cancan
Gesang: Harald Paulsen
Ich bin froh wie ein Spatz
Man kann die Männer nie so ganz durchschau'n
Der Schlitten ist vorgefahren
3 Titel gesungen von Hertha Mayen
Schwarze Orchideen

Eines Tages *(Deutschland 1944)*
(Es klingelt dreimal)
Liebesgeschichte
UA: 26.2.1945 Berlin
PRODUKTION: Berlin-Film GmbH
DREHBUCH: Gustav Kampendonk, Stefanie von Below nach einer Erzählung von Gustav Kampendonk
REGIE: Fritz Kirchhoff
LIEDTEXT: Werner Kleine
MUSIK: Franz Grothe
DARSTELLER: Magda Schneider, Kirsten Heiberg, Richard Häussler, Rolf Weih, Franz Schafheitlin, Ingrid Lutz, Steffi Hübel, Karl Dannemann, u. a.

Musiknummer:
Eines Tages
Gesang: Kirsten Heiberg

Rätsel der Nacht
(Deutschland, unvollendet 1944/45)
Kriminalfilm
PRODUKTION: Berlin-Film GmbH
DREHBUCH: Edgar Kahn und Johannes Meyer nach einer Filmnovelle von Ludwig Metzger
REGIE: Johannes Meyer
LIEDTEXT: Willy Dehmel
MUSIK: Franz Grothe
DARSTELLER: Kirsten Heiberg, Lotte Koch, Richard Häussler, Franz Schafheitlin, Ernst Legal, Josef Sieber, u. a.
Musiknummer:
Das bleibt doch unter uns
Gesang: Kirsten Heiberg

A: Ende des 2. Weltkriegs befand sich der Film in der Musiksynchronisation und war mit Ausnahme des Vorspanns und des 1. Aktes bereits fertiggestellt. 1950 soll der Film durch die Deutsche Film AG (Defa) in Berlin (im Auftrag der Sovexport-Film GmbH) vervollständigt werden. Eine Uraufführung war nicht eruierbar.

Leb wohl, Christina
(Deutschland, unvollendet 1944/45)
(Umarmt das Leben)
Liebesgeschichte
PRODUKTION: Tobis
DREHBUCH: Bastian Müller, Gustav Fröhlich nach der Novelle »Umarmt das Leben« von Fritz von Woedtke
REGIE: Gustav Fröhlich
MUSIK: Franz Grothe
DARSTELLER: Willy Birgel, Käthe Dyckhoff, Gunnar Möller, Dorothea Wieck, Harald Holberg, u. a.

Filmographie

A: Bei Ende des 2. Weltkriegs befand sich der Film in der Musiksynchronisation. Er wurde nicht vollendet.

Nichts als Zufälle *(Deutschland 1949)*
Lustspiel
UA: 1.7.1949 Köln
PRODUKTION: Berolina-Filmproduktion GmbH
DREHBUCH: Karl Farkas, E. W. Emo
REGIE: E. W. Emo
LIEDTEXT: Ralph Maria Siegel
MUSIK: Franz Grothe
DARSTELLER: Theo Lingen, Sonja Ziemann, Susi Nicoletti, Josef Meinrad, Grethe Weiser, Fritz Kampers, Dorit Kreysler, u. a.
Musiknummer:
Warum fuhr Columbus nach Amerika
Gesang: Sonja Ziemann

Hafenmelodie *(Deutschland 1949)*
(In Sidney verschollen)
Kriminal- und Abenteuermilieu
UA: 26.8.1949 Hamburg
PRODUKTION: Real-Film GmbH
DREHBUCH: Arthur A. Kuhnert
REGIE: Hans Müller
LIEDTEXTE: Günter Eich
MUSIK: Franz Grothe
DARSTELLER: Kirsten Heiberg, Paul Henckels, Catja Görna, Wolfgang Lukschy, Heinz Engelmann, Arno Aßmann, u. a.
Musiknummern:
Das Lied von den abfahrenden Schiffen
Die Moritat vom verlorenen Sohn
beide Titel gesungen von Kirsten Heiberg

Derby *(Deutschland 1949)*
Liebesgeschichte im Sportmilieu
UA: 27.8.1949 Hamburg
PRODUKTION: Real-Film GmbH
DREHBUCH: Stefanie von Below, Roger von Norman
REGIE: Roger von Norman
MUSIK: Franz Grothe
DARSTELLER: Hannelore Schroth, Willy Fritsch, Gerda Maria Terno, Heinz Engelmann, Albert Florath, Carl-Heinz Schroth, u. a.
Musiknummern:
Einen Walzer für dich und für mich
[a. d. Film *Frauen sind doch bessere Diplomaten, 1939-41*]
Guten Tag, liebes Glück [a. d. Film *Ins blaue Leben*, 1938]

Kätchen für alles *(Deutschland 1949)*
(Kätchen räumt auf)
Künstler- und Gesellschaftsmilieu
UA: 18.10.1949 Düsseldorf
PRODUKTION: Real-Film GmbH
DREHBUCH: Kurt Bortfeldt nach einer Idee von E. Szilas und A. Kolozsvari
REGIE: Ákos von Ráthonyi
LIEDTEXT: Ralph Maria Siegel
MUSIK: Franz Grothe
DARSTELLER: Hannelore Schroth, Willy Fritsch, Hilde Hildebrand, Carsta Löck, Iska Geri, Hubert von Meyerinck, Rudolf Platte, u. a.
Musiknummer:
Ich lebe für die Liebe
Gesang: Hannelore Schroth

Man spielt nicht mit der Liebe
(Deutschland 1949)
(Glückliche Ehe)
(Spiel des Glücks)
Liebeskomödie
UA: 23.11.1949 Berlin
PRODUKTION: CCC-Film GmbH
DREHBUCH: Karl Georg Külb nach dem Theaterstück »Die glücklichste Ehe der Welt« von Gustav Kampendonk

REGIE: Hans Deppe
LIEDTEXTE: Curth Flatow
MUSIK: Franz Grothe
DARSTELLER: Lil Dagover, Albrecht Schoenhals, Bruni Löbel, Paul Klinger, Petra Peters, Georg Thomalla, u. a.

Musiknummern:
Durch das Leben woll'n wir gehen
Von Zeit zu Zeit
Gesang: Georg Thomalla

Englischer Titel: *You Don't Play Around with Love*

Geliebter Lügner *(Deutschland 1949)*
(Der Märchenprinz)
Künstlermilieu
UA: 13. 1. 1950 Berlin
PRODUKTION: Camera-Filmproduktion GmbH
DREHBUCH: Hans Schweikart, Helmut Weiß
REGIE: Hans Schweikart
LIEDTEXT: Willy Dehmel
MUSIK: Franz Grothe
DARSTELLER: Elfie Mayerhofer, Hans Söhnker, Erich Ponto, Gustav Knuth, Hans Leibelt, Charlott Daudert, Werner Fuetterer, u. a.

Musiknummer:
Erzähl mir keine Märchen
Gesang: Elfie Mayerhofer

Frauenarzt Dr. Prätorius
(Deutschland 1949)
(Dr. med. Hiob Prätorius)
Arzt- und Familienmilieu
UA: 15. 1. 1950 München
PRODUKTION: Hans Domnick-Filmproduktion GmbH
DREHBUCH: Curt Goetz, Karl Peter Gillmann nach dem Bühnenstück »Dr. med. Hiob Prätorius« von Curt Goetz
REGIE: Curt Goetz, Karl Peter Gillmann

LIEDTEXT: Willy Dehmel
MUSIK: Franz Grothe
DARSTELLER: Curt Goetz, Valerie von Martens, Erich Ponto, Bruno Hübner, Albert Florath, Gertrud Wolle, u. a.

Musiknummer:
Ein Student und eine -dentin
Gesang: Valerie von Martens

Absender unbekannt *(Deutschland 1949)*
(Paulchen und die Mädchenschule)
Musikalisches Lustspiel
UA: 10. 2. 1950 Düsseldorf
PRODUKTION: Real-Film GmbH
DREHBUCH: Kurt Bortfeldt nach einer Idee von Nikolaus Kadar
REGIE: Ákos von Ráthonyi
LIEDTEXTE: Willy Dehmel
MUSIK: Franz Grothe
DARSTELLER: Henny Porten, Cornell Borchers, Bruni Löbel, Ursula Herking, Käthe Haack, Marina Ried, Paul Kemp, Hans Richter, u. a.

Musiknummern:
Ich hab' so einen Animus
Gesang: Paul Kemp, Ursula Herking und Chor
Mister Brown
Gesang: Marina Ried und Chor
Mit dir ein Rendezvous
Gesang: Bruni Löbel, Hans Richter

Die wunderschöne Galathee
(Deutschland 1950)
Musikalische Liebeskomödie
UA: 13. 4. 1950 Berlin
PRODUKTION: Junge Film-Union Rolf Meyer
DREHBUCH: Kurt E. Walter nach einem Originalstoff von H. F. Köllner
REGIE: Rolf Meyer
LIEDTEXTE: Willy Dehmel
MUSIK: Franz Grothe

Darsteller: Hannelore Schroth, Viktor de Kowa, Willy Fritsch, Margarete Haagen, Albert Florath, Gisela Schmidting, u. a.

Musiknummern:
Jeder Abschied kann ein neuer Anfang sein
Liebe, du größte Zauberin der Erde
beide Titel gesungen von Hannelore Schroth, Gisela Schmidting
Warum hast du ein Herz aus Stein
Gesang: Willy Fritsch, Hannelore Schroth

Vom Teufel gejagt *(Deutschland 1950)*
Abenteuer- und Kriminalfilm
UA: 24. 10. 1950 Köln
Produktion: Georg Witt-Film GmbH
Drehbuch: Emil Burri, Viktor Tourjansky; nach einer Idee von Viktor de Fast
Regie: Viktor Tourjansky
Musik: Franz Grothe
Darsteller: Hans Albers, Willy Birgel, Maria Holst, Lil Dagover, Otto Wernicke, Alexander Golling, Heidemarie Hatheyer, Heinrich Gretler, u. a.

Musiknummer:
Vision

Furioso *(Deutschland 1950)*
(Opfer des Herzens)
(Kreuzweg der Leidenschaften)
(Passionata)
Künstlermilieu
UA: 10. 11. 1950 Hildesheim
Produktion: Rondo Film GmbH
Drehbuch: Gustav Kampendonk
Regie: Johannes Meyer
Liedtexte: Willy Dehmel
Musik: Franz Grothe
Darsteller: Ewald Balser, Kirsten Heiberg, Peter van Eyck, Käthe Haack, Petra Peters, Carl-Heinz Schroth, u. a.

Musiknummern:
Komm Zigeuner, nimm die Geige
Valse bleue in Moll
beide Lieder gesungen von Kirsten Heiberg
Elegie
Impromptu c-moll

Seitensprünge im Schnee
(Deutschland/Österreich 1950)
(Skihaserl ahoi)
Musikalisches Lustspiel
UA: 15. 12. 1950 Salzburg (12. 1. 1951 München)
Produktion: Loewen-Film GmbH, München-Wien
Drehbuch: Marielies Füringk, Siegfried Breuer nach einer Idee von Marielies Füringk
Regie: Siegfried Breuer
Liedtexte: Rolf Ohlsen, Willy Dehmel
Musik: Franz Grothe
Darsteller: Doris Kirchner, Heinz Engelmann, Jane Tilden, Erik Frey, Ludwig Schmidseder, u. a.

Musiknummern:
A Holiday in Zürs
Wissen Sie, ob das Glück Telefon hat

Taxi-Kitty *(Deutschland 1950)*
Musikalisches Lustspiel
UA: 28. 12. 1950 Hamburg
Produktion: Junge Film-Union Rolf Meyer
Drehbuch: Kurt E. Walter, Jo Hanns Rösler, Kurt Werner nach einer Idee von Hermann Karl Droop
Regie: Kurt Hoffmann
Liedtexte: Willy Dehmel
Musik: Franz Grothe
Darsteller: Hannelore Schroth, Carl Raddatz, Karl Schönböck, Fita Benkhoff, Gunnar Möller, Inge Meysel, u. a.

Musiknummern:
Ich bin die rechte Hand vom Chef
Gesang: Fita Benkhoff

Ich fahre durch die Straßen
Gesang: Hannelore Schroth
Ich hab' einen Talisman: die Musik
Gesang: Hannelore Schroth, Carl Raddatz, Hans Schwarz jr.

Fanfaren der Liebe *(Deutschland 1951)*
Musikalisches Verwechslungslustspiel
UA: 14.9.1951 Berlin
PRODUKTION: NDF Neue Deutsche Filmgesellschaft mbH
DREHBUCH: Heinz Pauck nach einem Manuskript von Robert Thoeren und Michael Logan
REGIE: Kurt Hoffmann
LIEDTEXTE: Willy Dehmel
MUSIK: Franz Grothe
DARSTELLER: Dieter Borsche, Inge Egger, Georg Thomalla, Grethe Weiser, Oskar Sima, Ilse Petri, Beppo Brem, Viktor Afrisch, Rudolf Vogel, u. a.

Musiknummern:
Ich zähl' mir's an den Knöpfen ab
Laß mich nie mit dir allein
beide Titel gesungen von Kary Barnet
Meerspinne (Rumba)

Schwedischer Titel: *Kärlekstrumpeten*
Spanischer Titel: *Ellas somops nosotros*

Das Haus in Montevideo *(Deutschland 1951)*
Familienkomödie
UA: 8.11.1951 Frankfurt/Main
PRODUKTION: Domnick-Filmproduktion GmbH
DREHBUCH: Curt Goetz, Hans Domnick nach der Komödie »Das Haus in Montevideo oder Traugotts Versuchung« von Curt Goetz
REGIE: Curt Goetz, Valerie von Martens
LIEDTEXT: Willy Dehmel
MUSIK: Franz Grothe
DARSTELLER: Valerie von Martens, Curt Goetz, Albert Florath, Ruth Niehaus, Eckart Dux, Rudolf Reif, u. a.

Musiknummer:
Wir wandern, wir wandern
Gesang: Valerie von Martens, Curt Goetz und Kinderchor

Der blaue Stern des Südens
(Österreich 1951)
Kriminalkomödie
UA: 22.12.1951 Wien (25.1.1952 Berlin)
PRODUKTION: Vindobona-Film GmbH, Wien
DREHBUCH: Heinrich Rumpff, Theodor Ottawa nach dem Roman »Duell mit Diamanten« von Heinrich Rumpff
REGIE: Wolfgang Liebeneiner
LIEDTEXT: Willy Dehmel
MUSIK: Hans Martin Majewski, Franz Grothe
DARSTELLER: Victor de Kowa, Gretl Schörg, Malte Jäger, Gustav Knuth, Ernst Fritz Fürbringer, Charlott Daudert, Rudolf Vogel, u. a.

Musiknummer:
Ich habe ein Herz zu versteigern
Gesang: Gretl Schörg

Vater braucht eine Frau *(Deutschland 1952)*
Lustspiel
UA: 16.10.1952 Essen
PRODUKTION: NDF Neue Deutsche Filmgesellschaft mbH
DREHBUCH: Herbert Reinecker, Christian Bock, Herbert Witt nach dem gleichnamigen Hörspiel von Herbert Dührkopp [d. i. Herbert Reinecker]
REGIE: Harald Braun
LIEDTEXT: Willy Dehmel
MUSIK: Franz Grothe
DARSTELLER: Dieter Borsche, Ruth Leuwerik, Bruni Löbel, Günther Lüders, Therese Giehse, Charlott Daudert, Paul Bildt, Oliver Grimm, Vera Frydtberg, Rudolf Vogel, u. a.

Filmographie

Musiknummer:
Wenn ich auch nicht weiß, wie du dich nennst

Ich tanze mit dir in den Himmel hinein
(Österreich 1952)
(Hannerl)
Musikalisches Lustspiel
UA: 21.12.1952 Wien (16.1.1953 Dortmund, Bochum, u.a.)
PRODUKTION: Wien-Film GmbH
DREHBUCH, REGIE, LIEDTEXT: Ernst Marischka
MUSIK: Franz Grothe, Friedrich Schröder, Anton Profes, Willy Schmidt-Gentner, Julius Beyer
DARSTELLER: Johanna Matz, Adrian Hoven, Paul Hörbiger, Richard Romanowsky, Loni Heuser, Fritz Imhoff, Rudolf Platte, Eva Kerbler, Robert Rober, u.a.
Musiknummer:
Meine Lieblingspuppe, die hieß Josefine
Gesang: Gretl Schörg, Robert Rober

Skandal im Mädchenpensionat
(Deutschland 1952)
(Die drei falschen Tanten)
Lustspiel
UA: 5.2.1953 München
PRODUKTION: Oska-Film GmbH
DREHBUCH: Hans Fritz Beckmann
REGIE: Erich Kobler
LIEDTEXTE: Willy Dehmel
MUSIK: Franz Grothe
DARSTELLER: Marianne Koch, Günther Lüders, Walter Giller, Joachim Brennecke, Erika von Thellmann, Friedrich Domin, Adolf Gondrell, Gitta Lind, Fritz Odemar, u.a.
Musiknummern:
Du liebst mich – von Herzen, mit Schmerzen

In meiner Kuß-Statistik
beide Titel gesungen von Gitta Lind
Hymne von Reiffenstein

Die blaue Stunde *(Deutschland 1952)*
(Du siehst mich an und erkennst mich nicht)
Ehekomödie
UA: 5.3.1953 Kassel
PRODUKTION: Komet-Filmproduktion GmbH
DREHBUCH, REGIE: Veit Harlan
LIEDTEXT: Ralph Maria Siegel
MUSIK: Franz Grothe
DARSTELLER: Kristina Söderbaum, Hans Nielsen, Paulette Andrieux, Harald Juhnke, Kurt Kreuger, Otto Gebühr, u.a.
Musiknummern:
Italienische Serenade
Lyrisches Intermezzo
Tango appassionata

Österreichischer Titel: *Feuerprobe der Liebe*

Man nennt es Liebe *(Deutschland 1953)*
Ehekomödie und Lustspiel
UA: 9.6.1953 München
DREHBUCH: Peter Berneis, John Reinhardt
REGIE: John Reinhardt
LIEDTEXTE: Willy Dehmel
MUSIK: Franz Grothe
DARSTELLER: Winnie Markus, Curd Jürgens, Richard Häussler, Hans Leibelt, Helen Vita, Hubert von Meyerinck, Ivan Petrovich, u.a.
Musiknummern:
Es kam ein Mädchen
Man nennt es Liebe

Musik bei Nacht *(Deutschland 1953)*
(Liebescocktail)
Musikalisches Lustspiel
UA: 17.7.1953 Düsseldorf

PRODUKTION: Helios-Filmproduktion GmbH
DREHBUCH: Johanna Sibelius, Eberhard Keindorff nach dem Bühnenstück »Die große Kurve« von Curt Johannes Braun
REGIE: Kurt Hoffmann
LIEDTEXTE: Willy Dehmel
MUSIK: Franz Grothe
DARSTELLER: Paul Hubschmid, Gertrud Kückelmann, Judith Holzmeister, Curd Jürgens, Günther Lüders, Hans Reiser, Rudolf Vogel, u.a.

Musiknummern:
Du bist mir schon begegnet
Musik bei Nacht

Hokuspokus (*Deutschland 1953*)
Kriminalkomödie
UA: 1.9.1953 Frankfurt/Main
PRODUKTION: Hans Domnick-Filmproduktion GmbH
DREHBUCH: Curt Goetz nach seinem gleichnamigen Bühnenstück
REGIE: Kurt Hoffmann
MUSIK: Franz Grothe
DARSTELLER: Curt Goetz, Valerie von Martens, Ernst Waldow, Hans Nielsen, Elisabeth Flickenschildt, Erich Ponto, u.a.

Fanfaren der Ehe (*Deutschland 1953*)
Musikalisches Lustspiel
UA: 3.9.1953 Hannover
PRODUKTION: NDF Neue Deutsche Filmgesellschaft mbH
DREHBUCH: Herbert Witt, Felix Lützkendorf
REGIE: Hans Grimm
LIEDTEXTE: Willy Dehmel
MUSIK: Franz Grothe
DARSTELLER: Dieter Borsche, Georg Thomalla, Inge Egger, Fita Benkhoff, Ilse Petri, Karl Schönböck, Hubert von Meyerinck, Rudolf Vogel, u.a.

Musiknummern:
Auf dem blauen Meer fährt ein weißes Schiff
Gesang: Dieter Borsche
Du kennst mein Herz noch lange nicht
Gesang: Georg Thomalla

Ave Maria (*Deutschland 1953*)
Nachtlokalmilieu und Klosterschule
UA: 8.9.1953 Wattenscheid
PRODUKTION: Divina-Film GmbH
DREHBUCH: Wolf Neumeister, Hans Wendel
REGIE: Alfred Braun
LIEDTEXTE: Bruno Balz
MUSIK: Franz Grothe unter Verwendung eines Themas von Bach/Gounod
DARSTELLER: Zarah Leander, Hans Stüwe, Marianne Hold, Carl Wery, Hilde Körber, Ingrid Pan, Hans Henn, Josef Sieber, u.a.

Musiknummern:
Ich kenn' den Jimmy aus Havanna
Wart nicht auf die große Liebe
Wenn die wilden Rosen blüh'n
alle Titel gesungen von Zarah Leander

Muß man sich gleich scheiden lassen
(*Deutschland 1953*)
Ehekomödie
UA: 2.10.1953 Hamburg
PRODUKTION: NDF Neue Deutsche Filmgesellschaft mbH
DREHBUCH: Hans Schweikart, Maria Niklisch nach dem Bühnenstück »Lauter Lügen« von Hans Schweikart
REGIE: Hans Schweikart
LIEDTEXTE: Bruno Balz, Willy Dehmel
MUSIK: Franz Grothe
DARSTELLER: Ruth Leuwerik, Hardy Krüger, Hans Söhnker, Fita Benkhoff, Gustav Knuth, Karl Schönböck, Therese Giehse, u.a.

Musiknummern:
Ich habe die Liebe gesucht und gefunden
In meinem Gästebuch ist eine Seite frei

Sterne über Colombo *(Deutschland 1953)*
Abenteuerfilm
UA: 17.12.1953 Hannover
PRODUKTION: KG Divina-Film GmbH & Co.
DREHBUCH: Peter Francke, Veit Harlan nach einer Idee von Peter Francke und Maria von der Osten-Sacken
REGIE: Veit Harlan
LIEDTEXTE: Willy Dehmel
MUSIK: Franz Grothe
DARSTELLER: Kristina Söderbaum, Willy Birgel, Adrian Hoven, Karl Martell, Hermann Schomberg, Gilbert Houcke, Paul Busch jr., Herbert Hübner, Rolf von Nauckhoff, René Deltgen, Theodor Loos, Rolf Wanka, Otto Gebühr, Suyata Jayawardena, Veit Harlan, u.a.
Musiknummern:
Die Sterne im Zirkuszelt
Sterne über Colombo
beide Titel gesungen von Kristina Söderbaum

Italienischer Titel: *Le tigre de Colombo*

Die Gefangene des Maharadscha
(Deutschland 1953)
Abenteuerfilm
(2. Teil des Films *Sterne über Colombo*)
UA: 5.2.1954 Düsseldorf
PRODUKTION: KG Divina-Film GmbH & Co.
DREHBUCH: Peter Francke, Veit Harlan nach einer Idee von Peter Francke und Maria von der Osten-Sacken
REGIE: Veit Harlan
MUSIK: Franz Grothe
DARSTELLER: Kristina Söderbaum, Willy Birgel, Hermann Schomberg, Paul Busch jr., Rolf von Nauckhoff, Adrian Hoven, Herbert Hübner, Otto Gebühr, u.a.

Italienischer Titel: *La progoniera del Maharajah*
US-Titel: *Circus Girl*

Bildnis einer Unbekannten
(Deutschland 1954)
Diplomaten- und Künstlermilieu
UA: 27.8.1954 Berlin
PRODUKTION: Sirius-Film GmbH
DREHBUCH: Hans Jacoby, Helmut Käutner nach einer Idee von Hans Jacoby
REGIE, LIEDTEXTE: Helmut Käutner
MUSIK: Franz Grothe
DARSTELLER: Ruth Leuwerik, O. W. Fischer, Irene von Meyendorff, Erich Schellow, Albrecht Schoenhals, Bum Krüger, Ingrid van Bergen, Helmut Käutner, Paul Hoffmann, u.a.
Musiknummern:
Ich kann dich leider nicht vergessen
Ich weiß das erste Mal noch ganz genau
Warum ist nur mein Herz so dumm
drei Titel gesungen von Ruth Leuwerik
Auf den Flügeln bunter Träume [a.d. Film *Geheimzeichen LB 17*, 1938]
Kolibri

Rumänischer Titel: *Retrato de una desconocida*
Schwedischer Titel: *Hans okända modell*
US-Titel: *Portrait of an Unknown Woman*

Begegnung in Rom
(Deutschland/Italien 1954)
Liebesfilm
UA: 11.11.1954 Rom (19.11.1954 Hamburg)
PRODUKTION: Copa-Filmgesellschaft mbH, München/Rivo-Film, Rom
DREHBUCH: Akos Tolnay, Ettore Scola, Oreste Biancoli
REGIE: Erich Kobler
MUSIK: Franz Grothe, Luigi Malatesta

DARSTELLER: Erwin Strahl, Paul Hörbiger, Anna Maria Ferrero, Barbara Laage, Alberto Sordi, Edmondo Corsi, Giulio Bars, Mino Doro, Marisa Castellani, u. a.

Italienischer Titel: *Una Parigina a Roma*

A: Von dem Film wurden eine deutsche und eine italienische Fassung mit den gleichen Schauspielern hergestellt.

Verrat an Deutschland *(Deutschland 1954)*
(Der Fall Dr. Sorge)
Spionage- und Abenteuerfilm
UA: 12.1.1955 München
PRODUKTION: KG Divina-Film GmbH & Co.
DREHBUCH: Veit Harlan, Thomas Harlan, Klaus Hardt
REGIE: Veit Harlan
MUSIK: Franz Grothe
DARSTELLER: Kristina Söderbaum, Paul Müller, Hermann Speelmans, Valerie Inkijinoff [d. i. Valerij Inkizonov], Blandine Ebinger, Herbert Hübner, u. a.

Musiknummer:
Valse exotique

Französischer Titel: *L'espion de Tokyo*
Italienischer Titel: *Berlin-Tokio – Operazione spionaggio*
Rumänischer Titel: *El espia de Tokio*

An der schönen blauen Donau
(Österreich 1954)
Lustspiel
UA: 25.1.1955 München (15.4.1955 Wien)
PRODUKTION: ÖFA und Schönbrunn-Filmproduktion, Wien
DREHBUCH: Peter Berneis, August Rieger, Jaques Companeez nach einer Idee von Theodor Ottawa
REGIE, LIEDTEXT: Hans Schweikart
MUSIK: Franz Grothe und Johann Strauß (Sohn)

DARSTELLER: Hardy Krüger, Susi Nicoletti, Paul Hörbiger, Jean Wall, Nicole Besnard, Egon von Jordan, Hubert von Meyerinck, Rudolf Carl, u. a.

Musiknummer:
Heurige Liebe, heuriger Wein
Gesang: Paul Hörbiger, Rudolf Carl

Rosen im Herbst *(Deutschland 1955)*
(Effi Briest)
Gesellschaftsmilieu
UA: 29.9.1955 Nürnberg
PRODUKTION: KG Divina-Film GmbH & Co.
DREHBUCH: Horst Budjuhn nach dem Roman »Effi Briest« von Theodor Fontane
REGIE: Rudolf Jugert
LIEDTEXTE: Willy Dehmel
MUSIK: Franz Grothe
DARSTELLER: Ruth Leuwerik, Bernhard Wicki, Paul Hartmann, Lil Dagover, Carl Raddatz, Günther Lüders, Heinz Hilpert, Hedwig Wangel, Margot Trooger, Lola Müthel, u. a.

Musiknummern:
Galopp-Tanz
Mit euch, ihr Wolken, möchte ich zieh'n
Nach hunderttausend Küssen
Gesang: Lola Müthel

Drei Mädels vom Rhein
(Deutschland 1955)
(Vor meinem Vaterhaus steht eine Linde)
Musikalisches Lustspiel
UA: 25.11.1955 Bonn
PRODUKTION: Arca Filmproduktion GmbH
DREHBUCH: Joachim Wedekind nach einer Idee von Hanns H. Fischer und Bobby E. Lüthge
REGIE: Georg Jacoby
LIEDTEXTE: Willy Dehmel

Musik: Franz Grothe
Darsteller: Fita Benkhoff, Gardy Granass, Topsy Küppers, Angelika Meißner, Margit Saad, Siegfried Breuer jr., Paul Henckels, Heinz Hilpert, u. a.

Musiknummern:
Das ist der richt'ge Rhythmus für die jungen Mädchen
Millionen Herzen warten auf die Liebe
beide Titel gesungen von Topsy Küppers
Rhein-Walzer

Mädchen ohne Grenzen *(Deutschland 1955)*
Gesellschaftsmilieu
UA: 23. 12. 1955 Hamburg
Produktion: NDF Neue Deutsche Filmgesellschaft mbH
Drehbuch: Jacob Geis, Joachim Wedekind, Géza von Radványi nach einer Filmnovelle von Géza von Radványi
Regie: Géza von Radványi
Liedtexte: Willy Dehmel
Musik: Franz Grothe
Darsteller: Sonja Ziemann, Ivan Desny, Maria Sebaldt, Claus Biederstaedt, Barbara Rütting, Louis de Funès, u. a.

Musiknummern:
Indianisches Liebeslied (Wah-Buh)
Oui, Monsieur (Die Fremdenführerin von Paris)
beide Titel französisch gesungen

Englischer Titel: *A Girl Without Boundaries*

Ich denke oft an Piroschka
(Deutschland 1955)
Liebesgeschichte im Dorfmilieu
UA: 29. 12. 1955 Köln
Produktion: Georg Witt-Film GmbH
Drehbuch: Per Schwenzen, Joachim Wedekind, Hugo Hartung nach dem gleichnamigen Roman und Hörspiel von Hugo Hartung
Regie: Kurt Hoffmann
Liedtexte: Willy Dehmel

Musik: Franz Grothe
Darsteller: Liselotte Pulver, Gunnar Möller, Gustav Knuth, Wera Frydtberg, Margit Symo, Rudolf Vogel, Annie Rosar, u. a.

Musiknummern:
Knöpfchen, Knöpfchen, kleines Silberknöpfchen
Gesang: Liselotte Pulver
Das Sternenlied

Schwedischer Titel: *Jag tänker ofta på Piroschka*
US-Titel: *I Often Think of Piroschka*

Die wilde Auguste *(Deutschland 1956)*
Lustspiel
UA: 9. 3. 1956 Essen
Produktion: Arca-Filmproduktion GmbH
Drehbuch: Per Schwenzen, Georg Jacoby nach dem gleichnamigen Bühnenstück von Theo Halton und Walter Kollo
Regie: Georg Jacoby
Liedtexte: Willy Dehmel
Musik: Franz Grothe
Darsteller: Ruth Stephan, Peer Schmidt, Michael Cramer, Wolfgang Wahl, Oskar Sima, Heli Finkenzeller, Hans Nielsen, Topsy Küppers, Hubert von Meyerinck, u. a.

Musiknummern:
Alles Schwindel mit der Liebe
Gesang: Topsy Küppers
Mein Herz schlägt nur für dich allein
Gesang: Ruth Stephan, Peer Schmidt

Die goldene Brücke *(Deutschland 1956)*
Musiker- und Gesellschaftsmilieu
UA: 31. 5. 1956 Hannover
Produktion: KG Divina Film GmbH & Co.
Drehbuch: Juliane Kay, Werner P. Zibaso nach Motiven des Romans von Lajos Zilahy
Regie: Paul Verhoeven

Musik: Franz Grothe
Darsteller: Ruth Leuwerik, Curd Jürgens, Paul Hubschmid, Jester Naefe, Rudolf Vogel, Adriane Gessner, u. a.

Kleines Zelt und große Liebe
(Deutschland 1956)
Liebesroman
UA: 5.10.1956 Düsseldorf
Produktion: Bavaria-Filmkunst AG
Drehbuch: Joachim Wedekind nach einer Idee von Arnold Franck
Regie: Rainer Geis
Liedtexte: Willy Dehmel
Musik: Franz Grothe
Darsteller: Susanne Cramer, Claus Biederstaedt, Eva Kerbler, Hans Nielsen, Dietmar Schönherr, Lina Carstens, Liesl Karlstadt, u. a.
Musiknummer:
Auf der Ziehharmonika ein Liedchen
In der Nacht ist der Mensch nicht gern alleine [a. d. Film *Die Frau meiner Träume*, 1943/44]

US-Titel: *Two in a Sleeping Bag*

Die Trapp-Familie *(Deutschland 1956)*
Gesellschaftsmilieu
UA: 10.10.1956 Nürnberg
Produktion: KG Divina Film GmbH & Co.
Drehbuch: Georg Hurdalek frei nach den Lebenserinnerungen »The History of the Trapp Singers« der Baronin Maria Trapp
Regie: Wolfgang Liebeneiner
Liedtexte: Willy Dehmel, Rudolf Lamy
Musik: Franz Grothe, Rudolf Lamy
Darsteller: Ruth Leuwerik, Hans Holt, Josef Meinrad, Maria Holst, Friedrich Domin, Gretl Theimer, Liesl Karlstadt, u. a.
Musiknummern:
Hochzeitsszenen im Kloster
Chor Rudolf Lamy

Jagdlied der Kinder »Im weiten Feld, im grünen Wald«
Kinderlied
beide Titel gesungen vom Kinderchor Rudolf Lamy

Wenn wir alle Engel wären
(Deutschland 1956)
Lustspiel
UA: 21.9.1956 Düsseldorf
Produktion: Bavaria-Filmkunst AG
Drehbuch: Kurt Nachmann nach dem gleichnamigen Roman von Heinrich Spoerl
Regie: Günther Lüders
Liedtexte: Willy Dehmel
Musik: Franz Grothe
Darsteller: Dieter Borsche, Marianne Koch, Hans Söhnker, Fita Benkhoff, Gustav Knuth, Erich Ponto, Carla Hagen, Walter Groß, u. a.
Musiknummern:
Ich kann bestimmt heut nacht nicht schlafen
Gesang: Hans Söhnker
Nach einem Tag wie heut
Gesang: Marianne Koch

Salzburger Geschichten *(Deutschland 1956)*
(Auf einem Schloß in Salzburg)
Liebesroman
UA: 25.1.1957 Essen
Produktion: Georg Witt-Film GmbH
Drehbuch: Erich Kästner nach seinem Roman »Der kleine Grenzverkehr«
Regie: Kurt Hoffmann
Musik: Franz Grothe unter Verwendung einer Melodie von W. A. Mozart
Darsteller: Marianne Koch, Paul Hubschmid, Adrienne Gessner, Peter Mosbacher, Richard Romanowsky, Helmut Lohner, Theodor Danegger, Franz Lang, Liesl Karlstadt, u. a.

Rumänischer Titel: *Cuentos de Salzburgo*
Schwedischer Titel: *Ett äventyr i Salzburg*

Königin Luise *(Deutschland 1956)*
Historische Liebesgeschichte
UA: 15.2.1957 Hannover
PRODUKTION: KG Divina Film GmbH & Co.
DREHBUCH: Georg Hurdalek
REGIE: Wolfgang Liebeneiner
MUSIK: Franz Grothe
DARSTELLER: Ruth Leuwerik, Dieter Borsche, Bernhard Wicki, René Deltgen, Hans Nielsen, Friedrich Domin, Margarethe Haagen, u. a.

Hoch droben auf dem Berg
(Deutschland 1957)
Heimatfilm, Musikfilm
UA: 31.7.1957 Essen
PRODUKTION: Berolina Film GmbH, Berlin
DREHBUCH: Gustav Kampendonk, Franz Marischka nach einer Idee von J. A. Hübler-Kahla
REGIE: Géza von Bolváry
LIEDTEXT: Ernst Marischka
MUSIK: Franz Grothe, Werner Müller
DARSTELLER: Gerhard Riedmann, Gardy Granass, Gunther Philipp, Margot Hielscher, Paul Hörbiger, Franz Muxeneder, Carla Hagen, Lucie Englisch, Bruno Fritz, Gerhard Wendland, u. a.
Musiknummer:
Hoch drob'n auf dem Berg
(a. d. Film *Rosen in Tirol*, 1940)

Franziska *(Deutschland 1957)*
(Auf Wiedersehen, Franziska)
Liebesgeschichte
UA: 5.9.1957 Frankfurt/Main
PRODUKTION: CCC-Film GmbH
DREHBUCH: Georg Hurdalek nach dem Originaldrehbuch »Auf Wiedersehen, Franziska« von Curt J. Braun und Helmut Käutner

REGIE: Wolfgang Liebeneiner
LIEDTEXTE: Willy Dehmel
MUSIK: Franz Grothe
DARSTELLER: Ruth Leuwerik, Carlos Thompson, Friedrich Domin, Josef Meinrad, Jochen Brockmann, u. a.
Musiknummern:
Du gehst fort
In der Nacht ist der Mensch nicht gern alleine [a. d. Film *Die Frau meiner Träume*, 1943/44]
Wenn ein junger Mann kommt [a. d. Film *Frauen sind doch bessere Diplomaten*, 1939-41]

Französischer Titel: *Au revoir, Franziska*
Italienischer Titel: *Arriverderci Francesca*

Junger Mann, der alles kann
(Deutschland 1957)
Lustspiel
UA: 4.10.1957 Hamburg
PRODUKTION: Bavaria/Terrascope
DREHBUCH: Maria von der Osten-Sacken, Walter Forster nach einem Roman von Ernst Rudolphi
REGIE: Thomas Engel
LIEDTEXTE: Willy Dehmel
MUSIK: Franz Grothe
DARSTELLER: Georg Thomalla, Erik Schumann, Peer Schmidt, Doris Kirchner, Carla Hagen, Renate Ewert, Susi Nicoletti, u. a.
Musiknummern:
Heut ist genau der richt'ge Tag
Gesang: Renate Ewert und Erik Schumann
Wenn wir uns nicht hätten
Gesang: Peer Schmidt
Es ist nur die Liebe [a. d. Film *Hab mich lieb*, 1942]

Die Heilige und ihr Narr *(Österreich 1957)*
Liebesroman

UA: 31.10.1957 Hannover
PRODUKTION: Sascha-Film Produktion GmbH, Wien
DREHBUCH: Erna Fentsch nach dem gleichnamigen Roman von Agnes Günther
REGIE: Gustav Ucicky
MUSIK: Franz Grothe
DARSTELLER: Gerhard Riedmann, Gudula Blau, Hertha Feiler, Willy Birgel, Heinrich Gretler, Alma Seidler, u. a.

Immer, wenn der Tag beginnt
(Deutschland 1957)
Primanermilieu
UA: 19.12.1957 Frankfurt/Main
PRODUKTION: Bavaria Filmkunst AG
DREHBUCH: Wolfgang Liebeneiner, Utz Utermann nach einer Filmnovelle von Georg Hurdalek
REGIE: Wolfgang Liebeneiner
LIEDTEXT: Willy Dehmel
MUSIK: Franz Grothe
DARSTELLER: Ruth Leuwerik, Hans Söhnker, Christl Mardayn, Christian Wolff, Hans Reiser, Friedrich Domin, Georg Kostya, Agnes Windeck, Alexander [Rex] Gildo, u. a.
Musiknummer:
Mitternachts-Blues
Rudolf Graetz, Trompete

Ein Stück vom Himmel *(Deutschland 1957)*
(Junge Liebe)
Liebesgeschichte
UA: 1. Dezember 1957 Wien (3.1.1958 München)
PRODUKTION: Bavaria-Filmkunst AG
DREHBUCH: Paul Helwig, Juliane Kay
REGIE: Rudolf Jugert
LIEDTEXTE: Willy Dehmel
MUSIK: Franz Grothe
DARSTELLER: Ingrid André, Toni Sailer, Georg Thomalla, Margit Saad, Gustav Knuth, Iska Geri, Boy Gobert, Eric Schumann, u. a.

Musiknummern:
Dunkle Erinnerungen
Frohsinn
Ich gehe singend durch die Stadt
Ich weiß mehr, als du glaubst
Gesang: Toni Sailer
Wieder versöhnt

Das Wirtshaus im Spessart
(Deutschland 1957)
Romantisches Lustspiel
UA: 15.1.1958 Berlin
PRODUKTION: Georg Witt-Film GmbH
DREHBUCH: Heinz Pauck, Liselotte Enderle frei nach Wilhelm Hauff's Erzählung bearbeitet von Curt Hanno Gutbrod
REGIE: Kurt Hoffmann
LIEDTEXTE: Willy Dehmel, Günter Neumann
MUSIK: Franz Grothe
DARSTELLER: Liselotte Pulver, Carlos Thompson, Günther Lüders, Hubert von Meyerinck, Hans Clarin, Helmut Lohner, Wolfgang Neuss, Wolfgang Müller, Rudolf Vogel, u. a.
Musiknummern:
Ach, das könnte schön sein
Gesang: Wolfgang Neuss, Wolfgang Müller
Ballade des Parucchio
Gesang: Rudolf Vogel
Überfall-Chanson
Gesang: Liselotte Pulver
Und er ritt mit seinem Diener

Französischer Titel: *L'auberge du Spessart*
Rumänischer Titel: *Los bandidos de la selva negra*
Schwedischer Titel: *Värdshuset i Spessart*
US-Titel: *The Spessart Inn*

Bühne frei für Marika *(Deutschland 1958)*
Revuefilm
UA: 14.8.1958 Frankfurt/Main
PRODUKTION: Real-Film
DREHBUCH: Helmuth M. Backhaus

Filmographie

REGIE: Georg Jacoby
LIEDTEXTE: Willy Dehmel
MUSIK: Franz Grothe
DARSTELLER: Marika Rökk, Johannes Heesters, Carla Hagen, Harald Juhnke, Rudolf Platte, Susanne von Almassy, Roberto Blanco, u. a.

Musiknummern:
Echo-Blues
Gesang: Roberto Blanco
Das ist der Swing
Mond-Lied
Der schönste Tag im ganzen Jahr
Wenn du willst, wenn du kannst, wenn du möchtest
vier Titel gesungen von Marika Rökk

Der schwarze Blitz *(Deutschland 1958)*
Wintersportmilieu
UA: 15. 9. 1958 Stuttgart
PRODUKTION: Bavaria
DREHBUCH: Franz Geiger nach dem Roman »Flaggen im Nebel« von Kurt Maix
REGIE: Hans Grimm
LIEDTEXTE: Willy Dehmel
MUSIK: Franz Grothe
DARSTELLER: Toni Sailer, Maria Perschy, Waltraud Haas, Viktor Staal, Dietmar Schönherr, Oliver Grimm, Gustav Knuth, u. a.

Musiknummern:
Etwas leise Musik
Im Nachtlokal »Klein-Chikago«
beide Titel gesungen von Olive Moorfield
Bei gedämpftem Licht
Du bringst mir Glück
So schön wie heut [a. d. Film *Tanz mit dem Kaiser*, 1941]
Süße Romanze
Wenn in Paris der Flieder blüht

Hoch klingt der Radetzkymarsch
(Österreich 1958)
Musikalisches Lustspiel

UA: 18. 9. 1958 Nürnberg
PRODUKTION: Sascha-Film / Lux-Film
DREHBUCH: Kurt Nachmann, Hellmut Andics nach einer Idee von Emeric Raboz
REGIE: Géza von Bolváry
LIEDTEXTE: Kurt Nachmann
MUSIK: Franz Grothe
unter Verwendung des Radetzkymarsches von Johann Strauß (Vater)
DARSTELLER: Paul Hörbiger, Johanna Matz, Chariklia Baxevanos, Walter Reyer, Winnie Markus, Boy Gobert, Susi Nicoletti, Heinz Conrads, Gustav Knuth, Walter Müller, Oskar Sima, Ernst Waldbrunn, u. a.

Musiknummern:
Lied von den Stubenmädchen
Gesang: Winnie Markus
Das Schönste auf der Welt
Gesang: Walter Reyer

Die Trapp-Familie in Amerika
(Deutschland 1958)
Gesellschaftsmilieu
UA: 17. 10. 1958
PRODUKTION: KG Divina Film GmbH & Co.
DREHBUCH: Herbert Reinecker
REGIE: Wolfgang Liebeneiner
LIEDTEXTE: Willy Dehmel
MUSIK: Franz Grothe
DARSTELLER: Ruth Leuwerik, Hans Holt, Josef Meinrad, Wolfgang Wahl, Adrienne Gessner, u. a.

Musiknummern:
Ich wollt', ich hätt' eine Fiedel
Jagdlied der Kinder [a. d. Film *Die Trapp-Familie*, 1956]
Wir bauen uns ein Häuschen
alle Titel gesungen vom Kinderchor Rudolf Lamy

Wir Wunderkinder *(Deutschland 1958)*
Sozialkritisches Lustspiel

UA: 28.10.1958 München
PRODUKTION: Filmaufbau GmbH
DREHBUCH: Heinz Pauck, Günter Neumann nach dem Roman von Hugo Hartung
REGIE: Kurt Hoffmann
LIEDTEXTE: Günter Neumann
MUSIK: Franz Grothe
DARSTELLER: Johanna von Koczian, Hansjörg Felmy, Wera Frydtberg, Wolfgang Müller, Wolfgang Neuss, Robert Graf, Elisabeth Flickenschildt, Ludwig Schmid-Wildy, u. a.
Musiknummern:
Adolf-Tango
Chanson vom Wirtschaftswunder
Marsch-Chanson
Sammelbüchsen-Song
Zusammenbruch-Song
5 Titel gesungen von Wolfgang Müller, Wolfgang Neuss
Einen Walzer für dich und für mich
[a. d. Film *Frauen sind doch bessere Diplomaten*, 1939–41]

Italienischer Titel: *Finalmente l'alba*
Rumänischer Titel: *El milagro Aleman*
Schwedischer Titel: *Bedårande barn av sin tid*
Spanischer Titel: *Nosotros los ninos prodigios*
US-Titel: *Aren't We Wonderful*

Helden *(Deutschland 1958)*
Komödie
UA: 16.12.1958 Hamburg
PRODUKTION: Bavaria Filmkunst AG
DREHBUCH: Johanna Sibelius, Eberhard Keindorff nach der Komödie »Arms and the Man« von George Bernard Shaw
REGIE: Franz Peter Wirth
LIEDTEXT: Willy Dehmel
MUSIK: Franz Grothe
DARSTELLER: O. W. Fischer, Liselotte Pulver, Ellen Schwiers, Jan Hendriks, Ljuba Welitsch, Hans Clarin, u. a.
Musiknummer:
Reiter-Marsch

Englischer Titel: *Arms and the Man*
Italienischer Titel: *Le armi e l'uomo*

Der Priester und das Mädchen
(Österreich 1958)
Dramatische Liebesgeschichte
UA: 19.12.1958 München
PRODUKTION: Sascha-Film
DREHBUCH: Werner P. Zibaso, Helmut Andics
REGIE: Gustav Ucicky
LIEDTEXT: Willy Dehmel
MUSIK: Franz Grothe
DARSTELLER: Rudolf Prack, Willy Birgel, Marianne Hold, Winnie Markus, Rudolf Lenz, Ewald Balser, u. a.
Musiknummer:
Sei gegrüßt

Whisky, Wodka, Wienerin
(Österreich 1958)
(Rendezvous in Wien)
Politmärchen
UA: 8.1.1959
PRODUKTION: Cosmopol-Film
DREHBUCH: Johanna Sibelius, Eberhard Keindorff nach einem Lustspiel von Fritz Eckhardt
REGIE: Helmut Weiss
LIEDTEXTE: Willy Dehmel
MUSIK: Franz Grothe, Heinz Neubrand
DARSTELLER: Hans Holt, Margit Saad, Peer Schmidt, Peter Weck, Josef Meinrad, u. a.
Musiknummern:
Die Donau, die Schrammeln und du
Sambarina
Tränen der Liebe

Mein ganzes Herz ist voll Musik
(Deutschland 1958)
Schlager-Lustspiel
UA: 28.1.1959 München

PRODUKTION: Bavaria Filmkunst AG
DREHBUCH: Herbert Witt
REGIE: Helmut Weiss
LIEDTEXTE: Herbert Witt, Willy Dehmel
MUSIK: Franz Grothe, Josef Niessen
DARSTELLER: Erika Köth, Wolf Albach-Retty, Ernst Waldbrunn, Brigitte Grothum, Willy Hagara, Maria Sebaldt, Erika von Thellmann, Hans Fitz, u. a.

Musiknummern:
Denn es geht ein Freund mit mir durchs Leben
O Señor
Sehnsuchts-Blues
alle Titel gesungen von Erika Köth

Der Engel, der seine Harfe versetzte
(Deutschland 1958)
Musikalisches Lustspiel
UA: 12. 2. 1959 Hannover
PRODUKTION: Georg Witt-Film GmbH
DREHBUCH: Heinz Pauck, Günter Neumann nach einem Roman von Charles Terrot
REGIE: Kurt Hoffmann
LIEDTEXT: Günter Neumann
MUSIK: Franz Grothe
DARSTELLER: Nana Osten, Henry Vahl, Ullrich Haupt, Lina Carstens, Matthias Fuchs, Dunja Movar, Tatjana Sais, Horst Tappert, u. a.

Musiknummer:
Wieder 'mal ein Tag
Gesang: Ullrich Haupt

Liebe auf krummen Beinen
(Deutschland 1959)
Lustspiel
UA: 12. 5. 1959 München
PRODUKTION: Bavaria Filmkunst GmbH
DREHBUCH: Herbert Reinecker, Utz Utermann nach dem gleichnamigen Roman von Hans Gruhl

REGIE: Thomas Engel
LIEDTEXTE: Willy Dehmel
MUSIK: Franz Grothe
DARSTELLER: Walter Giller, Sonja Ziemann, Doris Kirchner, Günther Lüders, Carl-Heinz Schroth, u. a.

Musiknummern:
Ein kleiner Hund
Heut ist ein Tag wie jeder Tag
Julia, oh Julia (Ich freu' mich wie ein Kind)
alle Titel gesungen von Walter Giller

Jacqueline *(Deutschland 1959)*
Liebesfilm
UA: 17. 9. 1959 München
PRODUKTION: Universum Film AG (UFA)
DREHBUCH: Johanna Sibelius, Eberhard Keindorff nach einem Originalstoff von Jochen Huth
REGIE: Wolfgang Liebeneiner
LIEDTEXTE: Willy Dehmel
MUSIK: Franz Grothe
DARSTELLER: Johanna von Koczian, Walther Reyer, Götz George, Alexa von Porembski, Hans Söhnker, Gretl Schörg, Horst Tappert, u. a.

Musiknummern:
Du bist der erste Mann
Du hast die Augen, die ich liebe
Heut hat mein Herz tausend Flügel
Immer, wenn du fortgehst
alle Titel gesungen von Johanna von Koczian

Das schöne Abenteuer *(Deutschland 1959)*
Liebesfilm
UA: 29. 9. 1959 München
PRODUKTION: Georg Witt-Film GmbH
DREHBUCH: Heinz Pauck, Günter Neumann nach dem Roman »Reise durchs Familienalbum« von Antonia Ridge
REGIE: Kurt Hoffmann
LIEDTEXTE: Willy Dehmel
MUSIK: Franz Grothe

DARSTELLER: Liselotte Pulver, Robert Graf, Bruni Löbel, Hans Clarin, Oliver Grimm, Eva-Maria Meineke, Paul Esser, Karl Lieffen, Klaus Havenstein, Horst Tappert, u. a.

Musiknummern:
Es hat zwei Pedale
Immer langsam, nicht so schnell
Gesang: Eva-Maria Meineke
Im Rhonetal steht eine Mühle

Ein Mann geht durch die Wand
(Deutschland 1959)
Komödie
UA 14.10.1959 Köln
PRODUKTION: Kurt Ulrich Film GmbH
DREHBUCH: István Békeffy, Hans Jacoby nach der Novelle »Le passe muraille« von Marcel Aymé
REGIE: Ladislao Vajda
MUSIK: Franz Grothe
DARSTELLER: Heinz Rühmann, Nicole Courcel, Anita von Ow, Rudolf Rhomberg, Rudolf Vogel, Hubert von Meyerinck, u. a.

US-Titel: *The Man Who Could Walk Through Walls*

Zwölf Mädchen und ein Mann
(Österreich 1959)
Lustspiel
UA: 15.10.1959 Wien
PRODUKTION: Sascha Produktion GmbH
DREHBUCH: Kurt Nachmann, Helmut Andics unter Verwendung des Bühnenstückes »Die Gangster von Valence« von Wolfgang Ebert
REGIE: Hans Quest
LIEDTEXTE: Willy Dehmel
MUSIK: Franz Grothe
DARSTELLER: Toni Sailer, Margit Nünke, Gunther Philipp, Gerlinde Locker, Joe Stöckel, Grit Böttcher, u. a.

Musiknummern:
Ich bin der glücklichste Mensch auf der Welt

Man müßte Scheich in Persien sein
Gesang: Toni Sailer

Alt-Heidelberg *(Deutschland 1959)*
Studentenmilieu
UA: 21.12.1959 Heidelberg
PRODUKTION: CCC Filmproduktion GmbH / Kurt Ulrich Film GmbH
DREHBUCH: Ernst Marischka nach dem gleichnamigen Schauspiel von Wilhelm Meyer-Förster
REGIE, LIEDTEXTE: Ernst Marischka
MUSIK: Franz Grothe
DARSTELLER: Christian Wolff, Gert Fröbe, Sabine Sinjen, Ernst Stahl-Nachbaur, Rudolf Vogel, Heinrich Gretler, u. a.

Musiknummern:
Ich denk' am Montag
Man kann doch nicht ununterbrochen schlafen
Weißt du noch, wie wunderbar

Ein Tag, der nie zu Ende geht
(Deutschland 1959)
Liebesromanze
UA: 22.12.1959 München
PRODUKTION: KG Divina Film GmbH & Co.
DREHBUCH: Walter Forster, Joachim Wedekind
REGIE: Franz Peter Wirth
LIEDTEXTE: Willy Dehmel
MUSIK: Franz Grothe
DARSTELLER: Ruth Leuwerik, Hansjörg Felmy, Mady Rahl, Hannes Messemer, Karl Lieffen, Rudolf Rhomberg, u. a.

Musiknummern:
Der abergläubische Cowboy
Ein Tag, der nie zu Ende geht
Irisches Tanzlied

Lampenfieber *(Deutschland 1959)*
Schauspielschulmilieu
UA: 3.3.1960 München

Filmographie

PRODUKTION: Filmaufbau Produktionsgesellschaft mbH
DREHBUCH: Heinz Pauck, unter Mitarbeit von Hans Schweikart
REGIE: Kurt Hoffmann
LIEDTEXT: Willy Dehmel
MUSIK: Franz Grothe
DARSTELLER: Dunja Movar, Bernhard Wicki, Antje Weisgerber, Gustav Knuth, Hans Schweikart, Hans Clarin, u. a.

Musiknummer:
Föhn-Blues
Gesang: Gisela Jonas

Liebling der Götter *(Deutschland 1960)*
Liebesgeschichte
UA: 12. 4. 1960 München
PRODUKTION: CCC-Filmproduktion GmbH
DREHBUCH: Georg Hurdalek frei nach der Lebensgeschichte von Renate Müller
REGIE: Gottfried Reinhardt
LIEDTEXT: Willy Dehmel
MUSIK: Franz Grothe unter Verwendung von Melodien von Paul Abraham
DARSTELLER: Ruth Leuwerik, Peter van Eyck, Willy Fritsch, Harry Meyen, Hannelore Schroth, Friedrich Domin, Robert Graf, u. a.

Musiknummer:
Ich brauche zum Leben die Liebe
Gesang: Ruth Leuwerik

Englischer Titel: Sweetheart *Of The Gods*
Italienischer Titel: *Notte d'inferno*
Spanischer Titel: *Fatal destino*

Der letzte Fußgänger *(Deutschland 1960)*
Urlaubsmilieu
UA: 15. 9. 1960 Frankfurt / Main
PRODUKTION: Deutsche Film-Hansa GmbH & Co., Hamburg
DREHBUCH: William (Wilhelm) Thiele, Eckart Hachfeld
REGIE: William (Wilhelm) Thiele

LIEDTEXTE: Willy Dehmel
MUSIK: Franz Grothe
DARSTELLER: Heinz Erhardt, Christine Kaufmann, Käthe Haack, Ernst Waldow, Hans Hessling, Werner Finck, Günther Ungeheuer, u. a.

Musiknummern:
Ein Rucksack voller Träume
Nicht so eilig
beide Titel gesungen von Heinz Erhardt
Oh, wie schön
So fängt Liebe an
Wenn ich dich seh'

Eine Frau fürs ganze Leben *(Deutschland 1960)*
Schwank
UA: 27. 9. 1960 Düsseldorf
PRODUKTION: Bavaria Filmkunst AG
DREHBUCH: Herbert Reinecker, Georg Hurdalek, Oliver Hassencamp
REGIE: Wolfgang Liebeneiner
MUSIK: Franz Grothe
DARSTELLER: Ruth Leuwerik, Klausjürgen Wussow, Harry Meyen, Gustav Knuth, Theo Lingen, Friedrich Domin, Maria Sebaldt, Lucie Englisch, u. a.

Musiknummern:
Eine Frau fürs ganze Leben (Thema)
In der Nacht ist der Mensch nicht gern alleine [a. d. Film *Die Frau meiner Träume*, 1943 / 44]

Heldinnen *(Deutschland 1960)*
Musikalisches Lustspiel
UA: 29. 9. 1960 Frankfurt / Main
PRODUKTION: H. R. Sokal-Film
DREHBUCH: Charlotte Kerr nach dem Lustspiel »Minna von Barnhelm« von Gotthold Ephraim Lessing
REGIE: Dietrich Haugk
LIEDTEXTE: Willy Dehmel, Günther Schwenn, Charlotte Kerr, P. Lehmann
MUSIK: Franz Grothe

DARSTELLER: Marianne Koch, Johanna von Koczian, Paul Hubschmid, Walter Giller, Günter Pfitzmann, Willi Trenk-Trebitsch, Alfred Balthoff, u. a.
Musiknummern:
Chanson Riccaut
Gesang: Willi Trenk-Trebitsch
Chor der Jungfrauen
Das ist ein Mann
Gesang: Marianne Koch
Kutschen-Lied
Gesang: Marianne Koch, Johanna von Koczian
Die Männer, die brauchen das
Gesang: Marianne Koch, Johanna von Koczian
Schnatter-Lied
Schnüffel-Tango
Gesang: Alfred Balthoff
Wenn ich nur wüßt'
Gesang: Marianne Koch
Wutlied
Gesang: Johanna von Koczian

Die Stunde, die du glücklich bist
(Deutschland 1961)
Liebesgeschichte
UA: 29. 9. 1961
PRODUKTION: Bavaria-Filmkunst GmbH
DREHBUCH: Herbert Reinecker
REGIE: Rudolf Jugert
MUSIK: Franz Grothe
DARSTELLER: Ruth Leuwerik, Peter van Eyck, Werner Hinz, Anaid Iplicjian, Alfred Balthoff, Hans-Jürgen Diedrich, u. a.

Zwei unter Millionen *(Deutschland 1961)*
Liebesgeschichte
UA: 12. 10. 1961 Hannover
PRODUKTION: UFA Film Hansa GmbH & Co., Hamburg
DREHBUCH: Gerd Oelschlegel
REGIE: Victor Vicas, Wieland Liebske
MUSIK: Franz Grothe

DARSTELLER: Hardy Krüger, Loni von Friedl, Walter Giller, Joseph Offenbach, Ilse Fürstenberg, Fritz Tillmann, u. a.
Musiknummer:
Zwei unter Millionen (Thema)

Im sechsten Stock *(Deutschland 1961)*
Lustspiel
UA: 20. 12. 1961
PRODUKTION: Real-Film KG
DREHBUCH: Eckehard Munck nach einer Komödie von Alfred Gehri
REGIE: John Olden
LIEDTEXT: Willy Dehmel
MUSIK: Franz Grothe und Alfred Strasser
DARSTELLER: Sabine Sinjen, Helmut Lohner, Klausjürgen Wussow, Inge Meysel, Rudolf Vogel, u. a.
Musiknummer:
Doo-Da-Di

Die Försterchristel *(Deutschland 1962)*
Romanze
UA: 21. 12. 1962
PRODUKTION: Carlton Film GmbH
DREHBUCH: Janne Furch, Fritz Böttger nach der gleichnamigen Operette von Georg Jarno
REGIE: Franz Joseph Gottlieb
MUSIK: Franz Grothe
DARSTELLER: Sabine Sinjen, Peter Weck, Sieghardt Rupp, Gerlinde Locker, Doris Kirchner, Rudolf Vogel, Oskar Sima, Wolf Albach-Retty, u. a.

Die blonde Frau des Maharadscha
(Deutschland 1962)
Abenteuerfilm
(Zusammenschnitt der Filme *Sterne über Colombo*, 1953, und *Die Gefangene des Maharadscha*, 1953)
UA: 4. 5. 1962

PRODUKTION: KG Divina-Film GmbH & Co.
DREHBUCH: nach einer Idee von Peter Francke und Maria von der Osten-Sakken
REGIE: Veit Harlan
LIEDTEXTE: Willy Dehmel
MUSIK: Franz Grothe
DARSTELLER: Kristina Söderbaum, Willy Birgel, Adrian Hoven, René Deltgen, Rolf von Nauckhoff, Hermann Schomberg, Paul Busch jr., Gilbert Houcke, Karl Martell, Herbert Hübner, Suyata Jayawardena, Theodor Loos, Rolf Wanka, Otto Gebühr, u. a.

Wochentags immer *(Deutschland 1963)*
Lustspiel
UA: 30. 5. 1963
PRODUKTION: Roxy-Film GmbH & Co. KG
DREHBUCH: Per Schwenzen, Alexander Badal, Michael Burk
REGIE: Michael Burk
MUSIK: Franz Grothe
DARSTELLER: Hanns Lothar, Geneviève Cluny, Ann Smyrner, Hanne Wieder, Peter Carsten, Paul Esser, u. a.
Musiknummer:
Wochentags immer (Thema)

Meine Tochter und ich *(Deutschland 1963)*
Familienkomödie
UA: 16. 8. 1963
PRODUKTION: KG Divina-Film GmbH & Co.
DREHBUCH: Curth Flatow
REGIE: Thomas Engel
MUSIK: Franz Grothe
DARSTELLER: Heinz Rühmann, Gertraud Jesserer, Eckhart Dux, Agnes Windeck, Gustav Knuth, Christiane Nielsen, Herta Staal, u. a.

Das Haus in Montevideo *(Deutschland 1963)*
Filmkomödie
UA: 17. 10. 1963 Hannover
PRODUKTION: Hans Domnick-Filmproduktion GmbH
DREHBUCH: Curt Goetz nach der Komödie »Das Haus in Montevideo oder Traugotts Versuchung«
REGIE: Helmut Käutner
LIEDTEXTE: Helmut Käutner, Willy Dehmel
MUSIK: Franz Grothe
DARSTELLER: Heinz Rühmann, Ruth Leuwerik, Paul Dahlke, Ilse Pagé, Michael Verhoeven, Hanne Wieder, Viktor de Kowa, u. a.

Musiknummern:
Der erste Schritt
Gesang: Hanne Wieder
Wir wandern, wir wandern
Kinderchor Rudolf Lamy
Assado (Carioca-Fantasie)

Spanischer Titel: *La casa di Montevideo*

Vorsicht, Mister Dodd *(Deutschland 1963)*
(Ihn kann nichts erschüttern)
Unterhaltungsfilm
UA: 14. 2. 1964
PRODUKTION: KG Divina-Film GmbH & Co.
DREHBUCH: Utz Utermann, Claus Hardt nach »Out of Bounds« von A. Watkyn
REGIE: Günter Gräwert
MUSIK: Franz Grothe
DARSTELLER: Heinz Rühmann, Ernst Fritz Fürbringer, Maria Sebaldt, Horst Keitel, Robert Graf, Mario Adorf, u. a.

Englischer Titel: *A Mission for Mr. Dodd*

Heirate mich, Chéri
(Deutschland/Österreich 1964)
Lustspiel
UA: 23. 12. 1964
PRODUKTION: Schlaraffia-Film GmbH,

München/Sascha-Film Produktions GmbH, Wien
DREHBUCH: Janne Furch, Heinz Pauck nach dem gleichnamigen Roman von Gábor von Vaszary
REGIE: Axel von Ambesser
MUSIK: Franz Grothe
DARSTELLER: Ann Smyrner, Peter Muliar, Jana Brejchová, Walter Giller, Paul Hubschmid, Letitia Roman, Peter Weck, u. a.

Dr. med. Hiob Prätorius
(Deutschland 1964)
Komödie
UA: 14.1.1965 Hamburg
PRODUKTION: Hans Domnick Filmproduktion GmbH/Independent Film GmbH
DREHBUCH: Heinz Pauck, Istvan Békéfi nach dem Bühnenstück von Curt Goetz
REGIE: Kurt Hoffmann
MUSIK: Franz Grothe
DARSTELLER: Heinz Rühmann, Liselotte Pulver, Fritz Tillmann, Fritz Rasp, Werner Hinz, Peter Lühr, Tatjana Sais, Eva Mattes, u. a.

Rumänischer Titel: *Mi querido docotor*
Spanischer Titel: *La alegria de la vida*

Heidi *(Österreich 1965)*
(Sehnsucht nach der Heimat)
UA: 29.10.1965
PRODUKTION: Sascha-Film Produktions GmbH, Wien
DREHBUCH: Michael Haller nach dem gleichnamigen Roman von Johanna Spyri
REGIE: Werner Jacobs
MUSIK: Franz Grothe
DARSTELLER: Eva Maria Singhammer, Jan Koester, Rudolf Vogel, Gertraud Mittermayr, Gustav Knuth, Margot Trooger, u. a.
Musiknummer:
Heidi-Thema

Hokuspokus – oder: Wie lasse ich meinen Mann verschwinden
(Deutschland 1965)
Lustspiel
UA: 3.3.1966 Hamburg
PRODUKTION: Hans Domnick Filmproduktion GmbH/Independent-Produktion GmbH
DREHBUCH: Eberhard Keindorff, Johanna Sibelius nach der Komödie »Hokuspokus« von Curt Goetz
REGIE: Kurt Hoffmann
MUSIK: Franz Grothe, Peter Thomas
DARSTELLER: Heinz Rühmann, Liselotte Pulver, Richard Münch, Fritz Tillmann, Klaus Miedel, Joachim Tege, u. a.

Liselotte von der Pfalz *(Deutschland 1966)*
Lustspiel
UA: 7.10.1966 Neustadt a. d. Weinstraße
PRODUKTION: Independent-Film GmbH
DREHBUCH: Johanna Sibelius, Eberhard Keindorff
REGIE: Kurt Hoffmann
MUSIK: Franz Grothe
DARSTELLER: Heidelinde Weis, Harald Leipnitz, Karin Hübner, Gunnar Möller, Hans Caninenberg, Friedrich von Thun, u. a.

Herrliche Zeiten im Spessart
(Deutschland 1967)
Lustspiel
UA: 21.9.1967 Würzburg
PRODUKTION: Independent-Film GmbH
DREHBUCH: Günter Neumann
REGIE: Kurt Hoffmann
LIEDTEXTE: Günter Neumann
MUSIK: Franz Grothe
DARSTELLER: Liselotte Pulver, Harald Leipnitz, Willy Millowitsch, Paul Esser, Hubert von Meyerinck, Tatjana Sais, Hannelore Elsner, Hans Richter, Vivi Bach, Ewald Wenck, u. a.

Filmographie

Musiknummern:
- **Ballade**
(Drehorgel)
- **Graf schickt die Soldaten los**
- **Herrliche Zeiten im Spessart** (Gespenster-Marsch)
- **Ich klopf heut' nacht an deine Tür**
Gesang: Harald Leipnitz
- **Im Blütenhain**
- **In meinen Träumen**
- **Vorwärts! Marsch, in die Schlacht**
- **Walzer**

Ein Tag ist schöner als der andere
(Deutschland 1969)
Familienmilieu
UA: 19.12.1969

PRODUKTION: Independent-Film GmbH
DREHBUCH: Kurt Hoffmann, Hertha und Reinhart von Eichborn
REGIE: Kurt Hoffmann
LIEDTEXTE: Justina von Eichborn
MUSIK: Franz Grothe
DARSTELLER: Vivi Bach, Ingrid Braut, Siegfried Siegert, Eleonore Weisgerber, die Eichborn-Kinder, u.a.

Musiknummern:
- **Ein Tag ist schöner als der andere**
Gesang: Justina von Eichborn
- **Pony, mein Pony**
Gesang: Eichborn-Kinder
- **Einen Walzer für dich und für mich**
[a. d. Film *Frauen sind doch bessere Diplomaten*, 1939-41]

Fernsehproduktionen

Bunbury
TV-Komödie
UA: 31.1.1963 ZDF
Buch: nach Oscar Wilde
Bearbeitung, Regie: Harry Meyen
Liedtexte: Willy Dehmel
Musik: Franz Grothe
Darsteller: Harald Juhnke, Harry Meyen, Hubert von Meyerinck, Gert Wiedenhofen, Erich Fiedler, Elsa Wagner, Lore Hartling, Gerlinde Locker, Hilde Volk, u.a.

Musiknummern:
Es gibt viele Arten Tanten
Es ist die unbedingte Pflicht
Ach, es mußte ja so kommen
Warum lügen alle Männer
Es braucht nicht alles ernst zu sein

Glück zu kleinen Preisen
(Automaten-Musical)
TV-Film
UA: 5.12.1963 ZDF
Ein musikalisches Kaleidoskop von Paul H. Rameau
Regie: Ralph Lothar
Musik: Franz Grothe, Raimund Rosenberger
Es spielen, singen und tanzen: Rose-Marie Kirstein, Peter Nestler, Wolfgang Zilser, Peggy Brown, Greta Keller, Elisabeth Volkmann, Rainer Bertram, Jürgen Feindt, Bob Franco, Peter Fritsch, Werner Lieven, Gerhard Riedmann, Gerhard Wendland, die Orchester Kurt Henkels und Max Greger, u.a.

Musiknummern:
Blaue Nacht am Meer
Es fehlt mir was zum Glücklichsein
Flieg mit mir
Hexen von heute
In der Liebe, in der Liebe
Noch einmal lieben
Ringsum im Hafen
Sieh mich an
Steigen Sie ein
Twens, Twist, Madison

Die Rache des Jebal Deeks
(Man müßte eine kleine Bank ruinieren ...)
TV-Komödie
UA: 31.12.1963 ZDF
Buch: John Hess
Fernsehbearbeitung: Claus Hardt
Regie: Dietrich Haugk
Musik: Franz Grothe
Darsteller: Carl-Heinz Schroth, Karin Jacobsen, Hubert von Meyerinck, Achim Striezel, Heinz Spitzner, Hans Schwarz, Werner Stock, Hans Epskamp, Harry Wüstenhagen, Walo Lüönd, Hugo Schrader, Joachim Röcker, u.a.

Mitternachtszauber
(Am Mittelmeer in Spanien)
TV-Film-Musical
UA: 12.11.1964 ZDF
Produktion: ZDF
Buch: Paul H. Rameau, Franz Grothe
Regie: Ralph Lothar
Liedtexte: Paul H. Rameau
Musik: Franz Grothe
Darsteller: Thomas Adler, Beppo Brem, Peggy Brown, Margot Eskens, Bob Franco, Werner Fuetterer, Monika Grimm, Willy Hagara, Marion Huber, Elisabeth Volkmann, u.a.

Musiknummern:
  Alle Puppen tanzen
  Costa brava
  Ich bin, du bist, er ist
  Karriere
  Mein Modell heißt Mona Lisa
  Modeschauen
  Süße, kleine Puppe, du
  Wir reisen mit Musik
  Die Wunder der Welt
  Ferien mit hundertzwanzig Sachen

Sonnabendnacht im Hafen
TV-Film
UA: 9.1.1965 ZDF
PRODUKTION: ZDF
BUCH: Paul Rameau
BEARBEITUNG, REGIE: Ralph Lothar
MUSIK: Franz Grothe
DARSTELLER: Inge Brandenburg, Jürgen Feindt, Wilfried Gösler, Heinz Kiesel, Wolfgang Parr, Gerhard Riedmann, Eva Sepp, u. a.
Musiknummer:
  Sonnabendnacht im Hafen

Wir reisen mit Musik
TV-Film
UA: 25.3.1965 ZDF
PRODUKTION: ZDF
BUCH UND LIEDTEXT: Paul H. Rameau
BEARBEITUNG, REGIE: Ralph Lothar
MUSIK: Franz Grothe
DARSTELLER: Thomas Alder, Rainer Bertram, Peggy Brown, Jürgen Feindt, Werner Fuetterer, Monika Grimm, Willy Hagara, Eva Sepp, Jean Soubeyran, u. a.
Musiknummer:
  Wir reisen mit Musik

Onkelchens Traum
Komödie
UA: 1965 ZDF
BUCH: Lester Cole nach Fjodor M. Dostojewski
REGIE: Günter Gräwert
MUSIK: Franz Grothe
DARSTELLER: Rosel Schäfer, Bruni Löbel, Rudolf Vogel, Paul Bürks, Walter Breuer, Rosemarie Fendel, u. a.

Zum Blauen Bock
Fernsehserie
PRODUKTION: ARD Hessischer Rundfunk
LIEDTEXTE: Heinz Schenk
Musikalische Leitung 1965 bis September 1982: Franz Grothe
A: Die Musiknummern sind im Werkverzeichnis entsprechend gekennzeichnet.

So gut wie morgen ging es uns nie
TV-Spiel
UA: 31.12.1965 ZDF
Rückblick und Aussichten von Eckart Hachfeld mit Beiträgen von Kay Lorentz, Martin Morlock und Günter Neumann
REGIE: Günter Gräwert
LIEDTEXTE: Eckart Hachfeld
MUSIK: Franz Grothe
DARSTELLER: Lore Lorentz, Wolf Rahtjen, Joachim Teege, Walter van Raag, Hubert von Meyerinck, Robert Meyn, Hildegard Kühn, Axel Muck, u.a.; Orchester Max Greger
Musiknummern:
  Die Freßwelle
  Die kleine Kanone
  Luftschutz
  Moritat »Die beiden Evergreens«
  Reisen
  Sportsequenz

Mensch ärgere dich nicht
TV-Film
UA: 1966 ZDF
PRODUKTION: TV 60
MUSIK: Franz Grothe

Ich will Mjussow sprechen
TV-Musical-Komödie
BUCH: Valentin Katajew, deutsche Übersetzung: Susi Pirou
FERNSEHBEARBEITUNG: Jan Mertens und Gerd Bauer
UA: 25.6.1967 ZDF
PRODUKTION: TV 60
REGIE: Rolf von Sydow
MUSIK: Franz Grothe
DARSTELLER: Kurt Sobotka, Joachim Teege, Jane Tilden, Karin Jacobsen, Sabine Eggerth, Hildegard Kühn, Harald Dietl, Viktoria Brams, Werner Kotzerke, u.a.

Berliner Bilderbogen
TV-Spiel
UA: 1968 ARD Norddeutscher Rundfunk, Hamburg
PRODUKTION: TV 60
BUCH: nach dem gleichnamigen Bühnenstück von Liesegang
LIEDTEXTE: Bruno Balz, Fritz Rotter, Hans Bussmann
MUSIK: Franz Grothe
Musiknummern:
  Für eine Stunde Leidenschaft
  Wenn unser Berlin auch verdunkelt ist
  Der letzte Leierkasten von Berlin
  Das muß man vergessen können
  Grüß mir die Berolina
  Mit Marie möcht' ich 'mal auf den Funkturm geh'n
A: Es handelt sich um frühere Kompositionen, die in dieser Fernsehproduktion wieder verwendet wurden.

Madame Bovary
Fernsehfilm in 2 Teilen
UA: 14. und 15.4.1968 ZDF
BUCH: Franz Hoellering nach Gustave Flaubert
FERNSEHBEARBEITUNG, REGIE: Hans Dieter Schwarze
MUSIK: Franz Grothe
DARSTELLER: Elfriede Irral, Günther Strack, Andreas Blum, Dietmar Schönherr, Klaus Schwarzkopf, Karl Lieffen, Margitta Sonke, Sascha Hehn, Klaus Dahlen, Heino Hallhuber, u.a.
Musiknummer:
  Bovary-Melodie

Berlin ist eine Posse wert
(Von der Posse bis zur Glosse – 100 Jahre Herz, Schnauze und Humor)
TV-Film
UA: 6.6.1968 ZDF
PRODUKTION: TV 60
BUCH: Eckart Hachfeld nach Unterlagen von Dieter Berger
REGIE: Günter Gräwert
LIEDTEXTE: Eckart Hachfeld, Günter Neumann, Kotzerka
MUSIK: Franz Grothe; außerdem wurden Kompositionen von Hollaender, Kollo, Silcher, Millöcker, Ager, Clewing, Raymond, Pleininger und Conradi verwendet
DARSTELLER: Klaus Havenstein, Hans-Jürgen Diedrich, Claus Biederstaedt, Maria Sebaldt, u.a.
Musiknummern:
  Der Tonnenmann
  Der Party-Säufer
  Mein Anwalt
  Schulze von der Aristokratie
  Alles schon 'mal dagewesen
  Mädchen für alles
  Berlin wird Weltstadt

Auch schon im alten Rom
TV-Film
Kabarettistisches Fernsehspiel
UA: 6.2.1969 ZDF
PRODUKTION: TV 60 Hardt GmbH, München
REGIE: Lutz Büscher
BUCH, LIEDTEXTE: Eckart Hachfeld

Fernsehproduktionen

MUSIK: Franz Grothe
DARSTELLER: Lore Lorentz, Hanne Wieder, Ursula Oberst, Robert Meyn, Henning Gissel, Helmut Brasch, Hans Jürgen Diedrich, u. a.

Musiknummern:
Denn gegen Armut kämpfen Götter
Mein lieber Sklave Ottokar
Es menschelt an allen Orten
Wir liegen auf der Bärenhaut
Junger Mann aus gutem Hause
Hippie-Song
Es zogen die Germanen
Entstammt man den oberen Schichten
Liegst du im Leben schief
Laß dich niemals unterkriegen
Ja, so was gab's auch schon im alten Rom
Die Jugend ist entsetzlich

Kellerassel
Fernsehspiel
UA: 8. 6. 1969 ZDF
PRODUKTION: Johannes J. Frank
BUCH: Fritz Raab
REGIE: Gedeon Kovacs
MUSIK: Franz Grothe
DARSTELLER: Walter Bluhm, Hans Söhnker, Peter Schiff, Werner Stock, Corny Collins, Til Erwig, Ilse Pagé, Maria Paudler, Fritz Haneke, Hans W. Hamacher, Mathias Ponnier, u. a.

Musiknummer:
Pfeifsolo

Seine Majestät Gustav Krause
TV-Film
UA: 7. 2. 1971 ZDF
PRODUKTION: Alf Teichs

BUCH: nach einem Volksstück von Eberhard Foerster [d. i. Erich Kästner]
FERNSEHBEARBEITUNG: Siegfried Wischnewski
REGIE: Günter Grävert
MUSIK: Franz Grothe
DARSTELLER: Siegfried Wischnewski, Ingrid van Bergen, Günter Grävert, Ingeborg Lapsien, Franz-Otto Krüger, Elsa Wagner, Hans Kahlert, Carmen Steinkrauss, Jürgen Wegner, u. a.

Engadiner Bilderbogen
TV-Serie in 13 Folgen
UA: 1974 ZDF
PRODUKTION: Elan-Film Gierke & Company, München
BUCH: Franz Geiger, Uta Berlet und Rudolf Nottebohm
REGIE: Gerd Oelschlegel
MUSIK: Franz Grothe
DARSTELLER: Christian Wolf, Sigfrit Steiner, Erwin Kohlund, Franziska Kohlund, Friedrich von Ledebur, Fred Tanner, Margrit Winter, Daniel Kasztura, Walo Lüönd, Til Erwig, Dieter Augustin, Gundy Grand, Kristina Nel, Gaby von Laak, u. a

Titel der einzelnen Folgen:
1. Viva Engadina
2. Bergnot
3. Alpenphotograf
4. Die Spekulantin
5. Ein freier Nachmittag
6. Der Optimist
7. Zwischen Himmel und Erde
8. Die Bardame
9. Der weiße Montag
10. Wettlauf mit der Tugend
11. Sein letzter Sprung
12. Flucht in den Frühling
13. Die Abreise

Diskographie Franz Grothe (CDs)

Eine Diskographie über das Schaffen von Franz Grothe muß zwangsläufig fragmentarisch bleiben. Da es sich bei seiner Musik quantitativ überwiegend um Tanzmusik handelt, sind seine Werke vielhundertfach arrangiert und auf Tonträgern aufgenommen worden. Es sind daher nur die auf CompactDisc erschienenen Neuproduktionen sowie auf diesem Medium wieder veröffentlichte Aufnahmen dokumentiert, ohne Anspruch auf Vollständigkeit.

Als Anhang werden CD-Sampler, ausschließlich dem Komponisten Franz Grothe gewidmet, sowie derzeit verfügbare Film-DVDs dokumentiert. (Redaktionsschluß: 30.09.2007)

Abends, wenn alle Menschen schlafen
Wolfgang Lackerschmid Quint. (1999)
hipjazz 002

Ach, das könnte schön sein
Drops
MDG 622 0456

Klaus Havenstein, Wilfried Herbst
Ltg. Franz Grothe
Polydor 5394042
Indigo 98552

Leipziger Folksession (1999)
Löwenzahn / HeiDeck HD 99 / 07

Wolfgang Neuss
Conträr 4308-2
Mercury 5588552

Ach, ich liebe alle Frauen
Berolina Sound Orchestra
Ltg. Siegfried Mai (1981)
Monopol MON 935 703

Orch. Robert Gaden (1938)
Electrola 1 59862
Ceraton CT 9017
Membran 22 2946

Herbert Ernst Groh
Orch. Otto Dobrindt
RV Musik 2609

René Kollo (2005)
Dt. Filmorch. Babelsberg
duo-phon 06223

Heiko Reissig (2005)
Dt. Filmorch. Babelsberg
duo-phon 06233

Ach, ich liebe alle Männer
Kirsten Heiberg (1940)
Franz Grothe, Klavier
Koch 323 439

Marika Rökk (1940)
Ltg. Franz Grothe
Ceraton CT 1379
TIM 220733

Marika Rökk (1941)
Ltg. Franz Grothe
Original-Filmsoundtrack
Ariola 260 026

Adolf-Tango
Wolfgang Neuss
Conträr 4308-2
Mercury 5588552

Diskographie

Allerschönste aller Frauen
Tanzorch. Teddy Kleindin (1942)
R: Horst Winter
Ceraton CT 9017
Dt. Moderne 85033
JUBE 11578
TMK 00 39 31

Tanzorch. Corny Ostermann (1943)
JUBE 15000
Dt. Moderne 85023
Membran 222241

Kurt von Ruffin (1942)
Ltg. Franz Grothe
Original-Filmsoundtrack
Antikbüro CH 3000
Koch 3250275

Am nächsten Tag
Kirsten Heiberg (1941)
Franz Grothe m. kleinem Ensemble
Dt. Moderne 85123
FPR 75805
None 012346

Elfie Mayerhofer (1941)
Ltg. Franz Grothe
TMK 00 68 64

Rudi Schuricke (1941)
Orch. Michael Jary
TMK 00 39 24
Ceraton CT 9017

Meg Tevelian u. s. Tanz-Orch.
Boutique 662902

An der Donau, wenn der Wein blüht
Willy Fritsch (1933)
Odeon Künstler-Orch.
Ltg. Otto Dobrindt
Electrola 669.884
EMI 1563062
JUBE 11578
RV Musik 2202
TIM 221459
TIM 220735

Sylvia Geszty (1970)
Ariola 260 910
Heinz Hellberg
Sonia 77100
Sonia 77436

Orch. Egon Kaiser
R: Erwin Hartung
RV Musik 2314
RV Musik 2605

Dagmar Koller
Koch 365672

Rudolf Schock
Ariola 260 029

Vico Torriani
Polydor 519159-2

Günter Wewel
Polarfilm 510

A Night of Love
Orch. Nelson Riddle (1972)
MPS 823 760-2
MPS 9814795

Auf den Flügeln bunter Träume
Bettina Bentgens (1997)
BBB-CD

Orch. Willy Berking
Bear BCD 16266
Berolina Sound Orchestra
Ltg. Siegfried Mai (1981)
Monopol 935 703

Doddy Delissen (1938)
Hilde Weissner
Ltg. Franz Grothe
Original-Filmsoundtrack
RV 2312
TMK 00 39 48

Str.-Orch. Hubert Deuringer
Baer BCD 16581 AH

Kirsten Heiberg (1938)
Die Goldene Sieben
Ltg. Franz Grothe
Electrola 32 938 2
Electrola 39 381-9
EMI 1563112
Ceraton CT 9017
FPR 75805
JUBE 11578
RV Musik E 503
TIM 220732

Kirsten Heiberg (1938)
Ltg. Franz Grothe
Ariola 260 025
Milva (1977)
Karussell 843 803-2

Arja Saijonmaa (1986)
Scandio scd 729

Nessie Tausendschön (1998)
Con Anima 21546 52 2

Vielharmoniker
Indigo 98552

Klaus Wunderlich, Orgel (1983)
Bell BLR 89107

Automaten-Tango
Die Melody Gents (1931)
JUBE 15020

Ballade des Parucchio
Fred Bertelmann
Ltg. Franz Grothe
RCA 73546 2

Bien venidos
Orch. Raphaele (1992)
Mozart Rec. 1005

Bleib hier
Zarah Leander
Ltg. Arne Hülphers
Ariola 597 382
Das Beste ZAL 7202

Bovary-Melodie
Franz Grothe, Klavier
Rundfunkorch. Hannover
Ltg. Richard Müller-Lampertz
TMK 23182

Chanson vom Wirtschaftswunder
Wolfgang Neuss, Wolfgang Müller (1958)
Polydor 559 179 2
Polyphon 840 637-2
Conträr 4308-2
Membran 221317
Mercury 5588552

Pe Werner (1998)
PMS 78054

Das bleibt doch unter uns
Kirsten Heiberg (1945)
Ltg. Franz Grothe
Original-Filmsoundtrack
Koch 323 333

Das ist der richt'ge Rhythmus
Renée Franke (1955)
Orch. Kurt Henkels
Boutique 66 2892

Das muß man vergessen können
Kirsten Heiberg (1942)
Ltg. Franz Grothe
Duo-phon 05333
FPR 75805
TMK 00 78 78

Der Liebe Freud', der Liebe Leid
Marianne Warmeyer, Julius Katona (1942)
TMK 324 401

Du bist in letzter Zeit so schrecklich blond geworden
Orch. Dajos Béla
EBM 04103

Diskographie

Orch. Paul O'Montis
Preiser 90 202

Du gehörst zu mir
Die Goldene Sieben (1938)
DRA/JUBE 1602
Membran 223180

Walter Raatzke u. s. Tanzorch.
R: Max Mensing
TMK 9091

Du müßtest bei mir sein
Gretl Schörg, Marianne Warmeyer (1942)
TMK 324 401

Durch die Nacht klingt ein Lied
Will Glahé u. s. Orch.
TMK 9091
RV Musik 1408

Margarete Slezak
Koch 32498

Orch. Willi Stanke
JUBE 13992
RV 1416

Du sollst es leise sagen
Margo Lion (1933)
Odeon Künstlerorch.
Ltg. Otto Dobrindt
Berlin Cabaret 01466

Du und ich und der Sonnenschein
Herbert Ernst Groh
Orch. Otto Dobrindt
RV Musik 2609

Einen Walzer für dich und für mich
Berolina Sound Orchestra
Ltg. Siegfried Mai (1981)
Monopol 935 703

Orch. Barnabas von Geczy (1939)
Membran 223179

Herbert Ernst Groh (1941)
Orch. Otto Dobrindt
Electrola 39 382
EMI 1563142
RV Musik 2609

Orch. Oscar Joost (1940)
DA Records 871537-2
Membran 222740

Siegfried Pengler, Zither
Bell Musik BLR 89156

Marika Rökk (1940)
Ariola 704192
CT 9019
Membran 221704

Marika Rökk (1939)/
Gita Lind (1958)
Südfunk-Unterhaltungsorch.
Ltg. Heinz Schröder
Koch 323 329

Marika Rökk
Orch. Peter Kreuder
Sonia 77047

Marika Rökk (1966)
Orch. Erwin Lehn
Ariola 260 910

Margit Schramm, Rudolf Schock
Ariola 260 032

Sarianna Salminen, René Kollo (2005)
Dt. Filmorch. Babelsberg
duo-phon 06223

Spatzen-Quartett Regensburg
Omicron SPQ 503

Orch. Hugo Strasser (1988)
Electrola 7 90222 2
Capitol 5 39388 2 4
Capitol 8 29037 2

Eines Tages
Kirsten Heiberg (1945)
Original-Filmsoundtrack
TMK 00 41 50

Orch. Jean Omer
Dt. Moderne 85053

Eine Stunde laß uns träumen
Grit van Jüten, Norbert Orth
Ltg. Franz Grothe
Monopol 35 943

Ein kleiner Hund
Walter Giller (1959)
Ltg. Franz Grothe
Indigo 30292

Heinz Schenk (1979)
Ariola 260 029
Karussell 849 039-2

Ein kleiner Zweig voll Regentropfen
Erika Köth
EMI 58 5288 2

Ein Mann, der nie eine Dummheit macht
Julius Katona (1942)
TMK 324 401

Ein neues Leben fängt an
Marta Eggerth
RV Musik 1407

Ein Student und eine –dentin
Max Hansen
Sonia 77251
Sonia 77617

Ein Walzer mit dir
Dora Komar
EMI 1563162
TIM 220739

Erst eine Walzernacht
Tanzkapelle Freddy Linter (1934)
Silberburg MG 10067

Der erste Schritt vom rechten Weg
Ernst Busch
Jump UPB 1303-2

Erzähl mir keine Märchen
Elfie Mayerhofer (1949)
Original-Filmsoundtrack
TMK 00 41 50

Es gab nur eine, die ich geliebt hab'
Greta Keller (1930)
Flüster-Orch., Ltg. Wilhelm Grosz
Bear BCD 16037

Helge Rosvaenge (1930)
Orch. Paul Godwin
Preiser PR 89 225

Es ist alles Komödie
Tanzorch. Richard Forst (1932)
R: Erwin Hartung
RV2353

Orch. Barnabas von Geczy (1933)
Membran 223179

Harry Hiller-Tanzorch. (1933)
R: Paul Dorn
JUBE 11578

Robert Kreis
& Die Extravaganten (2003)
Kreis RK 07

Es ist alles nur geliehen
Maria und Margot Hellwig (1999)
Electrola 5248632

Heinz Schenk (1979)
Franz Grothe, Klavier
CBS 460110 2
Columbia 460109-2
Koch 9826519
Tyrolis 777272

Es ist eine gar alte Weise
Helge Rosvaenge (1935)
Preiser PR 89 225

Diskographie

Es ist nur die Liebe
Peter Alexander (1968)
Ariola 260 910

Dt. Tanz- u. Unterhaltungsorch.
Ltg. Franz Grothe
Monopol 35503

Roy Etzel, Trompete (1984)
Intercord 860 198

Jenny Even (1943)
Orch. Benny de Weille
Dt. Moderne 85073

Anke Lautenbach (2005)
Dt. Filmorch. Babelsberg
duo-phon 06223

Gitta Lind (1953)
Kurt Wege u. s. Solisten
Koch 323 329

Hermann Prey
Laserlight 24455

Marika Rökk (1941)
Original-Filmsoundtrack
Antikbüro CH 3000

Marika Rökk (1941)
Franz Grothe, Theo Nordhaus, Klav.
Ariola 704 192

Orch. Hugo Strasser (1988)
Electrola 7 90222 2
Ariola 260 035

Vielharmoniker
Indigo 98552

Klaus Wunderlich, Orgel (1983)
Bell BLR 89107

Amar sofrer sonhar
Nuveus (1973)
Som Livre 048495

It's Only Love
Orch. Herbert Rehbein
Taragon TAR-1077

Es war die große Liebe
Rundfunk-Tanzorch. Stuttgart (1938)
JUBE 1601

Es war ein Mädchen und ein Matrose
Götz Alsmann (2003)
Boutique 038 152-2

Hans Bardeleben (1948)
Heinz Both u.s. Solisten
TMK 00 68 64
TIM 205576

Tanzorch. Billy Bartholomew
Die Metropol Vokalisten (1938)
JUBE 15019
RV Musik 2503

Orch. Willy Berking
Bear BCD 16269

Berolina Sound Orchestra
Ltg. Siegfried Mai (1981)
Monopol 935 703

Cantabile Limburg (2004)
HR Musik HRMH 02204

Jenny Even (1943)
Orch. Benny de Weille
Electrola 156 316 2

Willy Fritsch
Metropol-Vokalisten
Ltg. Franz Grothe
RV Musik 2703

Die Goldene Sieben
Bob CD 1019
Dt. Moderne 85043
Membran 223180

Eric Helgar, Brigitte Mira (1938)
Orch. Adalbert Lutter
Bob CD 22
Ceraton CT 9017
Koch 323 439

Rita Paul, Bully Buhlan (1961)
Unterh.-Orch. des Südd. Rundfunks
Ltg. Friedrich Schröder
Koch 330194

Orch. Emanuel Rambor
R: Luigi Bernauer
Bob CD 1007

Lars Rudolph (1998)
nml 9823

Rudi Schuricke
Orch. Corny Ostermann
EMI 8381242
Ceraton CT 9004

Ulrich Tukur (2001)
Indigo 98962/1

Thilo Wolf-Trio (1989)
Sik-8

Valerie von Martens
TMK 9091

Etwas leise Musik
Johannes Heesters (1967)
Orch. Johannes Fehring
Ariola 260 910
Ariola 262 944
Ariola 667 292

Frechheit siegt
Die Goldene Sieben (1938)
DRA/JUBE 1602

Frühling in Wien
Peter Alexander (1967)
Orch. Willy Berking
Ariola 260 029
DA Records 871537-2

Orch. Willy Berking (1940)
R: Horst Winter
JUBE 14715

Elfie Mayerhofer (1942)
Orch. Willi Stech
TMK 00 41 50

Elfie Mayerhofer (1942)
Unterhaltungsorch. Karl Eisele
Koch 324 401

Marika Rökk, Wolf Albach-Retty
Original-Filmsoundtrack (1941)
Koch 323 393

Wiener Solistenorch. (1982)
Ltg. Karl Grell
ORF CD 162
TMK 22895

Printemps viennois
Georges Guetary
Laserlight 21830

Für eine kleine Liaison
Hans Söhnker
Orch. Robert Renard
Berliner Musenkinder 05373

Für eine Stunde Leidenschaft
Kirsten Heiberg (1942)
Ltg. Franz Grothe
FPR 75805

Orch. Willi Stech (1943)
TMK 00 78 78

Tanzorch. Lutz Templin
Dt. Moderne 85053

Das ganze Leben ist ein Zirkus
Andre Eisermann
Aris 21 58239 2

Ganz leise kommt die Nacht
Bettina Bentgens (1997)
BBB-CD

Orch. Arno Flor (1980)
UFA 801 000

Orch. Barnabas von Géczy
Bob CD 1005
Membran 22949

Darek-Ensemble (1986)
Sonia 77004

Diskographie

Rupert Glawitsch
Orch. d. Deutschen Opernhauses
Berlin, Ltg. Hansgeorg Otto
RV Musik 2613

Franz Grothe u. s. Tanzorch.
Dt. Moderne 85123
TMK 9091

Kirsten Heiberg (1939)
Orch. Georg Haentzschel
Dt. Moderne 85103
FPR 75805

Peter Kreuder, Klavier (1971)
Ariola 260 032

Manfred Krug (2001)
Warner 8573-86420-2

Wolfgang Lackerschmid Quint. (1999)
hipjazz 002

Zarah Leander
Orch. Alfred Hause
Baer 16016
Koch 324 308

Hermann Prey
Capriccio 49 225
Laserlight 24 455

Rudi Schuricke
Orch. Erhard Bauschke
Pumpkin Pie 1903

Rudi Schuricke
Orch. Hans Bund
RV Musik 2506

Jean Stilwell (2003)
CBC MVCD 1162

Ulrich Tukur (2003)
Indigo RD 2333186

Caterina Valente,
Silvio Francesco (1961)
Orch. Heinz Kiessling
Vocalion CDLK 4305

Vielharmoniker (1976)
Indigo 98552

Klaus Wunderlich, Orgel (1983)
Bell BLR 89084
Bell BLR 89107

Die Geigen, ja die Geigen
Tanzorch. Joe Bund
R: Luigi Bernauer
JUBE 15003
RV Musik 1418
TMK 9091

Das gewisse Etwas
Rudi Schuricke
Orch. Erhard Bauschke
Koch 330 279

Grethe Weiser (1939)
Ltg. Franz Grothe
Original-Filmsoundtrack
Ariola 74321 11021 2
TIM 205576

Gondoliere
Herbert Ernst Groh (1934)
Orch. Otto Dobrindt
JUBE 11578
RV Musik 2609

Grüß mir die Berolina
Luigi Bernauer
RV Musik 2701

Guten Tag, liebes Glück
Berolina Sound Orchestra
Ltg. Siegfried Mai (1981)
Monopol 935 703

Lilian Harvey (1939)
Odeon-Tanzorch.
Ltg. Franz Grothe
Electrola 32 938 2
Electrola 39 381 9
Electrola 1 56312 2
Membran 221459

158

Kirsten Heiberg (1939)
Ltg. Georg Haentzschel
FPR 75805
RV Musik E 503

Renate Holm (2005)
Dt. Filmorch. Babelsberg
duo-phon 06223

Wolfgang Lackerschmid Quint. (1999)
hipjazz 002

Rosi Rohr
Ariola 260 027

Schuricke-Terzett
Ceraton CT 9017

Schwarzwaldfamilie Seitz
Rubin 246-389

Orch. Hugo Strasser (1988)
Electrola 7 90222 2
Ariola 260 910

Vielharmoniker
Indigo 98552

Klaus Wunderlich, Orgel (1983)
Bell BLR 89107

Hab keine Angst vor Liebe
Max Raabe (1996)
Palast-Orchester
Monopol 36 643

Tanzorch. Carl Robrecht (1933)
R: Erwin Hartung
JUBE 11578

Thilo Wolf-Trio (1989)
Sik-8

Hajoh, wer fährt mit
Helge Rosvaenge (1935)
TMK 9091
Preiser PR 89 225

Herz, du kennst meine Sehnsucht
Orch. Erhard Bauschke
Bob CD 1017

Bettina Bentgens (1997)
BBB-CD

Dt. Tanz- u. Unterhaltungsorch.
Ltg. Georg Haentzschel (1943)
JUBE 1603

Marta Eggerth
Electrola 1 56309 2
Membran 222090
RV Musik 1407

Die Goldene Sieben (1938)
DRA/JUBE 1602

Orch. Gerhard Hoffmann
R: Rudi Schuricke
JUBE 010052
RV Musik 507

Thilo Wolf-Trio (1989)
Sik-8

Heute feiern wir ein Fest
Die lustigen 3 Moosacher (1978)
Bogner 8703
Tyrolis 777340

**Heute ist für mich
die ganze Welt viel zu klein**
Helge Rosvaenge (1935)
TMK 9091

**Heute nacht sollt ihr
den Teufel tanzen seh'n**
Margot Hielscher (1943)
Ltg. Franz Grothe
Original-Filmsoundtrack
TMK 00 39 48

Heut hat mein Herz tausend Flügel
Renée Franke
TMK 00 68 57

Johanna von Koczian (1959)
Ltg. Franz Grothe
Ariola 260 910

Diskographie

UFA-Filmorch. (1959)
Ltg. Cedric Dumont
Philips 538 667-2

Himmelblau ist die ganze Welt

Gretl Schörg, Walter Müller (1942)
TMK 324 401

Hinter Schloß und Riegel bleibt dein Herz gefangen

Die Goldene Sieben (1938)
DRA/JUBE 1602
Ceraton CT 9017
Membran 223180

Kirsten Heiberg
Ltg. Franz Grothe
RV Musik E 503

Hoch drob'n auf dem Berg

Margit Anderson, Roland Steinel (1986)
Teldec 8.26687

Orch. Alfons Bauer (1967)
Herzklang 474536-4

Fred Bertelmann (1968)
Ariola 260 403
Ariola 510 882

Dt. Tanz- u. Unterhaltungsorch.
Ltg. Franz Grothe
Monopol 35503

Hans Holt (1940)
Ltg. Franz Grothe
Original-Filmsoundtrack
TMK 00 39 17
TIM 220728

Jacob Sisters
Arminia AMG 63-5056 2

Marianne und Michael (1979)
Ariola 748 332
Herzklang 481616-2

Tony Marshall (1975)
Ariola 260 031

Ernst Mosch (1971)
u. s. Orig. Egerländer Musikanten
Warner 0927452372

Edith Prock
Poly 845 561-2

Heiko Reissig, René Kollo (2005)
Dt. Filmorch. Babelsberg
duo-phon 06223

Herbert Roth
Hansa 681 272

Fred Schultheiß, Mundharm. (1977)
Electrola 1 59872 2

Schuricke-Terzett (1941)
Orch. Heinz Munsonius
Electrola 1563142
Bob CD 1001
Ceraton CT 9017
Koch 330 150
Membran 227375
RV Musik 1410
TIM 220740

Orch. Hugo Strasser (1988)
Electrola 7 90222 2

Vielharmoniker
Indigo 98552

Ilse Werner (1968)
Ariola 260 910
Ariola 262 940

Hörst du der Lerche fröhliches Lied

Bettina Bentgens (1997)
BBB-CD

Hundert volle Gläser

Mainzer Hofsänger
Bella Musica 315 549
Koch 325 039

Ich bin die Frau, von der man spricht

Berolina Sound Orchestra
Ltg. Siegfried Mai (1981)
Monopol 935 703

Diskographie

Marlene Charell
Monopol 36113
Monopol 36473
Monopol 40263

Lizzi Waldmüller
RV Musik 1414

Ich bin froh wie ein Spatz
Hertha Mayen (1944)
Original-Filmsoundtrack
TMK 00 41 50

Ich bin heut frei, meine Herr'n
Kirsten Heiberg (1943)
Franz Grothe, Klavier
Monopol 38293
RV Musik E 503
SWR 008
TMK 00 39 48

Donato Plögert (1999)
Donato Plü 15170

Ich bin heut so froh
Marta Eggerth
RV Musik 1407

Ich brauche einen Mann, aber nicht aus Marzipan
Kirsten Heiberg (1939)
Franz Grothe, Klavier
Koch 323 329

Ich gehe singend durch die Stadt
Thilo Wolf-Trio (1989)
Sik-8

Ich habe eine kleine stille Liebe
Tanzorch. Carl Robrecht (1933)
R: Erwin Hartung
JUBE 11578

Ich habe ein Herz zu versteigern
Gretl Schörg (1951)
Orch. Karl Loubé
Original-Filmsoundtrack
Koch 323 329

Ich kann nicht schlafen geh'n
Gretl Schörg, Walter Müller (1942)
TMK 324 401

Ich kenn' den Jimmy aus Havanna
Zarah Leander
Ltg. Arne Hülphers
Ariola 21 30267 2
Baer 10016

Ich komm' vom Theater nicht los
Inge Borkh
Kurt Neuss, Klavier
Preiser 90 305

Ich lebe für die Liebe
Hilde Hildebrand (1949)
TMK 00 7878

Ich liebe dich und kenn' dich nicht
Berolina Sound Orchestra
Ltg. Siegfried Mai (1981)
Monopol 935 703

Dreigroschenband (1934)
Membran 222241

Nordwestdeutsches Salon-Ens. (1991)
RBM 463 126

Lewis Ruth Band
Pumpkin Pie 001 99

RWE Tanz- u. Unterhaltungsorch.
Ltg. Karl Loubé (1955)
ORF 064

Magda Schneider, Willi Forst (1934)
Orch. Robert Renard
Electrola 837 444 2

Diskographie

EMI 1563072
Koch 323329
TIM 220737

Thilo Wolf-Trio (1989)
Sik-8

Ich möchte so gerne
Dt. Tanz- u. Unterhaltungsorch.
TMK 022802

Jenny Even (1943)
Orch. Benny deWeille
JUBE 11578

Marika Rökk (1941)
Ltg. Franz Grothe
Original-Filmsoundtrack
Antikbörse CH 3000
Koch 323 393
TMK 00 39 17

Marika Rökk (1964)
Orch. Erwin Lehn
Ariola 260 910

Orch. Hugo Strasser (1988)
Electrola 7 90222 2

Ich träume immer nur von dem einen
Bettina Bentgens (1997)
BBB-CD

Marta Eggerth (1934)
Ltg. Franz Grothe
JUBE 11578
Membran 222090
RV Musik 1407
Sik-9/1

Erna Sack
Naxos 8.120722
RV Musik 2202

Ljuba Welitsch (1943/44)
Tanz-Och. Karl Eisel
Bella Voce 7243

Thilo Wolf-Trio (1989)
Sik-8

Si j'aime
Mado Robin (1942)
EMI 67503

Ich warte auf dich
Heiko Reissig (2005)
Dt. Filmorch. Babelsberg
duo-phon 06223

Marika Rökk, Rudi Schuricke (1943)
Ltg. Franz Grothe
Original-Filmsoundtrack
Ariola 260 025
Koch 330 279
TMK 00 39 17

Ich will dein Schatten sein
Berolina Sound Orchestra
Ltg. Siegfried Mai (1981)
Monopol 935 703

Dt. Tanz- u. Unterhaltungsorch.
Ltg. Franz Grothe (1943)
Monopol 35083

Albert Vossen m. s. Solisten
Bob CD 303

Lizzy Waldmüller (1943)
Ltg. Franz Grothe
Original-Filmsoundtrack
Electrola 56 317 2
Koch 330 379
TMK 9091
TIM 220740

Ich zähl mir's an den Knöpfen ab
Evelyn Künneke
Orch. Kurt Edelhagen
Elite 73330
Elite 73345
Sonia 77516

Rita Paul (1951)
Membran 223496

Maria von Schmedes
Elite 73 420
Sonia 77 153

Orch. Hugo Strasser (1988)
Electrola 790222 2
Capitol 8 29037 2

Illusion

Orchester Bad Wiessee (1997)
Ltg. Alexander C. Maschat
BBB-CD

Werner Brock
Cöllner Caféhaus-Ensemble
Capriccio 49225

Dt. Tanz- u. Unterhaltungsorch.
Ltg. Franz Grothe
Monopol 35503
TMK 022802

Filmorchester (1941)
Ltg. Franz Grothe
Original-Filmsoundtrack
TMK 0039 48

Orch. Arno Flor (1979)
UFA 801 000
Ariola 260 028

Sylvia Geszty (1969)
Ariola 260 910

George de Godzinsky (1986)
Scandia scd 729

Einar Groth, Violine (1944)
William Lind, Hammondorgel
Caprice CAP 21620

Andreas Hermeyer, Akk. (2001)
JS Records 30568

Orch. Willy Hoffmann
Monopol 36673

Junge Philharmonie Köln (1994)
Ltg. Volker Hartung
TMK 0043 89
JPK 00 71 99

Kölner Rundfunkorch. (1992)
Ltg. Emmerich Smola
Capriccio 10 399
Capriccio 49 192

Robert Kortgaad, Klavier (2003)
CBC MVCD 1162

London Salon Ensemble (1998)
Meridian 84361

Lübecker Salon Ensemble (2000)
Pinguin 180249

Stina-Britta Malander
Nosag 2109

Prima Carezza Salon Ens. (1992)
Claves CLA 509611
Tudor 795

Orch. Rolf Schanz
Ceraton CT 9017

Michael Starch, Klavier (1994)
RST Records 91592-2

Willi Stech, Klavier,
m. s. Orchester (1974)
Ltg. Franz Grothe
HGBS 19006

Vantaa Pops Orchestra (1997)
Ltg. Markku Johannson
Finlandia 063 017672-2

Klaus Wunderlich, Orgel (1983)
Bell BLR 89107

Immer wenn du fortgehst

Renée Franke
TMK 0068 57

Immer wenn ich glücklich bin

Bettina Bentgens (1997)
BBB-CD

Hans Busch-Tanzorch. (1938)
JUBE 11578

Marta Eggerth
RV Musik 1407

Ingeborg Hallstein
Matchless 030030 F1

Eric Helgar (1939)
Ltg. Adalbert Lutter
TMK 00 78 78

Erika Köth (1958)
Ltg. Franz Grothe
EMI Classics 585288 2

Bally Prell
Trikont 03072

Orch. Willi Stech (1943)
TMK 00 78 78

Thilo Wolf-Trio (1989)
Sik-8

Klaus Wunderlich, Orgel (1983)
Bell BLR 89107

In der Nacht ist der Mensch nicht gern alleine
Aniko Benkö
Bell BLR 89 153
Indigo 98552

Drops (1998)
MDGH 622 0456

Dagmar Frederic (2005)
Dt. Filmorch. Babelsberg
duo-phon 06223

Margot Friedländer
TIM 220977

Wilhelm Greihs u. d. UFA-Tanzorch. (1943)
Bob CD 302
TMK 9091

Kirsten Heiberg (1943)
Dt. Tanz- u. Unterhaltungsorch.
Ltg. Franz Grothe
FPR 75805

Junge Philharmonie Köln
Ltg. Volker Hartung
JPK 5216

Peter Kreuder m. s. Rhythmikern
BOB CD 17

Wolfgang Lackerschmid Quint. (1999)
hipjazz 002

Wencke Myhre
Ariola 36113400

Orch. Günter Noris (1988)
Ariola 260 910
Eastwest 298 429 112-1
Teldec 8.26740

Die Prinzen (1993)
Ariola 15894 2

Marika Rökk (1944)
Ltg. Franz Grothe
Original-Filmsoundtrack
Ariola 260 025
Ariola 11021 2

Marika Rökk
EMI 1563172
Sonia 77184
Mediaphon 32.232
Membran 221704
TIM 220735

Orch. Hugo Strasser (1988)
Electrola 7 90222 2
Capitol 8 29037 2

Klaus Wunderlich, Orgel (1983)
Bell BLR 89107

In meiner Kuß-Statistik
Gitta Lind (1953)
Orch. Erwin Lehn
Koch 32498

Ja, ja, das männliche Geschlecht
Grethe Weiser (1940)
Membran 22 2618
RV Musik 2312

Ja und Nein
Tanzorch. Stan Brenders (1940)
Dt. Moderne 85023
Membran 221241

Diskographie

Berolina Sound Orchestra
Ltg. Siegfried Mai (1981)
Monopol 935 703

Orch. Robert Gaden
Ceraton CT 9017

Die Goldene Sieben (1939)
Bob 27

Kirsten Heiberg (1939)
Ltg. Franz Grothe
Original-Filmsoundtrack
Koch 323 333
RV Musik E 503

Kirsten Heiberg (1939)
Ltg. Franz Grothe
Dt. Moderne 85053
JUBE 11578
Pumpkin Pie 2103

Palast Orchester (1991)
R: Max Raabe
Monopol 35 473
Ariola 769 432

Pomp-A-Dur Salon-Ens. (2000)
BIS 5014

Rudi Schuricke (1940)
Michael Jary u. s. Kammertanzorch.
TMK 00 78 78
Bob CD 22

Ulrich Tukor (1998)
Metronome UMD 70054

Thilo Wolf-Trio (1989)
Sik-8

Jede Frau hat ein süßes Geheimnis

Dt. Tanz- u. Unterh.-Orch.
Ltg. Georg Haentzschel (1943)
Monopol 35083

Hubert Deuringer
AK 200.401

Heinz Eckert
Henry Schmitt Trio
Sonia 77297

Orch. Will Glahé
Emarcy 542 057

Johannes Heesters (1939)
Ltg. Franz Grothe
Original-Filmsoundtrack
Ariola 11021 2

Johannes Heesters (1939)
Brunswick 543 8492
JUBE 11578
Membran 221745
TIM 220728
TIM 2297667

Johannes Heesters
Symph.-Orch. Graunke
Electrola 837 444 2

Johannes Heesters (1970)
Ltg. Franz Grothe
Ariola 262 944

Evelyn Künneke
Monopol 36 963

Hannelore Meßlang
Animato ACD 6011

Heiko Reissig (2005)
Dt. Filmorch. Babelsberg
duo-phon 06223

Orch. Willi Stech (1943)
TMK 00 78 78

Ulrich Tukur (1993)
Alles Rec. AR 4011

Thilo Wolf-Trio (1989)
Sik-8

Kalenderlied

Astrid & Freddy Breck
da-records 870867-2

Diskographie

Maria & Margot Hellwig
EMI 827688 2

Renate Holm (1963)
RIAS-Kinderchor
Ltg. Werner Eisbrenner
Catalyst 853702

René Kollo (1978)
Orch. Kurt Graunke
Ariola 859 022
Eurodisc GD 69153

Wolfgang Lackerschmid Quint. (1999)
hipjazz 002

Carolin Reiber
Herzklang 478111-2
Sony Classics 460180-2

Peter Rubin
Westfälische Nachtigallen
Carlton 155-00365
Karussell 847 005-2

Kleine Melodie, dich vergeß ich nie
Orch. Willy Berking
Bear BCD 16269

Greta Keller
Pumpkin Pie 02103
Koch 32498

Komm und gib mir deine Hand
Evi Marlen
Orch. Horst Winter
Dt. Moderne 85103

Marika Rökk, Herta Mayen, Willi Witte
    (1941)
Original-Filmsoundtrack
Koch 323 393

Marika Rökk
Elite 73354

Sven Olaf Sandberg (1942)
Orch. Benny de Weille
EMI 1563152

Dt. Moderne 85033
TMK 9091

Orch. Hugo Strasser (1988)
Electrola 7 90222 2
Capitol 8 29037 2

Vielharmoniker
Indigo 98552

Klaus Wunderlich, Orgel (1983)
Bell BLR 89107

Komm, Zauber der Nacht
Kirsten Heiberg (1943)
Ltg. Franz Grothe
Original-Filmsoundtrack
Koch 323 333
RV Musik E 503

Orch. Eugen Wolff
HDN 5026

Komm, Zigeuner, nimm die Geige
Kirsten Heiberg (1950)
Ltg. Franz Grothe
Original-Filmsoundtrack
Koch 323 333

Lachst du mich auch aus, mein Schatz
(Auch ich träum' so gern von der Liebe)
Otto Wallburg, Olly Gebauer (1933)
Mnemosyne VS 2003
Trikont 2922

Laß mich nie mit dir allein
Kary Barnet
Orch. Max Greger
Koch 330318

Maria von Schmedes (1951)
TMK 00 68 95

Sunshine Quartett
Koch 323 329

Laßt Blumen sprechen
Drops (1998)
MDG 622 0752

Das Leben ist so schön
Tanzorch. Adalbert Lutter
Membran 222741

Rudi Schuricke
Ceraton CT 9014
Membran 222375

Otto Stenzel u. s. Tanzorch.
R: Erwin Hartung
TMK 9091

Die Lerche und der Geiger
Elisabeth Schwarzkopf (1943)
Kurt Henneberg, Violine
Original-Filmsoundtrack
Koch 330 279

Liebende Herzen finden sich doch
Marianne Warmeyer, Julius Katona (1942)
TMK 324 401

Lied der Nachtigall
(Zauberlied der Nacht)

Bettina Bentgens (1997)
BBB-CD

Erna Berger (1941)
Ltg. Franz Grothe
Original-Filmsoundtrack
JUBE 11578
Koch 323 393

Lillie Claus
Orch. d. Dt. Opernhauses Berlin
Ltg. Gerhard Steeger
RV Musik 2618

Sylvia Geszty (1969)
Dresdner Philharmonie
Ltg. Heinz Roegner
Berlin Classics 21432

Ingeborg Hallstein
Ltg. Werner Eisbrenner
Fonoteam 77019
Sonia 77436

Ingeborg Hallstein
Kölner Rundfunk-Orch.
Ltg. Franz Marszalek
Artone 222 606

Renate Holm (1963)
Berliner Symphoniker
Ltg. Werner Eisbrenner
Ariola 260 027
Catalyst 853702

Erika Köth (1958)
Ltg. Franz Grothe
EMI Classics 585288 2

Elfie Mayerhofer (1946)
Ltg. Paul Burkhard
Koch 323 393

Nadja Pfeiffer
wpl 20.449

Martina Winter (1994)
Junge Philharmonie Köln
JPK 00 71 99

Klaus Wunderlich, Orgel (1983)
Bell BLR 89107

Lied des Casanova
Julius Katona (1942)
TMK 324 401

Das Lied von den abfahrenden Schiffen
Kirsten Heiberg (1949)
Ltg. Franz Grothe
Original-Filmsoundtrack
TMK 00 47 92
TMK 00 49 69
TIM 205576

Mach dir nichts daraus
Berolina Sound Orchestra
Ltg. Siegfried Mai (1981)
Monopol 935 703

Kölner Rundfunkorch. (1992)
Ltg. Emmerich Smola
Capriccio 49 192

Diskographie

Evi Marlen
Orch. Teddy Kleindin
TMK 008813

Marika Rökk, Walter Müller, Margarete Slezak (1944)
Ltg. Franz Grothe
Original-Filmsoundtrack
Ariola 260 025
EMI 56317 2
Koch 323 393
Mediaphon 32.232
Membran 221704
Sonia 77042
TIM 220730
TIM 220740

Sarianna Salminen, Heiko Reissig
Dt. Filmorch. Babelsberg (2005)
Berliner Musenkinder 06223

Pe Werner (1998)
Polydor 559 179-2

Madonna, wo bist du
(Mein Liebling, wo bist du)
Fritz Schulz
TMK 9091

Man darf nicht zu schwarz seh'n
Valerie von Martens (1938)
Ltg. Franz Grothe
JUBE 11578

Man kann die Liebe nicht erklären
Grit van Jüten, Norbert Orth
Ltg. Franz Grothe
RCA 73546 2

Man kann die Männer nie so ganz durchschau'n
Herta Mayen (1944)
Franz Grothe, Klavier
Koch 323 333

Man kann sein Herz nur einmal verschenken
Streichorch. Hans-Georg Arlt
Duophon 01 47 3
Bar-Trio
Bob CD 1014
Orch. Willy Berking (1939)
R: Rudi Schuricke
Electrola 32938 2
Electrola 39 381 9
TIM 220738

Franz Grothe u. s. Tanzorch.
TMK 9091

Johannes Heesters (1968)
Orch. Johannes Fehring
Ariola 260 029
Ariola 262 944
Ariola 667 292

René Kollo (1983)
Fonoteam 43262

Manfred Krug (2000)
Warner 8573 84710-2

Wolfgang Lackerschmid Quint. (1999)
hipjazz 002

Margarethe Slezak, Herbert Ernst Groh (1939)
Original-Filmsoundtrack
TMK 00 39 17

Orch. Hugo Strasser (1988)
Electrola 7 90222 2

Gerhard Wendland (1969)
Ariola 260 910

Orch. Kurt Widmann (1939)
R: Luigi Bernauer
Preiser 02404

Klaus Wunderlich, Orgel (1983)
Bell BLR 89107

Manola
Orch. Hans Busch
Bob CD 14

Marta Eggerth
Ltg. Franz Grothe
Pass o 90917
Bella Musica 31.4034
Bella Musica 31.4052
Bella Musica 31.4089
Bella Musica 31.4181
Ceraton CT 9017
RV Musik 1407

Orch. Adalbert Lutter (1937)
JUBE 15019

Man sieht einer Frau nicht ins Herz
Orch. Hans Busch
Bob CD 14

Orch. Will Glahé
Ceraton CT 9017
RV Musik 2316

Orch. Willi Stech
TMK 022802

Marianne Warmeyer, Julius Katona (1942)
TMK 324 401

Maschinenlied »Mensch mit Herz«
Marta Eggerth (1936)
Ltg. Franz Grothe
Original-Filmsoundtrack
RV Musik 1407

Meine Lieblingspuppe, die hieß Josefine
Gretl Schörg, Robert Rober (1952)
Ltg. Willy Schmidt-Gentner
Original-Filmsoundtrack
TMK 00 68 57

Meine Welt, die bist du
Johannes Heesters (1939)
Membran 221749
TMK 012698

Mein Fräulein, ich verehre Sie
Karkoff-Orchester
Bob CD 25

Mein Herz liegt gefangen in deiner Hand
Kirsten Heiberg (1943)
Ltg. Franz Grothe
FPR 75805

Kirsten Heiberg (1943)
Ltg. Franz Grothe
Original-Filmsoundtrack
Dt. Moderne 85033
Koch 323 333
RV Musik E 503

Mein Leben ist die Liebe
Bettina Bentgens (1997)
BBB-CD

Mein lieber Freund, Sie sind heut eingeladen
Orch. Robert Gaden
Electrola 1 59862 2
Ceraton CT 9017

Kirsten Heiberg (1939)
Ltg. Franz Grothe
Original-Filmsoundtrack
Ariola 74321 11021 2
Koch 323329
RV Musik E 503

Kirsten Heiberg (1940)
TMK 9091

Mein Schatz tanzt so gern Paso doble
Margo Lion (1933)
Odeon Künstler-Orch.
Ltg. Otto Dobrindt
Berlin Cabaret 01466

Die Melodie des Lebens
Bettina Bentgens (1997)
BBB-CD

Ingeborg Hallstein
Münchner Rundfunkorch.
Ltg. Wolfram Röhrig
Munich Rec. MR 030030

Diskographie

Mir geht's immer »Danke schön«
Magda Schneider
u. d. fünf Parodisters
TMK 9091
Thilo Wolf-Trio (1989)
Sik-8

Mister Brown
Thilo Wolf-Trio (1989)
Sik-8

Mit diesem Tag geht meine Jugendzeit zu Ende
Marianne Warmeyer (1942)
TMK 324 401

Mit dir möcht' ich nach Spanien
Gretl Schörg, Walter Müller (1942)
TMK 324 401

Mit Marie möcht' ich mal auf den Funkturm geh'n
Orch. Dajos Béla
JUBE 15013
Jazz-Orch. John Morris
R: Walter Jurmann (1929)
TMK 9091

Mitternachts-Blues
Orch. Lutz Albrecht
Elite 73346
Sonia 775522
Ferenc Aszodi, Trompete
Mediaphon 32.101
Mediaphon 32.108
Jean-Claude Borelly, Trompete
Polydor 511 880-2
Angèle Durand
Koch 323 717
Roy Etzel, Trompete (1981)
Intercord 815230
Koch 321 735 F1

Don Felecino, Trompete
Bell BLR 89 169
Horst Fischer, Trompete (1968)
Poly 845 988-2
Polystar 515 802-1
Orch. Kurt Henkels
EMI 8381242
Orch. Bert Kaempfert (1965)
Billy Mo, Trompete
Polydor 5394042
Polydor 5490542
Karussell 845 023-2
Erstes Kölner Akkordeon-Orch.
EKAO UWH 0507
Wolfgang Lackerschmid Quint. (1999)
hipjazz 002
Franz Lambert, Orgel
Polystar 513 042-2
Orch. James Last (1986)
Polydor 829 458-2
Zarah Leander (1973)
Macky Kasper, Trompete
Ariola 260 910
Ariola 21 30267 2
Baer 16016
Das Beste ZAL 7202
Hans Meier, Violoncello (1996)
Inge Sauer, Cembalo
RBM 463123
Orch. Charles Monet
Intercord 892684
Orch. Günter Noris (1975)
Ariola 260 029
Ariola 610 205
Milo Pavlovic, Trompete (1973)
Sonia 77017
Sonia 77023
Polizeiorchester Berlin
Jubal 981113

Benny Rehmann
Baur Drive 3007

Heinz Schachtner, Trompete
Electrola 8 54378 2
Electrola 1 59868 2
Polydor 833 107-2

Dirk Schiefen, Trompete
Bogner 7113
Olymp 90063

Walter Scholz, Trompete (1985)
Intercord 860.204

Orch. Hugo Strasser (1988)
EMI 5603052
Electrola 7 90222 2

SWR Big Band (2003)
Ltg. Dieter Reith
CK 01203

Caterina Valente (1980)
EMI 6331542

Orch. Bad Wiessee (1977)
Ltg. Alexander C. Maschat
BBB-CD
Indigo 98552

Klaus Wunderlich, Orgel (1983)
Bell BLR 89107

Mon bijou
Fritz Wunderlich (1956)
Das Kleine Rundfunkorchester des SWF
Ltg. Willi Stech
Polydor 476 5979

Die Moritat vom verlorenen Sohn
Kirsten Heiberg (1949)
Ltg. Franz Grothe
Original-Filmsoundtrack
Koch 323 332
RV Musik E 503

Musikanten sind da
Anita Ammersfeld (1976)
AEJ music E 2018

Bettina Bentgens (1997)
BBB-CD
Indigo 98552

Marta Eggerth (1935)
Franz Grothe, Klavier
Electrola 1 56308 2
EMI Classics 7 64660 2
RV Musik 1407
TIM 220738

Ingeborg Hallstein
Münchner Rundfunkorch.
Ltg. Wolfram Röhrig
Munich Rec. MR 030030

Ingeborg Hallstein
Rundfunkorch. Kaiserslautern
Ltg. Emmerich Smola
Mons MR 874396

Orch. Gerhard Hoffmann
R: Erwin Hartung
JUBE 010052
RV Musik 507

Sarianna Salminen (2005)
Dt. Filmorch. Babelsberg
duo-phon 06223

Mon cœur a toi je donne
Marta Eggerth (1935)
Ltg. Franz Grothe
JUBE 11578

Musik, die nie verklingt
Marika Rökk (1939)
Ltg. Franz Grothe
Original-Filmsoundtrack
Koch 323 393

Die Musik im Café
Tanz-Orch. Heinz Huppertz
Bob 0014

Diskographie

My Boy, warum bist du heute so ernst
Kirsten Heiberg (1939)
Ltg. Franz Grothe
Original-Filmsoundtrack
Koch 323 329

Nordische Romanze
Stuttgarter Saloniker
Ltg. Patrick Siben
Extraton 103

Nur auf die Minute kommt es immer an
Ernst Busch
Jump UP B 1303-2

Postillionlied
Bettina Bentgens (1997)
BBB-CD
Indigo 98552

Berolina Sound Orchestra
Ltg. Siegfried Mai (1981)
Monopol 935 703

Lillie Claus
Orch. d. Dt. Opernhauses Berlin
Ltg. Gerhard Steeger
RV Musik 2618

Sylvia Geszty (1969)
Dresdner Philharmonie
Ltg. Heinz Roegner
Berlin Classics 2092

Hilde Güden (1949)
Wiener Promenade Orch.
Ltg. Hans May
Preiser 90176

Ingeborg Hallstein
Rundfunkorch. Kaiserslautern
Ltg. Emmerich Smola
Mons MR 874396

Erika Köth (1958)
Ltg. Franz Grothe
EMI Classics 585288 2

Stephanie de Kowa (2005)
Dt. Filmorch. Babelsberg
duo-phon 06223

Rosi Rohr
Ariola 260 028

Maria Tiboldi (1971)
Ariola 260 910

Rattenfänger-Serenade
Kirsten Heiberg (1941)
Ltg. Franz Grothe
Antikbüro CH 3005
FPR 75805
RV Musik E 503

Reiter-Marsch
Kölner Rundfunkorch.
Ltg. Emmerich Smola (1992)
Capriccio 10 399

Orch. Willi Stech
Ariola 260 910
HGBS 19006

Orch. Benny de Weille
Mercury 5589122

Rosen und Frau'n
Richard Tauber (1928)
Dajos Béla Künstlerorch.
JUBE 11578

Ulrich Tukur (1993)
Alles Rec. AR 4011

Ruh dein liebes müdes Herz bei mir aus
Hans Wocke
RV Musik 2104

Salzburger Geschichten (Fantasie)
Kölner Rundfunkorch.
Ltg. Emmerich Smola (1992)
Capriccio 10 399
Capriccio 49 192

Diskographie

Sammelbüchsen-Song
Wolfgang Neuss, Wolfgang Müller
Conträr 4308-2
Membran 222317
Mercury 5588552

Schließ deine Augen und träume
Berolina Sound Orchestra
Ltg. Siegfried Mai (1981)
Monopol 935 703

Hubert Deuringer
AK 200.401

Dt. Tanz- u. Unterhaltungsorch.
Ltg. Georg Haentzschel (1943)
Monopol 35083

Orch. Barnabas von Géczy
Ceraton CT 9003
Membran 222949

Kirsten Heiberg (1939)
Ltg. Georg Haentzschel
Dt. Moderne 85073
FPR 75805
RV Musik E 503
TMK 00 39 31

Orch. Harry Hermann
TMK 10359

Junge Philharmonie Köln
Ltg. Volker Hartung
JPK 5216

Paul Kuhn u. d. SFB Big Band
Monopol 935 493

Wolfgang Lackerschmid Quint. (1999)
hipjazz 002

Botho Lucas Chor
Electrola 8 29728 2

RIAS Big Band
Monopol 37253

Mary Roos
Monopol 36113

Monopol 36473
Monopol 40263

Ilse Werner
Monopol 35233

Der Schlitten ist vorgefahren
Herta Mayen (1944)
Original-Filmsoundtrack
Koch 323 457

Schlumpsi-Foxtrott
Orch. Bernard Etté (1930)
R: Kurt Mühlhardt
JUBE 15020

Die schönste Zeit des Lebens
Dt. Tanz- u. Unterhaltungsorch.
Membran 223098

Orch. Ernst van t'Hoff
Ceraton CT 9017

Schön wie der junge Frühling
Peter Alexander (1968)
Ariola 260 910

Marta Eggerth (1935)
Ltg. Franz Grothe
Original-Filmsoundtrack
Ariola 74321 11021 2
Electrola 1 56308 2
Koch 330 279

Marta Eggerth (1935)
Ltg. Franz Grothe
Electrola 837 444 2
Membran 222090
RV Musik 1407
TIM 220731

Tanzorch. Bernhard Etté
R: Luigi Bernauer
TMK 90 91

Orch. Arno Flor (1980)
UFA 801 000

173

Diskographie

Orch. Oscar Joost (1934)
Membran 222740

Orch. Hugo Strasser (1988)
Electrola 7 90222

Joan Sutherland (1986)
Engl. Chamber Orch.
Ltg. Richard Bonynge
London 417470

Klaus Wunderlich, Orgel (1983)
Bell BLR 89107

Que la vie est belle
Marta Eggerth (1935)
Ltg. Franz Grothe
JUBE 11578

Schreib mir einen Brief
Kirsten Heiberg (1940)
Franz Grothe, Klavier
TMK 00 56 14

Viveza (1991)
Skylark 9101

Serenade der Nacht
Fritz Wunderlich (1956)
Das Kleine Rundfunkorchester des SWF
Ltg. Willi Stech
Polydor 476 5979

Sing mit mir
Hertha Mayen
TMK 9091

Orch. Corny Ostermann
Bob CD 4
Boutique 0647282

Marika Rökk (1942)
Ltg. Franz Grothe
Original-Filmsoundtrack
Ariola 11021 2
Membran 221704
Polyphon 837 306-2

Sonia 77042
TIM 220735
TIM 220740

Marika Rökk (1966)
Orch. Kurt Graunke
Ariola 260 910

RWR Tanz- u. Unterhaltungsorch.
Ltg. Karl Loubé (1954)
ORF 064

Orch. Hugo Strasser (1988)
Electrola 7 90222 2

Orch. Lutz Templin
Bob CD 1002
Dt. Moderne 85053

Caterina Valente,
Silvio Francesco (1961)
Orch. Heinz Kiessling
Ariola 260 029
Vocalion CDLK 4305

Vielharmoniker
Indigo 98552

Orch. Bad Wiessee (1997)
Ltg. Alexander C. Maschat
BBB-CD

Klaus Wunderlich, Orgel (1983)
Bell BLR 89107

So ein Kuß kommt von allein
Comedian Harmonists (1933)
Electrola 4 93882 2
Electrola 4 94286 2
EMI Classics 9 29224 2
Ceraton CT 9017
Mediaphon MED 32.224
TIM 221461

Karlsruher Männerquartett (2004)
Bella Musica 316525

Tanzorch. James Kok
R: Paul Dorn (1933)
JUBE 15015

Membran 22 2950
Boutique 662952

Orch. Adalbert Lutter
R: Erwin Hartung
Pomkin Pie 1101

Max Raabe (1996)
Palast-Orchester
Monopol 36643

Tanzorch. Hans Schindler
R: Erwin Hartung (1933)
TMK 9091
RV Musik 2605

Die Singphoniker
cpo 999 201-2

So schön wie heut

Orch. Willy Berking (1941)
R: Heinz Müller
Electrola 39 382

Berolina Sound Orchestra
Ltg. Siegfried Mai (1981)
Monopol 935 703

Hubert Deuringer, Akk. (1977)
Koch 330308
Monopol 40023

Dt. Tanz- u. Unterhaltungsorch.
Ltg. Franz Grothe
Monopol 35453
Monopol 35083

Franz Grothe u. s. Tanzorch.
Dt. Moderne 85123
TMK 9091

Orch. Theo Heldt
R: Friedrich Wilhelm
Ceraton CT 9017

Melanie Holiday (1986)
Fonoteam 77019
Ariola 260 027

Renate Holm (2005)
Dt. Filmorch. Babelsberg
duo-phon 06223

Immergrün JazzTett (2005)
Luzifer Rec./migusto 100138

Karlsruher Männerquartett (2004)
Bella Musica 302261

Wolfgang Lackerschmid Quint. (1999)
hipjazz 002

Elfie Mayerhofer (1944)
Wiener Unterhaltungsorch.
Ltg. Karl Eisele
Koch 323 393

Horst Müller
Orch. Willy Berking
Electrola 1 598 72 2
Electrola 837 444 2
Mediaphon MED 32.232
TIM 220739

Marika Rökk (1941)
Ltg. Franz Grothe
Ariola 704 192
Membran 221704
Polyphon 837 306-2
Sonia 77042

Coco Schumann
Trikont CD-0238 U

Orch. Hugo Strasser (1988)
Electrola 7 90222 2
Capitol 8 29037 2
Ariola 260 910

SWR Big Band (2003)
Ltg. Dieter Reith
CK 01203

Kleines Tanz-Orch.
Meg Tevelian (1941)
HDN 5035

Orch. Horst Winter
Boutique 66 2912

Klaus Wunderlich, Orgel (1983)
Bell BLR 89107

Madame la terre, arrêtez vous
Georges Guetary
Laserlight 21830

Diskographie

There's Something in Your Eyes
Orch. Red McKenzie (1932)
Sensation Rec.

Traum-Boston
Dajos Béla u. s. Tanzorch. (1928)
Franz Grothe, Klavier
EMI 8 29039 2

Überfall-Chanson
Liselotte Pulver
Indigo 98552

Und die ganze Welt spricht von Nanette
Tanzorch. James Kok
R: Max Mensing
Pumpkin Pie 00600

Valse bleue in Moll
Kirsten Heiberg (1950)
Ltg. Franz Grothe
TMK 00 47 92
TMK 00 49 69
TIM 220576

Valse exotique
Kölner Rundfunkorch.
Ltg. Emmerich Smola (1992)
Capriccio 10 399
Capriccio 49 192

Vorbei, vorbei
Elfie Mayerhofer
Koch 323 329

Wart nicht auf die große Liebe
Zarah Leander (1953)
Original-Filmsoundtrack
Koch 323 439

Warum bin ich denn bloß kein Torero
Oscar Joost u. s. Orch.
Boutique 0647282
RV Musik 2504

Quand on est torero
Pagliano
Atco Rec. 857385522

Warum fuhr Columbus nach Amerika
Orch. Kurt Edelhagen
Elite 73462

Warum hat der Napoleon
Die Goldene Sieben
Bob CD 1019
Ceraton CT 9017
Membran 223180

Ingeborg Hallstein
Laserlight 36160

Kirsten Heiberg (1938)
Ltg. Franz Grothe
Original-Filmsoundtrack
TMK 00 47 92
FPR 75805
RV Musik E 503

Evelyn Künneke
Monopol 36 963

Thilo Wolf-Trio (1989)
Sik-8

Warum, weshalb und wieso
Hans Bardeleben
Ultraphon CD 504

Dt. Tanz- u. Unterhaltungsorch.
Ltg. Franz Grothe
Monopol 35503
Bob CD 22

Orch. Kurt Hohenberger (1940)
R: Detlev Lais
JUBE 11578
Bob CD 303
Bob CD 1010

Kardosch-Sänger
TIM 205576

Marika Rökk (1939)
Ltg. Franz Grothe
Koch 323 393
Ceraton CT 9019
Ceraton CT 1379

Orch. Kurt Widmann (1940)
R: Rudi Schuricke
Pumpkin Pie 399

Orch. Horst Winter, vocal (1940)
Koch 323 329

Was ist das Leben, wenn du mich nicht liebst

Max Raabe (1996)
Palast-Orchester
Monopol 36643
Monopol 37343

Magda Schneider
TMK 9091

Thilo Wolf-Trio (1989)
Sik-8

Was schenkst du mir dann

Dajos Béla u. s. Tanzorch.
und die 4 Admirals
JUBE 15013
TMK 9091

Comedian Harmonists (1931)
EMI 4 94286 2
JUBE 15020
Music Digi 55911

Tanzorch. James Kok (1935)
R: Erwin Hartung
Membran 222950

Weißt du

Palast Orchester (1988)
R: Max Raabe
Monopol 35133
Monopol 37733

Die Welt ist schön, Herr Kapitän

Meister-Sextett
Koch 330318

Wenn die Glocke 12 geschlagen

Orch. Hans Bund (1935)
R. Eric Helgar
JUBE 11578

Tanzorch. James Kok
R: Erwin Hartung (1935)
Boutique 66 2952
Membran 22 2950

Wenn die Nächte leuchten

Die Goldene Sieben (1937)
Membran 223018

Wenn die Violine spielt

Gitta Lind
Orch. Harry Hermann
TMK 7892

Wenn die wilden Rosen blüh'n

Zarah Leander
Orch. Arne Hülphers
All Star 220002-2
Ariola 21 30267 2
Baer 16016

Wenn ein junger Mann kommt

Das Ballaststofforchester (2001)
Ballaststofforchester CD 3
Berolina Sound Orchestra
Ltg. Siegfried Mai (1981)
Monopol 935 703

Till Brönner, Trompete (1988)
Minor 042 801057

Willy Fritsch (1940)
Ltg. Franz Grothe
Electrola 39 382
Electrola 1 56313 2
Membran 221459
TIM 221459

Diskographie

Barnabas von Géczy u. s. Orch.
TMK 010083
RV Musik 1409

Kirsten Heiberg (1940)
Franz Grothe, Klavier
Koch 323 439

Stephanie de Kowa (2005)
Dt. Filmorch. Babelsberg
duo-phon 06223

Orch. Wilfried Krüger
Koch 3250275

Wolfgang Lackerschmid Quint. (1999)
hipjazz 002

Gitta Lind (1958)
Südfunk-Unterhaltungsorch.
Ltg. Heinz Schröder
Koch 323 329

Odeon Tanzorch. (1999)
Sonia 77464

Palast-Orchester
R: Max Raabe
Monopol 37343
Ariola 769 432

Marika Rökk
Michael Jary u. s. Tanzorch.
Berliner Musenkinder 05143
Sonia 77042
Teldec 64 362

Orch. Hugo Strasser (1988)
Electrola 7 90222 2

Ilse Werner (1962)
Ariola 260 910

Klaus Wunderlich, Orgel (1983)
Bell BLR 89107

Wenn man sucht, wird man finden
Willi Forst
TMK 9091

Orch. Ludwig Räth (1933)
R: John Hendrik
JUBE 15020

Wenn unser Berlin auch verdunkelt ist
Ludwig Bernauer
Orch. Otto Dobrindt
Antikbüro CH 3005
Manfred Heidmann
Polydor BCD 16594 AH

Wer schenkt mir Liebe
Marianne Warmeyer, Julius Katona (1942)
TMK 324 401

Gretl Schörg, Marianne Warmeyer (1942)
TMK 324 401

Wie soll denn das bloß enden
Gretl Schörg, Walter Müller (1942)
TMK 324 401

Wir lassen uns nicht unterkrieg'n
Tanz-Orch. Ludwig Rüth
R: Erwin Hartung
RV Musik 2105
RV Musik 2302

Wir wandern, wir wandern
Berolina Sound Orchestra
Ltg. Siegfried Mai (1981)
Monopol 35 703

Bielefelder Kinderchor
Ariola 29103200

Vielharmoniker
Ariola 748 332
Indigo 98552

Wir werd'n das Kind schon richtig schaukeln
Orch. Adalbert Lutter
R: Erwin Hartung
RV Musik 2103
RV Musik 2302

Zärtliche Musik
Kirsten Heiberg (1940)
Ltg. Franz Grothe

Original-Filmsoundtrack
Koch 323 333

Zärtliche Walzermusik
Lizzi Waldmüller
RV Musik 1414

Zigeuner, du hast mein Herz gestohlen
Berolina Sound Orchestra
Ltg. Siegfried Mai (1981)
Monopol 935 703

Orch. Asser Fagerström (1985)
Marilyn mark 102

Kirsten Heiberg (1950)
Ltg. Franz Grothe
Koch 323 333

Madämchen (2004)
Ltg. Dorata Lesch
[Bob] 834

Leo Monosson (1931)
TIM 22 13 24

Vivaldi Orchestra
DA Records 870985

Thilo Wolf-Trio (1989)
Sik-8

> *Mustalaisen soitto*
> Eino Groen
> Prestige 505046624729
>
> Georg Malmsten (1933)
> Dallape-Harmonikaorch.
> Atco 8573813922
> Helmi 4509 97035
>
> *Zigenare, du tog mitt hjärta*
> Zarah Leander (1932)
> Ltg. Nils Kyndel
> JUBE 11578

Zigeuner haben keine Heimat
Anita Ammersfeld (ca. 1980)
AEJ music E 2018

Zusammenbruch-Song
Wolfgang Neuss, Wolfgang Müller

Conträr 4308-2
Mercury 5588552
Membran 223117

***

Dr. med Hiob Prätorius (Thema)
Kölner Rundfunkorchester
Ltg. Emmerich Smola (1992)
Capriccio 10 399

Ein Walzer mit dir (Revuefinale)
Lizzi Waldmüller
RV Musik 1414

Franz Grothe-Melodien
Franz Grothe, Klavier
Rundfunkorch. Hannover
Ltg. Richard Müller-Lampertz
TMK 23182

Die Frau meiner Träume
(Tanz- und Revueszenen)
Kölner Rundfunkorch.
Ltg. Emmerich Smola (1992)
Capriccio 10 399

Hab mich lieb (Melodienfolge)
Orch. Willi Stech
HGBS 19000

Helden-Suite
Kölner Rundfunkorch.
Ltg. Emmerich Smola (1992)
Capriccio 10 399

Ich denke oft an Piroschka (Potp.)
German Symphonic Pops Orchestra
Ltg. Reto Parolari (2004)
Amos 5989

Junge Philharmonie Köln (1994)
Ltg. Volker Hartung
TMK 0043 89

Diskographie

Kölner Rundfunkorch.
Ltg. Emmerich Smola (1992)
Capriccio 10 399
Capriccio 49 192
Orch. Bad Wiessee
Ltg. Alexander C. Maschat (1997)
BBB-CD
Indigo 98552

Die Nacht mit Casanova
(Querschnitt)
Julius Katona, Gretl Schörg, Walter Müller,
Marianne Warmeyer (1942)
Koch 324 401

Schöne Melodien von Franz Grothe
(Potpourri von Horst Kudritzki)
Philh. Orch. Bad Reichenhall (1995)
Ltg. Klaus-Dieter Demmler
Mozart Rec. 52208

Die Trapp-Familie, Ouvertüre
Kölner Rundfunkorchester
Ltg. Emmerich Smola (1992)
Capriccio 10 399
Capriccio 49 192

Franz Grothe Sampler (CDs)

Auf den Flügeln bunter Träume
Unvergängliche Melodien von Franz Grothe in Originalaufnahmen (1928-1943)
Erna Berger, Paul Dorn, Marta Eggerth, Jenny Even, Willy Fritsch, Herbert Ernst Groh, Erwin Hartung, Johannes Heesters, Kirsten Heiberg, Eric Helgar, Zarah Leander, Detlev Lais, Valerie von Martens, Richard Tauber, Horst Winter
Orchester Dajos Béla, Hans Bund, Hans Busch, Otto Dobrindt, Die Goldene Sieben, Franz Grothe, Harry Hiller, Kurt Hohenberger, Teddy Kleindin, Carl Robrecht, Benny de Weille
JUBE 11578 (1998)

Ein Leben nach Noten · Die besten Hits von Franz Grothe im Originalsound 1929-1943
Luigi Bernauer, Marta Eggerth, Willi Forst, Erwin Hartung, Kirsten Heiberg, Walter Jurmann, Valerie von Martens, Hertha Mayen, Max Mensing, Helge Rosvaenge, Sven Olof Sandberg, Magda Schneider, Fritz Schulz, Lizzi Waldmüller
Orchester Dajos Béla, Joe Bund, Bernhard Etté, Will Glahé, Wilhelm Greihs (UFA-Tanzorch.), Franz Grothe, John Morris, Walter Raatzke, Hans Schindler, Otto Stenzel
PASS 090 917 (1998)

Franz Grothe · Auf den Flügeln bunter Träume
Marta Eggerth, Willy Fritsch, Herbert Ernst Groh, Eric Helgar, Kirsten Heiberg, Brigitte Mira, Rudi Schuricke, Horst Winter, Comedian Harmonists
Orchester Robert Gaden, Will Glahé, Goldene Sieben, Theo Heldt, Michael Jary, Teddy Kleindin, Adalbert Lutter, Rolf Schanz, Hans Georg Schütz, Ernst van t'Hoff
Ceraton CT 9017

Franz Grothe
Ein Komponisten-Portrait
Berolina Sound Orchestra
Ltg. Siegfried Mai (1981)
Monopol 935 703

Franz Grothe Filmmusiken
Kölner Rundfunkorchester
Ltg. Emmerich Smola (1992)
Capriccio 10 399

Franz Grothe · Die Melodie des Lebens
Bettina Bentgens, Orch. Bad Wiessee, Ltg. Alexander C. Maschat (1997)
BBB-CD's

Herzlichst, Ihr Franz Grothe
Franz Grothe, Piano, mit Rhythmusgruppe
TMK 00 54 09 (2 CD)

A Jazz Tribute to Franz Grothe
Wolfgang Lackerschmid Quintett
Wolfgang Lackerschmid, Stephan Holstein, Walter Lang, Henning Sieverts, Falk Willis
hipjazz 002 (1999)

Rendezvous der Träume · Unvergeßliche Filmschlager von Franz Grothe
Dagmar Frederic, Renate Holm, René Kollo, Stephanie de Kowa, Anke Lautenbach, Heiko Reissig, Sarianna Salminen
Dt. Filmorch. Babelsberg, Ltg. Manfred Rosenberg (2005)
duo-phon records 06223

Franz Grothe Sampler

Sing mit mir
Franz Grothe zum 90. Geburtstag
Aniko Benkö, Bettina Bentgens, Klaus Havenstein, Wilfried Herbst, Liselotte Pulver, die Vielharmoniker
Orchester Bad Wiessee
Indigo 98552 (1998)

So schön wie heut · Die schönsten Melodien von Franz Grothe
Peter Alexander, Sylvia Geszty, Johannes Heesters, Johanna von Koczian, Zarah Leander, Marika Rökk, Maria Tiboldi, Gerhard Wendland, Ilse Werner
Orchester Günter Noris, Willi Stech, Hugo Strasser
Ariola 260 910 (1990)

Swingin' Franz Grothe
Thilo Wolf Trio (1989)
Siko-8

Swing mit mir – Tanz mit mir
Hugo Strasser und sein Orchester spielen die schönsten Melodien von Franz Grothe (1988)
Electrola 7 90222 2

... und jetzt erklingt Franz Grothe
Tonfilmschlager und Raritäten in Original-Arrangements für Salonorchester
Carmen Fuggis, Heiko Reissig und als Gast Johannes Heesters
tonkunst ensemble hannover, Ltg. Thomas Hennig (2007)
duo-phon records 06303

Film-DVDs

Ave Maria
Deutschland 1953
Drama / ca. 91 Minuten
Regie: Alfred Braun
Kinowelt 501706

Bildnis einer Unbekannten
Deutschland 1954
Drama / 104 Minuten
Regie: Helmut Käutner
Eurovideo 255578

Drei Mädels vom Rhein
Deutschland 1955
Komödie / 87 Minuten
Regie: Georg Jacoby
e-m-s 116207

Dr. med Hiob Prätorius
Deutschland 1964
Komödie, Literaturverfilmung
(Curt Goetz) / ca. 80 Minuten
Regie: Kurt Hoffmann
Kinowelt 501161

Frauenarzt Dr. Prätorius
Deutschland 1949
Komödie, Literaturverfilmung
(Curt Goetz) / 96 Minuten
Regie: Curt Goetz
Edition Filmmuseum 14

Frauen sind doch bessere Diplomaten
Deutschland 1941
Musikfilm / 95 Minuten
Regie: Georg Jacoby
Black Hill 90062295

Die Frau meiner Träume
Deutschland / 1943 / 44
Filmoperette / 99 Minuten
Regie: Georg Jacoby
Black Hill 9992095

Die goldene Brücke
Deutschland 1956
Drama / ca. 98 Minuten
Regie: Paul Verhoeven
Kinowelt 501613

Hab mich lieb
Deutschland 1942
Komödie / 82 Minuten
Regie: Harald Braun
Black Hill 9916095

Das Haus in Montevideo
Deutschland 1951
Komödie / Literaturverfilmung
(Curt Goetz) / 108 Minuten
Regie: Curt Goetz
Edition Filmmuseum 15

Das Haus in Montevideo
Deutschland 1963
Komödie, Literaturverfilmung
(Curt Goetz) / 118 Minuten
Regie: Helmut Käutner
Kinowelt 501423

Heidi
Österreich 1965
Heimatfilm, Literaturverfilmung
(Johanna Spyri) / 95 Minuten
Regie: Werner Jacobs
Edel Records
UFA 854396

Heinz im Mond
Deutschland 1934
Komödie / 84 Minuten
Regie: Robert A. Stemmle
Black Hill 92500519

Film-DVDs

Herrliche Zeiten im Spessart
Deutschland 1967
Drama / ca. 100 Minuten
Regie: Kurt Hoffmann
Kinowelt 501614)

Hoch klingt der Radetzkymarsch
Österreich 1958
Komödie, Musical / 95 Minuten
Regie: Géza von Bolváry
Kinowelt 500833

Hokuspokus
Deutschland 1953
Krimikomödie, Literaturverfilmung (Curt Goetz) / 89 Minuten
Regie: Curt Goetz
Edition Filmmuseum 16

Hokuspokus oder Wie lasse ich meinen Mann verschwinden
Deutschland 1965
Krimikomödie, Literaturverfilmung (Curt Goetz) / ca. 96 Minuten
Regie: Kurt Hoffmann
Kinowelt 500776

Ich denke oft an Piroschka
Deutschland 1955
Komödie, Literaturverfilmung (Hugo Hartung) / 96 Minuten
Regie: Kurt Hoffmann
Kinowelt 500591

Ich vertraue dir meine Frau an
Deutschland 1942 / 43
Komödie / 88 Minuten
Regie: Kurt Hoffmann
Black Hill 90093995

Der letzte Fußgänger
Deutschland 1960
Komödie / ca. 83 Minuten
Regie: Wilhelm Thiele
Kinowelt 500617

Meine Tochter und ich
Deutschland 1963
Komödie / 86 Minuten
Regie: Thomas Engel
Kinowelt 501329

Napoleon ist an allem schuld
Deutschland 1938
Komödie / 91 Minuten
Regie: Curt Goetz
Edition Filmmuseum 13

Rosen in Tirol
Deutschland 1940
Komödie, Musikfilm / 102 Minuten
Regie: Géza von Bolváry
UFA 5700 90

Salzburger Geschichten
Deutschland 1956
Komödie, Literaturverfilmung (Erich Kästner) / 88 Minuten
Regie: Kurt Hoffmann
MFA 24292

Tanz mit dem Kaiser
Deutschland 1941
Komödie / 98 Minuten
Regie: Georg Jacoby
Black Hill 8901295

Die Trapp-Familie
Deutschland / 1956
Heimatfilm / 97 Minuten
Regie: Wolfgang Liebeneiner
Kinowelt 500755

Die Trapp-Familie in Amerika
Deutschland 1958
Heimatfilm / 100 Minuten
Regie: Wolfgang Liebeneiner
Kinowelt 500755

Das Wirtshaus im Spessart
Deutschland 1957
Komödie, Literaturverfilmung
(Wilhelm Hauff) / 99 Minuten
Regie: Kurt Hoffmann
Euro Video 21319

Wir Wunderkinder
Deutschland 1958
Komödie / 103 Minuten
Regie: Kurt Hoffmann
Arthaus 501561

Anhang

Titelregister
Titel-/Text-/Melodie-Incipits

BW = Bühnenwerke ◆ F = Filme ◆ TV = Fernsehproduktion

A
Aan de Donau waar de wijn bloeit 7
Ab nach Kassel 5
Abend bei Kerzenlicht 5
Abendlied 5
Abends, wenn alle Menschen schlafen 5, 94, 118, 151
Abenteuer geht weiter, Das (F) 119
Aber abergläubisch, nein, das sind wir nicht 5
Aber mal müssen wir wieder fahren 50
Abergläubische Cowboy, Der 5, 141
Absender unbekannt (F) 127
Ach was hawwe mir doch alles 43
Ach was wäre unser Leben 41
Ach wie schön ist doch ein Doppelgänger 5
Ach wir Zwei hier 43
Ach, das könnte schön sein 5, 87, 103, 137, 151
Ach, es mußte ja so kommen 5, 147
Ach, glauben Sie, Herr Richter 12
Ach, ich liebe alle Frauen (Männer) 5, 96, 121, 151
Ach, Liebste, haben Sie gehört 65
Ach, mir fehlt Erfahrung 67
Ach, warum es nur so viele Unterschiede gibt 80
Ach, was müssen wir doch üben 31
Ach, wie gerne wüßt' ich 39
Ach, wie wunderschön ist die, weite Welt 82
Achtung! Feind hört mit (F) 121
Ade, du schöne Zeit 84
Adieu, Manon 5
Adieu, Monsieur 71
Adolf, du solltest mal zum Film geh'n 6
Adolf-Tango 5, 139, 151
Ahoi zu einer Flußpartie 6
Alarm auf Station III (F) 120
Alegria de la vida, La (F) 145
Alfano 6, 89
Alle 'mal herhör'n 53
Alle Frauen reden von der Treue 34
Alle Gedanken deines Lebens 58
Alle Jahre wieder 13
Alle Jahre wieder kommt der Weihnachtsmann 76
Alle Neune, alle Neune 6

Alle Puppen tanzen 6, 148
Alle reden heut vom Wetter 6
Allein und gegen alle 81
Allerschönste aller Frauen 6, 99, 123, 152
Alles für euch, schöne Frau'n 6, 89, 108
Alles im Leben 26
Alles ist Komödie (F) 110
Alles ist noch wie ein Traum für mich 37
Alles kann der Mensch sich kaufen 6
Alles nackt 6, 87
Alles rennt nach Gut und Geld 17
Alles schon 'mal da gewesen 6, 149
Alles Schwindel mit der Liebe 6, 134
Alles, was man liebgewonnen 20
Alles, was man sonst sich im Leben nicht sagen kann 16
Als Bilder laufen lernten 53
Als der Dampfer auslief, Charley 50
Als die Welt fertig stand 6
Als Don Quichotte, der Ritter 40
Als Goldschmiedgeselle 33
Als Hänsel und als Gretel 25
Als Hauswirt hab' ich 71
Als je pas morgen het ziet 57
Als Kind beginnt man diese Fahrt 77
Als Komtur in Don Giovanni 33
Als Romeo und Julia 41
Als wir beide noch zwei kleine Kinder waren 8
Als wir uns zum erstenmal geküßt 16
Alt-Berlin, du hattest Originale 49
Alte Park, Der 50
Alte Park ist still, Der 50
Alt-Heidelberg (F) 141
Alting for kvinden 6
Am Anfang, da heißt es für jeden 38
Am Mittelmeer in Spanien 11
Am Mittelmeeer in Spanien (TV) 147
Am nächsten Tag 7, 152
Am Wochenende ruht man 18
Amar sofrer sonhar 22, 156
Ammenkönig, Der (F) 115
Amo tutte le donne 5
Amor solfeando, El (F) 108
Amour chante, L' (F) 107, 108 f.
Amour m'intéressé 49

Titelregister

An der Donau, wenn der Wein blüht 7, 91, 111, 152
An der Havel 7
An der schönen blauen Donau (F) 133
An jedem Sonntag abend 25
Andalusische Romanze 7
Anfang meiner Liebe, Der 20
Anfang und Schluß ABC 7
Annabella 7
Another Experience (F) 119
Apfel fällt nicht weit vom Stamm, Der 7
Arabesque 7
ARD und ZDF 7
Aren't We Wonderful (F) 139
Arme kleine Eva (F) 108
Armer Staat bittet 64
Armi e l'uomo, Le (F) 139
Arms and the Man (F) 139
Arriverderci Francesca (F) 136
As Lovely As Today 69
Assado 7, 144
Au revoir, Franziska (F) 136
Au revoir, monsieur 71, 85
Auberge du Spessart, L' (F) 137
Auch beim Theater 7
Auch ich träum' so gern von der Liebe 7, 111, 167
Auch schon im alten Rom (TV) 149
Auf dem Bildschirm 8
Auf dem blauen Meer fährt ein weißes Schiff 8, 131
Auf den Flügeln bunter Träume 8, 94, 118, 132, 152 f.
Auf der Ziehharmonika ein Liedchen 8, 135
Auf ein Wiederseh'n 8
Auf einem Schloß in Salzburg (F) 135
Auf einer goldenen Kugel 8, 125
Auf jede dunkle Nacht folgt neuer Sonnenschein 44
Auf nach Offenbach 8
Auf uns, da wird Gewicht gelegt 8
Auf Wald und Feld hat sich die Nacht gesenkt 70
Auf Wiedersehen, Franziska (F) 136
Auf zum Karneval 8, 111
Aufforderung zum Tanz (F) 114
Aufgepaßt und zugehört 72
Aufruhr der Herzen (F) 124
Aus dem Reich der Phantasie 8
Aus deutschen Landen 8
Aus Liebe wird die Welt oft auf den Kopf gestellt 49

Außer Rand und Band 8
Automaten-Musical 147
Automaten-Tango 8, 90, 153
Ave Maria (F) 131, 183

B

Bad Homburg vor der Höhe 9
Bad König 9
Bad Salzschlirf im schönen Hessenland 9
Bad Vilbel liegt im Hessenland 9
Baiser sur tes levres, Un 65
Bal paré 9
Ballade (Es kam ein Geiger gezogen) 9
Ballade (Hört liebe Leut') 9
Ballade a. d. Film »Herrliche Zeiten im Spessart« 146
Ballade des Parucchio 9, 87, 103, 137, 153
Ballade von den unmöglichen Eltern 9, 87
Ballett-Ouvertüre 71
Ballo con l'imperatore (F) 122
Bambi-Ouvertüre 9
Bambolina 54
Banc des amants 46
Baruffe d'amore (F) 122
Bäumchen wechsel dich 9
Beamtensong 81
Beautiful as the Young Spring 66
Bedårande barn av sin tid (F) 139
Beermann – Bolland 49
Begegnung in Rom (F) 132
Bei dir frag' ich nicht nach den Sternen 9
Bei gedämpftem Licht 9, 138
Bei näherem Besehen 8
Bei rotem Licht 11
Bei uns im schönen Bayern 84
Bei uns im schönen Knieritz 31
Beiden Evergreens, Die 58, 148
Beim Barte des Propheten 42
Bello tempo de mi vida 66
Bem perto anda o perigo 19
Berlin ist eine Posse wert (TV) 149
Berlin ist eine Wolke 19
Berlin wird Weltstadt 10, 149
Berliner Bilderbogen (BW) 86
Berliner Bilderbogen (TV) 149
Berliner liebt Musike, Der 9
Berlin-Lied 9
Berlin-Tokio (F) 133
Besser ist, du bleibst zu Haus 10
Besuchen Sie Karlshafen mal 10

Bewährung der Herzen (F) 124
Bien venidos 10, 153
Bild' mir ein, es müßt' heut Sonntag sein 34
Bildnis einer Unbekannten (F) 132, 183
Bißchen »Trimm dich«, Ein 17
Bißchen Hessisch, Ein 16
Bißchen Komödie, Ein 16, 85
Bißchen Rummel, Ein 16
Bißchen Sport, Ein 16
Bist du erst in der Mühle drin 10, 87
Bist du verliebt (F) 123
Bist du verliebt, nimm's nicht so wichtig 46
Bitte sehr, das Spiel zu machen 10
Bittgebet des Pfarrers 61
Blaue Nacht am Meer 10, 147
Blaue Nächte 10
Blaue Stern des Südens, Der (F) 129
Blaue Stunde (Für viele …) 8
Blaue Stunde, Die (F) 130
Blaue Stunde, Die (Vorspiel) 10
Bleib hier 10, 153
Blenden Sie mit uns zurück 10
Blida 10
Blonde Carmen, Die (F) 115
Blonde Frau des Maharadscha, Die (F) 143
Blues a medianoche 57
Blues de minuit 57
Blues di mezzanotte 57
Blues symphonique 10
Blues-Phantasie 10
Blumen für Frau Müller 10
Blumenkind, Ein 48
Blumen-Medley 10
Bolero 10
Bolero-Fantasie 11
Bon soir, mesdames 75
Boston-Serenade 11
Bovary-Melodie 11, 105, 149, 153
Boykott (F) 108
Breng mij geluk 15
Bretter, die die Welt bedeuten 11
Bücherlied 40
Buenas tardes, querida ventura 28
Bühne frei für Marika (F) 137
Bunbury (TV) 147
Bundesbahn-Lied 11
Bundesgardenschau, Eine 17
Bunter Blumenstrauß, Ein 17, 108
Butler-Lied 13

C

C'est de lui 37
C'est fini 74
C'est la chanson du cœur 30
C'est la nuit 57
C'est le naissance que j'suis comme ça 22
C'est une valse qui chante 77
Camping-Lied 8
Cancan 11, 115
Canta nell'orchestrina degli zigani 54
Canzone del mio cuore 27, 117
Canzone dell' usignolo 50
Carioca-Fantasie 11
Carmen-Fantasie 11
Caro amico sei invitato 55
Caroline 54
Casa di Montevideo, La (F) 144
Casa lontana, La (F) 120
Castelli in aria (F) 119
Cavalier du Danube 63
Ce soir 55
Ceta marsira do novih kvartira 19
Chanson Alois 11
Chanson der drei älteren Damen 45
Chanson der Übertreibungen 11
Chanson du postillon, La 63
Chanson du rossignol, La 50
Chanson Riccaut 11, 143
Chanson vom bürgerlichen Leben 5
Chanson vom Wirtschaftswunder 11, 103, 139, 153
Chansons des mots d'amour 53
Chant dispoir dans le soir 50
Chant du soir 5
Chante avec moi 67
Château dans la midi, Un (F) 111
Château de rêve (F) 111
Chérie, Chérie 11
Chi cerca trova 78
Chor der Jungfrauen 11, 143
Choral von der Moral, Der 11, 87
Ciel aujourd'hui parait plus clair, Le 22
Circus Girl (F) 132
Clown spielt seine Rolle, Ein 24
Clown, Der 26
Cold-Hearted 26
Colibri 47
Começa uma nova vida 19
Comme un oiseau dans sa cage 37
Coração, você conhece a minha saudade 30

Corazón, tú conoces mi nostalgia 30
Cosi ci può far felici 83
Cosi fini un amore (F) 114
Costa brava 11, 148
Csárdás für Orchester 12
Csárdásfürstin (Fantasie) 12
Cuando llega un hombre joven 78
Cuando vienes tu 78
Cuentos de Salzburgo (F) 136

D

Da Hitparaden Mode sind 12
Da ist das Herz 18
Da lacht sogar die Kripo 12
Da mußte ich vor Freude weinen 12
Da od zenske imas mira 76
Da Talkshow große Mode ist 67
Da wär' ich die Witwe Bolte 78
Da wär' ich Major von Tellheim 74
Dabei übe ich tagtäglich 41
Dackel, Pudel, Dobermann 18
Da-du-wa-du! Wer sind die Stimmen 16
Dafür können wir Franken ... 12
Dajos Béla-Rhapsodie 12
Damals in der guten alten Zeit 57
Damals schon im Paradies 42
Damals, als mir das Leben noch Zeit ließ 74
Damenwahl – Damenwahl 12
Dan is er maar één Holland 28
Dann kommt oft die Rechnung 13
Dans l'existence 67
Dans l'ombre des nuits 50
Dans la douceur des nuits 52
Dans tes yeux 38
Darf ich, ohne mich zu zieren 30
Das bleibt doch unter uns 12, 125, 153
Das braucht man für eine Schau 12
Das ist das Schönste auf der Welt 65
Das ist der richt'ge Rhythmus 12, 134, 153
Das ist der Swing 12, 138
Das ist ein Mann 12, 143
Das ist Liebe auf den ersten Blick 12
Das ist sein Leben 17
Das ist Tanzmusik 13, 117
Das macht die Liebe 13, 92, 113
Das muß man vergessen können 13, 86, 99, 149, 153
Das sind die Gedanken zur Weihnachtszeit 13
Daß Adel stets verpflichtet 61
Daß der Apfel, wie bekannt ist 21

Daß du mich lieb hast 13
Daß sie nur stets Bananen will 60
Daß Singen nur mein Hobby ist 74
Daß wir zusammen singen 45
Day is turning into night 80
Dein Auge gleicht dem grünen Meer 22
Dein Mann 13, 86
Den dummen August 26
Denkst du noch daran 46
Denkt man, was man so gelesen 14
Denn am Montag 17
Denn Ballett, das kann man lernen 13
Denn es geht ein Freund 13, 140
Denn gegen Armut kämpfen Götter 13, 150
Denn man darf nichts übereilen 13
Der er kun een, der mig helt fortryller 21
Der Liebe Freud', der Liebe Leid 13, 86, 153
Der, die, das 13
Derby (F) 126
Deutsche Sprache, ehrlich, Die 13
Dialekt in Ehren, Der 13
Die will ich haben 14, 87
Dienstmädchen-Dixie 51
Diese Gemeinheit 14
Dieses Lied schreibt euch auf 6
Diplomatie 14, 85
Diplomatische Unterwelt (F) 110
Dir zuliebe (F) 123
Discretion with Honor (F) 118
Diskretion – Ehrensache (F) 118
Doch der Alte und Soraya haben alles überlebt 14
Doch die Wirklichkeit sieht anders aus 14
Doch seh'n wir uns die Stadt 'mal an 53
Donau, die Schrammeln und du, Die 14, 139
Donna fra due mondi, Una (F) 116 f.
Doo-Da-Di 14, 143
Doppelt gemoppelt 14
Douce rêverie 83
Dr. med Hiob Prätorius (Thema) 179
Dr. med. Hiob Prätorius (F) 127, 145, 183
Dr. med. Hiob Prätorius, Ouvertüre 14
Draußen in der Puszta 66
Draußen wird es langsam dunkel 35
Dream Castle (F) 111
Dreaming Away 8
Drei falschen Tanten, Die (F) 130
Drei fröhliche Gesellen 14
Drei Mädels vom Rhein (F) 133, 183
Drei mal Heinz 14
Drei Männer auf dem Maskenball 14, 85

Drei Männer gehen ins Exil 14, 86
Dreimal hunderttausend Mann 14
Du bist der erste Mann 14, 140
Du bist die schönste Frau der Welt 14, 109
Du bist für mich der schönste aller Sterne 15
Du bist in letzter Zeit 15, 90, 153 f.
Du bist mein Himmel auf Erden 15, 85, 93
Du bist mir schon begegnet 15, 131
Du bist so penibel 83
Du bist zum Leben, zur Liebe erwacht 66
Du bringst mir Glück 15, 138
Du erzählst mir jeden Tag so viel 49
Du gehörst zu mir 15, 118, 154
Du gehst fort 15, 136
Du hast die Augen, die ich liebe 15, 140
Du hast mir das große Glück gebracht 15
Du hast mir gesagt, daß du mich liebst 32
Du hast mit Frau'n gespielt 52
Du hast zwei Augen so blau wie das Firmament 15
Du kamst und ich dachte, das Wunder geschieht 56
Du kennst mein Herz noch lange nicht 15, 131
Du lernst dann erst das Glück zu schätzen 54
Du liebst mich – von Herzen – mit Schmerzen 15, 130
Du müßtest bei mir sein 15, 86, 154
Du sagtest ganz, ganz leise 12
Du sagtest: Leb wohl 16
Du siehst mich an und erkennst mich nicht (F) 130
Du singst mir süße Lieder 27
Du sollst es leise sagen 16, 110, 154
Du sprachst jeden Tag aufs neue 78
Du träumst beim Tee 77
Du und ich und der Sonnenschein 16, 98, 154
Du und ich und eine kleine Melodie 16
Du und ich, wir waren fast am Ziel 60
Du wärst etwas für mich 29
Du wirst mich niemals weinen seh'n 16
Du, ich kann es gar nicht fassen 44
Dunkle Erinnerungen 15, 137
Dunklen Wolken, Die 63
Durch das Leben woll'n wir gehen 16, 127
Durch die Nacht klingt ein Lied 16, 94, 118, 154

E
Ecco la felicità 28, 119
Echo-Blues 16, 138
Eduard 16
Effi Briest (F) 133
Eh die Rosen verblüht sind 16
Eh man verreist 56
Ehe auf Zeit (BW) 85
Ehe in Dosen (F) 120
Ei, wo ist es denn, mein Schätzchen 52
Eine von uns – Gilgi (F) 109
Eine von uns (F) 109
Einem richt'gen Cowboy 5
Einer kommt, einer geht 68
Einer lebt dem Fußballsport 36
Einleitung –Stimmungsbar 70
Einmal hab' ich an dich so geglaubt 18
Einmal habe ich geliebt 18, 87, 105
Einmal noch hab Vertrauen 18, 89
Einmal tritt der Tag 82
Einsam ist mein Herz 19
Einsame Insel, wo bist du 19
Einst, da brauchte man nur winken 41
El milagro Aleman (F) 139
Elefanten-Polka, Die 48
Elegie für Violine 20, 128
Ellas somops nosotros (F) 129
Ellora 20
Emil und die Detektive 73
Emma mach voran 20
En el Danubio cuando florecen las vides 7
En fermant les yeux, parfois 18
En la cumbre de la montana 32
Ende gut, alles gut 20
Endlich hab' ich dich gefunden 78
Endstation 20
Engadiner Bilderbogen (TV) 150
Engel, der seine Harfe versetzte, Der (BW) 87
Engel, der seine Harfe versetzte, Der (F) 140
Entführung an der Riviera (F) 116
Entführung, Die (F) 116
Entstammt man den oberen Schichten 20, 150
Er spielt Klavier 46
Erase una muchana y un marinero 23
Erbach im Odenwald 20
Erinnern Sie sich noch an uns 8
Erinnerung 20
Erinnerung an Rovaniemi 24
Erinnerungen bleiben 62
Erlebnis geht weiter, Das 119
Erst da kamen Hugenotten 10
Erst ein Tsching, dann ein Bum 21, 121
Erst eine Walzernacht und dann ein Kuß 20, 92, 114, 155

193

Erst sang ich für den Leierkastenmann 27
Erst war es nur ein Spiel 55
Erste Schnee, Der 21
Erste Schritt vom rechten Weg, Der 21, 90, 109, 155
Erste Schritt, Der 21, 144
Ersten Blumen im Mai, Die 21
Erzähl mir keine Märchen 21, 127, 155
Es begann schon so im Paradiese 74
Es bleibt in der Familie 21
Es braucht nicht alles ernst zu sein 21, 147
Es fehlt mir was zum Glücklichsein 21, 147
Es gab nur eine, die ich geliebt hab' 21, 89, 155
Es geht sehr oft im Leben 78
Es gibt drei Musketiere 44
Es gibt ein – zwar uns Menschen 13
Es gibt eine Straße 47
Es gibt für mich nur das Gesetz 21, 87
Es gibt heut so manche Platten 38
Es gibt im Leben manchmal einen Augenblick 15
Es gibt nichts Neues 13
Es gibt nischt Neues, liebe Leute 6
Es gibt noch Glück auf dieser Welt 19
Es gibt so manche Sendung 18
Es gibt so viele schöne Stunden 30
Es gibt viele Arten Tanten 22, 147
Es grüßt jetzt der Berliner Bär 22
Es hat schon jeder vom Schicksal 52
Es hat zwei Pedale 22, 141
Es ist alles Komödie 22, 91, 110, 115
Es ist alles nur geliehen 22, 106, 155
Es ist die unbedingte Pflicht 22, 147
Es ist ein Trugschluß 36
Es ist eine gar alte Weise 22, 116, 155
Es ist im Leben leider so 82
Es ist ja alles nichts als Lüge und Scherz 7
Es ist nicht leicht zu regieren für eine Frau 45
Es ist nicht nur ein Flirt 16
Es ist nur die Liebe 22, 98, 123, 136, 156
Es ist plötzlich ein Wunder gescheh'n 31
Es ist schon fünfzig Jahre her 25
Es ist so schwer, die Eltern aufzuklären 9
Es ist so still 22, 87
Es ist so still in Stadt und Land 76
Es kam das Glück wohl über Nacht 22, 109
Es kam ein Geiger gezogen 9
Es kam ein Mädchen 22, 130
Es kann im Himmel bestimmt auch nicht schöner sein 22, 122

Es klingelt dreimal (F) 125
Es lebten einst zwei Menschen 8
Es liegt bei dir 22, 87
Es liegt mir so im Blute drin 22, 115
Es liegt so viel im kleinen Wörtchen Liebe 23
Es lockten mich Wünschen und Wähnen 61
Es menschelt an allen Orten 23, 150
Es sind seit vielen Wochen 16
Es singen vier Doktoren 23
Es singt die Nina mit dem Paul 9
Es stand eine kleine Kanone 46
Es trafen sich zwei Wiener 23
Es tut sich was um Mitternacht (F) 113
Es war am letzten Freitag 72
Es war die große Liebe 23, 156
Es war ein Abend im Frühling in Wien 14
Es war ein Mädchen und ein Matrose 23, 94, 119, 156 f.
Es war eine Lerche 49
Es war eine Prinzessin 78
Es war im dreiß'gjähr'gen Kriege 14
Es war im Frühling 16
Es war im Mai 15
Es war schön wunderschön 28
Es war vor 20 Jahren 14
Es waren einst sieben Todsünden 68
Es warst nicht du, der mich geküßt 75
Es wird im Leben oft gescheh'n 58
Es wird in diesen Tagen 72
Es wird nichts so heiß gegessen 69
Es zogen die Germanen 23, 150
Eschwege grüßt in nah und fern 21
Espia de Tokio, El (F) 133
Espion de Tokyo, L' (F) 133
Espoir d'amour 66
Ett äventyr i Salzburg (F) 136
Etwas leise Musik 23, 103, 138, 157
Etwas schlechte Laune 51
Euch möcht' ich mich so gerne anvertrau'n 23
Eva (F) 108
Ewige Klang, Der (F) 124
Existence est un long chemin, L' 47

F

Fahrendes Volk sind wir 23
Fahrt in den Mai, Eine 17
Fall Dr. Sorge, Der (F) 133
Fall für Mändli, Ein 18
Falle, Die **(F)** 110
Fall-Fantasie 23

Fällt der Schnee vom Himmelszelt 21
Fanfaren der Ehe (F) 131
Fanfaren der Ehe (Suite) 23
Fanfaren der Liebe (F) 129
Fantasia russa 28
Fantasie (Illusion) 38
Fantasie in Harmonien 13, 117
Fasching, Fastnacht, Karneval 23
Fatal destino (F) 142
Faut dans la vie choisir, Il 60
Ferien mit hundertzwanzig Sachen 23, 148
Ferien, oh Ferien (BW) 88
Fernseh'n in den Stuben, Das 81
Fernsehstraßenlied 83
Feste feiern 24
Feuer im Kamin 24
Feuerprobe der Liebe (F) 130
Fiebernd ersehnten wir beide 47
Filles de Panama, Les 22
Filme im Walde, Die 24
Finalmente l'alba (F) 139
Finnische Suite 24
Finnischer Volkstanz 24
Flieg mit mir 24, 147
Florian und Elli 24
Flughafen-Lied 69
Föhn-Blues 24, 142
For You, Just You, My Baby 26
Forever Yours 57
Formidable 24
Forsaken 37
Försterchristel, Die (F) 143
Fracklied, Das 24
Frag nicht woher 73
Frag nie warum 24
Franziska (F) 136
Frau fürs ganze Leben, Eine 17, 142
Frau fürs ganze Leben, Eine (F) 142
Frau meiner Träume, Die 124, 179, 183
Frau zwischen zwei Welten, Eine (F) 116
Frauen darf man nie fragen 24
Frauen sind doch bessere Diplomaten (F) 121, 183
Frauen und Pferde 63
Frauenarzt Dr. Prätorius (F) 127, 183
Fräulein Doktor 24, 85
Fräulein Frau (F) 113
Fräulein von Barnhelm, Das 24
Frechheit siegt 24, 157
Frechheit siegt (F) 118
Freies Leben, Ein 18, 87

Fremdarbeiter 11
Fremde Sprachen sind sehr wichtig 24
Fremdenführerin von Paris, Die 62
Freßwelle, Die 25, 148
Freude muß man nicht verzollen 41
Frisch auf – was ist die Welt 25, 108
Frisch gemalt 25
Frisch gesagt 25
Fritz! Herr Beermann 80
Fröhlich eingeschenkt 25
Frohsinn 25, 137
Fromme Lüge, Die (F) 118
Frosch, ein ganz bekannter, Ein 31
Früher einmal war ich sittsam 34
Frühling in Wien 25, 97, 122, 157
Frühling kam, Der 25
Frühling und Liebe 25, 112
Frühling, Sommer, Herbst und Winter 73
Frühlingslied 18
Frühlingsnächte in Nizza (F) 113
Frumosa mea en te ador 54
Fühlst du den Zauber nicht 16
Fühlst du nicht, das Glück ist da 25, 85
Fühlst du nicht, was du bist für mich 47
Fünf Lieder (Greeb) 25
Fünf unter einem Dach 25
Funkausstellung in Berlin (Berlin-Lied) 9
Funkausstellung in Berlin (Es sind schon fünfzig Jahre her) 25
Für alle, die im Herzen jung geblieben 25
Für das Erntedankfest 64
Für das Publikum zur Freude 25
Für dich und mich ein kleines Schloß im Süden 26, 111
Für dich, für dich, mein Baby 26, 90
Für die größte Liebe kommt ja auch der letzte Kuß 13
Für eine kleine Liaison 26, 157
Für eine Stunde Leidenschaft 26, 86, 99, 149, 157
Für jeden Menschen 67
Für jeden Menschen gibt es Stunden 27
Für viele ist die Stunde nicht da 8
Furioso (F) 128

G
Galopp-Tanz 26, 133
Galway-Melodie 40
Gang in die Nacht, Der (F) 120
Ganz Berlin ist eine Wolke 26

Titelregister

Ganz besond're Schule, Eine 17
Ganz genau, das braucht man für eine Schau 12
Ganz leise kommt die Nacht 26, 94, 157 f.
Ganz normales Paar, Ein 18
Ganze Leben bleibt doch nur, Das 53
Ganze Leben ist ein Zirkus, Das 26, 106, 157
Ganze Leben ist und bleibt doch nur ein Märchen, Das 26
Ganze Welt ist voll Musik, Die 26
Ganze Welt, Die 26, 86
Ganzes Leben ohne dich, Ein 18
Garde moi ma femme 6
Gast hier zu begrüßen, Einen 17
Gaudeamus igitur 26
Gavotte 27
Geburtstags-Ständchen 29
Gedanken-Duett 12
Gefangene des Maharadscha, Die (F) 132, 143
Gegen Liebe wächst 32
Geh nicht so von mir 27
Geheimnis der roten Katze, Das (F) 108
Geheimnis zu zweit 37
Geheimzeichen LB 17 (F) 118
Geigen, ja die Geigen, Die 27, 93, 158
Geiger, Der (F) 124
Geist ist willig, Der 27, 87
Geister, die man einmal ruft, Die 27
Geld macht nicht glücklich 27
Geliebter Lügner (F) 127
Gern möcht' ich manchmal gesteh'n 77
Gesangsstunde, Die 58
Gespenster-Marsch 29, 146
Gestatten, schöne Maske 62
Gestatten, Soldat Bluntschi 31
Gestern hast du mich noch heiß geküßt 74
Gestern schien mir alles 34
Gestern war ich noch in Arizona 66
Gestern, heute und morgen 27, 116
Gewisse Etwas, Das 27, 95, 120, 158
Gigolo-Phantasie 27
Gilgi, jeune fille moderne (F) 109
Giorno senza fine 20
Gipsy You Have Stolen My Heart 84
Girl and a Sailor, A 23
Girl in the sun 59
Girl Without Boundaries, A (F) 134
Gitano, has robado mi corazón 84
Gitarren spielt auf zum Tanz 62
Gleich ist es aus 65
Gleich und gleich gesellt sich gern 27

Glück ist eine Reise wert, Das 48
Glück kommt einmal im Leben, Das 52
Glück zu kleinen Preisen (TV) 147
Glückliche Ehe (F) 126
Glücksstern und das Mädchen, Der 27
Goethe, der einst hier gewesen 43
Goldene Brücke, Die (F) 134, 183
Gondoliere 27, 114, 158
Graf schickt die Soldaten los 27, 146
Greet Festival 15
Groß ist des Tieres Garten 10
Große Bluff, Der (F) 109
Große Schenkini, Der 27
Groß-Krotzenburg 27
Gruezi mitenand 65
Grüß mir die Berolina 27, 86, 149, 158
Guerre des valses, La (F) 111, 112
Gute Fee, Die 28
Guten Tag allerseits 59
Guten Tag, liebes Glück 28, 95, 119, 126, 158 f.
Guten Talk allerseits 28
Guten, alten Filme, Die 62
Guten, alten Zeiten, Die 28
Guter Rat, der ist nicht teuer 28
Gutes Buch, Ein 40

H

Hab keine Angst vor Liebe 28, 91, 112, 159
Hab mich lieb (F) 123, 183
Hab mich lieb (Potp.) 179
Haben Sie das gleich erraten 28
Hadamar im Elbachtal 28
Hafenmelodie (F) 126
Haiger, Stadt im Grünen 28
Hajoh, wer fährt mit 28, 159
Hakugin wa manekuyo 33
Hallo Roy – ich seh' Black 61
Hallo, bitte, ach Frau Müller 23
Hallo, Moskau 28
Hannerl (F) 130
Hans im Mond (F) 114
Hans okända model (F) 132
Happiness 79
Happy end 28
Hast du schon einmal von mir geträumt 29
Hat dich die Justiz im Griff 10
Hat ein Jüngling das Bedürfnis 76
Hat noch jemand eine Frage 29
Haus in Montevideo, Das (F) 129, 144, 183
Haus in Montevideo, Das (Potp.) 29

Haus in Montevideo, Das (BW) 86
Häuschen und ein Garten, Ein 80
Hazy lights are twinkling beneath the trees 84
He Maggy Rouff 29, 86
Heavens Above 76
Heel hoog op den berg 32
Heerlijk zachte muziek 23
Heh, Columbo – Helloh, Kojak 29
Heidi (F) 145, 183
Heidi-Thema 19, 105, 145
Heil dem Herrn von Tellheim 11
Heilige Dirne, Die (F) 110
Heilige und ihr Narr, Die (F) 136
Heimatlied 29, 124
Heinz im Mond (F) 113, 183
Heirate mich, Chéri (F) 144
Heiratsschwindler, Der (F) 109
Heiratsvermittler, Der (F) 109
Heißgeliebter Mann 45
Heiterer Ausklang 24
Heiteres Beruferaten 29
Heiteres Vorspiel 74
Helau, Alaaf und Dankeschön 29
Helden (F) 139
Heldenmars 63
Helden-Suite 29, 179
Heldinnen (F) 142
Helga, ist sie nicht wundervoll 40
Her Greatest Success (F) 114
Herbst-Elegie 64
Here, where all the mountains 29
Herr Graf – mein lieber Mundschenk 33
Herr Intendant 29
Herr Müller wollt' zur Hochzeit, Der 24
Herren Regisseure, Die 29
Herrliche Zeiten im Spessart (F) 145, 184
Herz voller Liebe, Ein 65
Herz, du kennst meine Sehnsucht 30, 93, 116, 159
Hessenmädchen, das sind wir 30
Het is slechts de liefde 22
Heurige Liebe, heuriger Wein 30, 133
Heut hat mein Herz tausend Flügel 31, 104, 140, 159 f.
Heut ich durch die Straßen ging 79
Heut ist ein Grund zum Feiern 31
Heut ist ein Tag wie jeder Tag 31, 140
Heut ist genau der richt'ge Tag 31, 136
Heut ist hier ein Platz für Tiere 31
Heut ist Karneval in Knieritz an der Knatter 31
Heut nacht wird das Haus auf den Kopf gestellt 6
Heut sehn' ich mich nach dem Glück 38
Heut ziehen die Soldaten ein 21
Heute feiern wir ein Burgfest 30
Heute feiern wir ein Fest 30, 159
Heute geht's nach Kelsterbach 30
Heute gibt es mit Helau 30
Heute gibt sich 'mal der Adel 62
Heute grüßen Sie 30
Heute haben sieben Schwaben 30
Heute ist für mich die ganze Welt viel zu klein 30, 116, 159
Heute kommt der Berg nicht zum Propheten 30
Heute kommt der Santa Claus 65
Heute kommt nun das Finale 30
Heute lassen wir die Puppen einmal tanzen 30
Heute nacht (woll'n wir [sollt ihr] den Teufel tanzen sehn 31, 124, 159
Heute plaudern wir 'mal aus der Schule 31
Heute soll man die Soldaten 31
Heute steht die Wirtschaftslage 44
Heute suchen die Personen 31
Heute tanzt die Garde 31
Heute tanzt die Schlagergarde 31
Heute treten Majestäten 31
Heute trifft sich my fair lady 31
Heute und Tagesschau 25
Heute woll'n wir närrisch sein 31
Heutzutag' wird schrecklich übertrieben 11
Hexen von heute 32, 147
Hier ist die Welt noch wie vor hundert Jahren 32, 87, 106
Hier ist er nicht 32, 87
Hier muß er sein 32
Hilfe! Hilfe! Überfall 32, 87
Himmelblau ist die ganze Welt 32, 86, 160
Hinter Schloß und Riegel 32, 160
Hippie-Song 32, 150
Hiver sommeille, L' 26
Hoch drob'n auf dem Berg 32, 96, 122, 136, 160
Hoch droben auf dem Berg (F) 136
Hoch klingt der Radetzkymarsch (F) 138, 184
Hochverehrtes Publikum 69
Hochzeitsszenen im Kloster 32, 135
Hohegeißer Heimatlied, Das 32
Hokuspokus (F) 131, 184
Hokuspokus oder Wie lasse ich meinen Mann verschwinden (F) 145, 184
Hokuspokus-Marsch 32
Holiday in Zürs, A 6, 128

Titelregister

Hollywood 32
Home town 47
Hopp, hopp, hopp, Pferdchen 46
Höret die Geschichte 58
Horror im Theater 33
Hörst du das singende ... 26
Hörst du der Lerche fröhliches Lied 25, 105, 160
Hörst du? Musikanten sind da 58
Hört auf die Musik 33, 123
Hört gut zu, was mir passiert ist 9
Hört ihr die Zigeuner 33
Hört mir zu und seid ganz still 22
Hört, ihr Hasen auf den Feldern 41
Hört, liebe Leut' 9
Hotel »Zur stillen Liebe« (F) 109
House of Dora Queen, The (F) 110
How Do You Do 33, 86
How do you do, Gräfin Basildon 68
Hoy el mundo muy hermoso vislumbré 30
Hundert volle Gläser 33, 105, 160
Hundertfach, tausendfach 73
Hundertjährige, Der 33
Hunderttausend Reime 76
Hunger macht erfinderisch 33, 87
Hymne von Reiffenstein 33, 130

I

I Count My Buttons 37
I denna stilla natt 70
I Need Not Lonely Be 80
I Often Think of Piroschka (F) 134
I skog, på fält har mörkret nu sig sänkt 70
I Villa Rino 74
I'm Lucky in Love 76
I've found the dreams 76
Ich bin arm 33, 87
Ich bin bei dir, du bist bei mir 31
Ich bin der Ernst und kann nur lachen 33
Ich bin der glücklichste Mensch auf der Welt 33, 141
Ich bin der Graf von München 33
Ich bin der König des Cancan 33, 125
Ich bin der Liebling der Polizisten 33, 109
Ich bin der Weihnachtsmann vom Dienst 34
Ich bin die Frau, von der man spricht 34, 99, 123, 160 f.
Ich bin die Mondfrau 57
Ich bin die rechte Hand vom Chef 34, 128
Ich bin doch die Carmen von Sevilla 5
Ich bin Dummkopf 34

Ich bin ein Mädel vom Rhein 34
Ich bin ein Mann von fuffzig Jahren 34, 87
Ich bin eine höhere Tochter 75
Ich bin froh wie ein Spatz 34, 125, 161
Ich bin heut frei, meine Herr'n 34, 99, 124, 161
Ich bin heut so froh 34, 114, 161
Ich bin in Sorgen 54
Ich bin ja so verliebt 37
Ich bin stets nach außen kühl 12
Ich bin, du bist, er ist 34, 148
Ich bitte Sie, nicht zu erschrecken 50
Ich brauche einen Mann 34, 120, 161
Ich brauche zum Leben die Liebe 34, 142
Ich denk' am Montag 34, 141
Ich denke oft an Piroschka (F) 134, 184
Ich denke oft an Piroschka (Potp.) 179 f.
Ich fahre durch die Straßen 34, 129
Ich frag' das Meer 35
Ich frage nicht nach Titel und nach Orden 35, 87
Ich fragte stets beim Spiegel an 31
Ich freu' mich wie ein Kind 45
Ich geh' ohne Ruh' ... 19
Ich geh' so gern mit dir ins Kino 35
Ich gehe dir entgegen 35
Ich gehe singend durch die Stadt 35, 102, 137, 161
Ich ging einst auf einen Berg 40
Ich hab' auf dich so gewartet 77
Ich hab' dich lieb 35
Ich hab' die Erde schon dreimal umsegelt 41
Ich hab' doch so 'ne schöne Stimme 5
Ich hab' ein Schifflein 28
Ich hab' ein schimmerndes Leuchten 35
Ich hab' einen Grundsatz 34
Ich hab' einen Talisman: die Musik 35, 129
Ich hab' geträumt, daß du von mir geträumt hast 35, 110
Ich hab' heut von Berlin geträumt 35
Ich hab' ihn 78
Ich hab' in der Liebe noch niemals Glück gehabt 26
Ich hab' in meinem Leben vieles gesehen 71
Ich hab' mit Frau'n gespielt 52
Ich hab' oft Sehnsucht nach dem Glück 28
Ich hab' oft viel' Stunden 38
Ich hab' schon oft gefühlt 56
Ich hab' so einen Animus 35, 101, 127
Ich hab' was übrig 36
Ich habe die Liebe gesucht 35, 132
Ich habe ein Herz für die Jungs auf dem Meer 36

Ich habe ein Herz zu versteigern 35, 129, 161
Ich habe eine kleine stille Liebe 35, 91, 111, 161
Ich habe einen lieben Gast 61
Ich habe lange überlegt 13
Ich habe Paß und Visum 35
Ich habe schon einmal gelebt 35
Ich halte dich im Arm 49
Ich hatt' ein Lottchen 54
Ich heiße Ilse 36, 85
Ich heiße Ruth 80
Ich hör die Liebste 11
Ich kann bestimmt heut nacht nicht schlafen 36, 135
Ich kann dich leider nicht vergessen 36, 132
Ich kann nicht mehr schlafen 27
Ich kann nicht schlafen geh'n 36, 85, 161
Ich kann's noch nicht glauben 36, 87
Ich kenn' den Jimmy aus Havanna 36, 102, 131, 161
Ich kenn' dich nicht und liebe dich (F) 113
Ich kenn' dich nicht, ich liebe dich 36
Ich kenn' ein Zauberwort 60
Ich klopf heut nacht an deine Tür 36, 105, 146
Ich klopf heut nacht, wenn du's erlaubst 36
Ich komm' vom Theater nicht los 36, 85, 161
Ich kriege täglich 10-20 Schreiben 54
Ich küsse Ihre Hand (Paraphrase) 36
Ich lade oft Talente 81
Ich lebe für die Liebe 36, 126, 161
Ich lebe in den Tag hinein 36
Ich lese gern' (oft) ein gutes Buch 40
Ich lieb' dich, mein Liebling 50
Ich liebe das Leben (Greeb) 25
Ich liebe das Leben (Jeder Tag) 36
Ich liebe dich und kenn' dich nicht 36, 91, 113, 161 f.
Ich liebe dich, wie ich noch niemals geliebt 79
Ich lieg' hier und träume 37
Ich möcht' heut einmal das Nichts besingen 50
Ich möchte mal inkognito 79
Ich möchte so gerne 37, 98, 123, 162
Ich pfeife auf die Konvention 37, 87
Ich sah im Traum die Pompadour 75
Ich saß heut nacht im alten Park 17
Ich schnüffle 65
Ich schreibe einen Liebesbrief 14
Ich singe jetzt für euch allein 71
Ich sitze hier 66
Ich steh' allein in dieser großen Welt 17
Ich such' dich, Madonna 37, 111

Ich tanze mit dir in den Himmel hinein (F) 130
Ich trage Kleider 36
Ich träum' so oft 66
Ich träume immer nur von dem einen 37, 92, 114, 162
Ich träume nachts von der Liebe 49
Ich versteh' jedes Wort 37
Ich vertraue dir meine Frau an (F) 123, 184
Ich war einst eine Frau 54
Ich war noch so klein 38
Ich warte auf dich 37, 99, 124, 162
Ich weiß das erste Mal noch ganz genau 37, 102, 132
Ich weiß mehr, als du glaubst 37, 103, 137
Ich weiß nicht, was ist heute los 56
Ich weiß nicht, wie viel Männer es gibt 34
Ich weiß noch ganz genau 53
Ich will dein Schatten sein 37, 99, 123, 162
Ich will dich in Samt und Seide hüllen 56
Ich will Mjussow sprechen (TV) 149
Ich will nichts von Liebe hören 56
Ich wollt', ich hätt' eine Fiedel 37, 138
Ich wünsch' mir keinen Heinrich 14
Ich zähl' mir's an den Knöpfen ab 37, 101, 129, 162 f.
Ich, zum Beispiel, male 67
Ideale Gatte, Der (BW) 86
Ieder afscheid kan een nieuw begin weer zijn 44
Ihn kann nichts erschüttern (F) 144
Ihr größter Erfolg (F) 114
Ihr kennt nicht die breiten, grünen Felder 68
Ik ben toch zo verliefd 38
Ik bezocht op menig verre reis 28
Ik tel de knopen van mijn jac 37
Ik wacht steeds op ju 37
Ik wil toch zo gaarne 37
Il n'en est qu' une 6
Illusion (F) 122
Illusion (Valse lente) 38, 97, 122, 163
Im Blütenhain 38, 146
Im Falle eines Falles 29
Im Fernseh'n ist der Doktor 23
Im Fernseh'n, ja da sieht man 14
Im großen Theater des Lebens 38
Im Heustadel 29
Im Karneval 38
Im Karneval die Garde 44
Im Kerzenlicht 38
Im Lokal zur guten Laune 38
Im Nachspann, da läuft immer 82

Titelregister

Im Nachtlokal »Klein-Chikago« 38, 138
Im Norden liegt Ostfriesland 8
Im Rhonetal steht eine Mühle 39, 141
Im schönen Mössel an der Maar 82
Im sechsten Stock (F) 143
Im weiten Feld, im grünen Wald 41
Immer langsam, nicht so schnell 38, 141
Immer nur du 37
Immer nur Jazz 69
Immer wenn der Abend kommt 80
Immer wenn du fortgehst 38, 104, 140, 163
Immer wenn ich glücklich bin 38, 93, 117, 163 f.
Immer wenn ich glücklich bin (F) 117
Immer Zank, immer Krach 80
Immer, wenn der Tag beginnt (F) 137
Immer, wenn du hier bist 16
Impression 38
Impromptu (Valse bleue) 39
Impromptu c-moll 38, 128
In Arolsen-Mengeringhausen 39
In Bad König 9
In Bad Soden-Salmünster 39
In Cannstatt hier im Schwabenland 24
In dem Zirkus Bambunelli 24
In den frühen Morgenstunden 35
In den nacht 39
In den tiefen, dunklen Wäldern 9, 87
In der bunten Operettenwelt 39
In der Dämm'rung liegt die Pußta 39
In der Kürze liegt die Würze 39
In der Liebe, in der Liebe 39, 147
In der Nacht ist der Mensch nicht gern alleine 39, 100, 124, 135, 136, 142, 164
In des Gartens dunkler Laube 39, 113
In dieses Land fahr ich zu gern 35
In einem kleinen Café 59
In einem kleinen Tropfen Tau 25
In einem Städtchen 63
In einer kleinen Konditorei (F) 107
In einer kleinen Stadt in Peru 8
In einer Stadt von hier nicht sehr weit 6
In einer Stunde 39
In Emilsburg 39, 87
In England und Amerika 41
In Göppingen im Schwabenland 39
In jedem Krimi 82
In Karlshafen 39
In meinem Gästebuch 39, 132
In meinen Träumen 40, 146
In meiner Kuß-Statistik 40, 130, 164

In Paris heißt die Liebe »amour« 40
In Sidney verschollen (F) 126
In unsrer Welt nur Ruhm erringt 19
In weiter Ferne 77
Indianisches Liebeslied 39, 134
Indischer Marsch 70
Ins blaue Leben (F) 119
Insel wird entdeckt, Eine (F) 117
Instant propice, L' 60
Intermezzo a. d. Film »Der Ammenkönig« 6, 115
Intermezzo a. d. Film »Die Liebe des Maharadscha« 40, 116
Intermezzo a.d. Film »Das Schloß im Süden« 111
Intermezzo a.d. Film »Una donna fra due mondi« 117
Intimitäten (F) 123
Io non ti cono so e ti amo 37
Io sogno il mio bene perduto 37
Irgend etwas ist mit mir heut los 22
Irgendwann, irgendwo, irgendwie 34
Irgendwie, irgendwo 78
Irgendwo und irgendwann fängt einmal die Liebe an 12
Irgendwo, irgendwann 7
Irisches Tanzlied 40, 141
Irländische Suite 40
Irländischer Tanz 40
Ist der Himmel grau 13
Ist es nicht schön abends um zehn 75
Ist es Wahrheit 49
Ist sie nicht wundervoll 40, 85
It's All Over Now 74
It's only love 22, 156
Italienische Serenade 40, 130

J

J'i beau me méfier de moi 21
Ja als Paar 40
Ja Bad Hersfeld 40
Ja ein Prost auf alle Narren 41
Ja in Kronberg 42
Ja in Liechtenstein 42
Ja in Michelstadt 42
Ja mit Bart 42
Ja slusam svake noci 53
Ja und Nein 43, 96, 120, 164 f.
Ja, das Fliegen 40
Ja, das ist Spitze 40
Ja, das Pfeifen ist ganz einfach 53

Ja, das sind alles Geschichten 40
Ja, das sind die Gedanken 13
Ja, das sind die Geschichten 40
Ja, das Volkstheater 40
Ja, das war ein guter Jahrgang 40
Ja, das waren schöne Zeiten 41
Ja, das wünscht man sich vom Sommer 41
Ja, der Gast ist immer König 41
Ja, der Sport 41
Ja, der Weihnachtsmann 41
Ja, die Assistentin 43
Ja, die fünfziger Jahre zu besingen 41
Ja, die Liebe beim Theater 41
Ja, die Welt ist schön und bunt 41, 125
Ja, es bleibt in der Familie 21
Ja, es gibt sehr viele Garden 17
Ja, es kennt ihn doch ein jeder 70
Ja, Humor geht über Grenzen 41
Ja, ich kenne meine Kunden 18
Ja, ich möcht' so gern Mariechen sein 41
Ja, ich seh' dir's an 27
Ja, im Fernseh'n 81
Ja, im Showgeschäft 41
Ja, immer wenn's am schönsten ist 41
Ja, in guten alten Zeiten 41
Ja, irren, das ist menschlich 42
Ja, ja, das männliche Geschlecht 42, 121, 164
Ja, ja, das Wetter 42
Ja, ja, in Neckarsteinach 42
Ja, klingt der Satz auch infernalisch 68
Ja, Liebe ist gefährlich 42, 87, 106
Ja, mein Ende 20
Ja, Musik ist bei uns Trumpf 42
Ja, Musik ist doch das Schönste 42
Ja, Sie wissen, wir berichten 25
Ja, so ein Feiertag 42
Ja, so ein Stuntman 42
Ja, so ist nun mal der Brauch 42
Ja, so ist's im Leben 42
Ja, so macht man einen Schlager 42
Ja, so närrisch 43
Ja, so sind die Jubiläen 59
Ja, so was gab's auch schon im alten Rom 43, 150
Ja, so zwei wie wir 28
Ja, vor acht 43
Ja, was wär' der deutsche Schlager 43
Ja, was wäre unser Leben 43
Ja, was wären denn die Herren 43
Ja, wenn der Humor nicht wär' 43
Ja, wer »O« sagt 43

Ja, wer hat denn 43
Ja, wer kommt nicht gern nach Zürich 43
Ja, wir fallen aus dem Rahmen 43
Ja, wir Frauen, im Vertrauen 43
Ja, wir haben schwere Zeiten 72
Ja, wir Hessen 43
Ja, wir sagen Ihnen täglich 7
Ja, wir schreiben fürs Theater 31
Ja, wir sind die Gastarbeiter 43
Ja, wir sind die Heinzelmännchen 43
Ja, wir sind die Regisseure 61
Ja, wir sind die Schlagerfunken 44
Ja, wir sind die vier Experten 44
Ja, wir sind drei Prinzen 44
Ja, wir spielen eine Rolle 44
Ja, wir vier, wir sind vier Damen 12
Ja, wir Zwei 7
Ja, Zigeunermusik 33
Ja, zu zweit geht alles besser 44
Ja, zur Narrenzeit 44
Jacky kam nach Tennessee, Der 5
Jacqueline (F) 140
Jag tänker ofta på Piroschka (F) 134
Jagdlied der Kinder 41, 135, 138
Jan und die Schwindlerin (F) 124
Janos 42
Jazz-Fantasie 61
Jazz-Suite 44
Je cherchais la femme 78
Je crois faire un rêve 22
Je kunt je hart geen twedemall schenken 52
Je n'ai qu'un cœur 26, 112
Je sais que je ne suis pour tois, vois-tu 84
Je veux ce soir 83
Je voudrais connaître l'émoi 37
Je vous admire mademoiselle 54
Jede Frau hat ein süßes Geheimnis 44, 95, 119, 165
Jede Frau hat ein süßes Geheimnis (F) 119
Jede Liebe hat ein Ende 44, 85, 93
Jede Nacht spielt die Musik 12
Jede Stadt, die wir vertreten 45
Jeden Abend steh' ich an der Brücke 39
Jeden Abend steht er auf der Bühne 67
Jeden könnt' ich küssen 66
Jeden Morgen erklang einer Lerche Gesang 49
Jeden Sonntag zum Tanz 55
Jeden Tag 44
Jeden Tag hatt' ich das schon gefühlt 16
Jeden Tag in unsrem Leben 6
Jeden Tag steh' ich verliebt vor dir 75

Titelregister

Jeder Abschied kann ein neuer Anfang sein 44, 101, 128
Jeder fährt heut gern in Urlaub 44
Jeder glaubt als Kind 21
Jeder kennt noch unsre Lieder 44
Jeder Mensch 28
Jeder spielt von uns im Leben 10
Jeder Tag ohne dich ist verloren 36
Jeder von uns macht 'mal etwas, was strafbar ist 33
Jedes Ding hat doch zwei Seiten, Ein 56
Jedes Jahr zum Karneval 20
Jedes Jahr zur Weihnachtszeit 42
Jedes junge Mädchen träumt von einem Ideal 56
Jeg ser i done oeine 54
Jetzt geh'n wir aus 45, 88
Jetzt kommt das Wirtschaftswunder 11
Jetzt sind es noch hundert Sekunden 45
Jetzt wird es mir zu dumm 83
Jodelchor 45
Josef fährt zur Josefstadt, Der 39
Jour mon regard a rencontré le tien, Un 30
Jugend in Not (F) 108
Jugend ist entsetzlich, Die 45, 150
Julia, oh Julia 45, 140
Junge Dame, die mir noch unbekannt, Eine 57
Junge Liebe (F) 137
Junger Dichter, Ein 83
Junger Mann aus gutem Hause 45, 150
Junger Mann, der alles kann (F) 136
Jungfrau ward erzogen, Eine 17, 113
Just Believe Me Once Again 18

K

Kabarette sich wer kann 45
Kabarett-Programm (F) 109
Kaffeeklatsch im Musical 45
Kalenderlied 45, 104, 165 f.
Kann du mon atter tilgive mig 21
Kannst du heute oder morgen 45, 85
Kannst du mir nicht noch einmal verzeih'n 21
Karl, das ist ein lieber Borsch, Der 55
Kärlekstrumpeten (F) 129
Karneval in Rio de Janeiro 62
Karneval überall mit Alaaf-Helau 45
Karneval, Karneval 31
Karneval-Narretei 45
Karriere 45, 148
Kartoffelpuffer 45, 86
Karussell, Das 48

Kassel hat sehr viel zu bieten 5
Kätchen für alles (F) 126
Kätchen räumt auf (F) 126
Katharina, hab Erbarmen 45, 120
Kaum hab' ich dich gefunden 55
Keine Angst vor bequemen Stühlen 46
Keine Angst vor Liebe (F) 112
Keine Feier ohne Meyer 46, 90, 109
Keine Feier ohne Meyer (F) 109
Keiner konnte wie Theo 71
Kellerassel (TV) 150
Kennen Sie denn eigentlich schon Bebra 46
Kennen Sie die Frau noch nicht 72
Kennst du schon das neuste Spiel 46, 108
Kennt ihr das Lied von jenem Rattenfänger 63
Kiehtoen kun viulu soi 77
Kindchen, gute Nacht 48
Kinder, was hat Hollywood für Komiker beim Film 5
Kinder, was sind das für Zeiten 79
Kinderlied 46, 135
Kleine Fantasie 46
Kleine Geschenke 46
Kleine Kanone, Die 46, 148
Kleine Liaison 26
Kleine Liebe, große Liebe 46, 110
Kleine Lied auf dem Klavier, Das 46
Kleine Melodie, dich vergeß ich nie 46, 94, 166
Kleine Sommerhaus, Das 46
Kleiner Hund, Ein 18, 104, 140, 155
Kleiner Musikant 46
Kleiner Scheck, ein bißchen Schick, Ein 18, 116
Kleiner Tambour 46, 119
Kleiner Walzer 46
Kleiner Zweig voll Regentropfen, Ein 18, 155
Kleines Geständnis einer großen Liebe 15
Kleines Zelt und große Liebe (F) 135
Kleinstadtbummel 47, 87
Klimbim muß sein 47
Knöpfchen, Knöpfchen 47, 134
Kolibri 47, 132
Kom en geef mij uwe hand 47
Kom, dromstille nacht 48
Kom, geef mij nog eens je hand 47
Komm mit 47
Komm mit nach Blida 47
Komm und gib mir deine Hand 47, 98, 123, 166
Komm zu mir zum Rendezvous (F) 107
Komm, hör auf 47
Komm, setz dich auf mein Knie 46

Komm, wir bauen uns ein Schloß 48
Komm, Zauber der Nacht 47, 124, 166
Komm, Zigeuner, nimm die Geige 48, 128, 166
Kommen Sie nach Biedenkopf 47
Kommen Sie nach Bischofsheim 47
Kommen Sie nach Bonn am Rhein 47
Kommen wirst du und gehen 47
Kommt der Janos angeritten 42
Kommt mit uns in die Sesamstraße 47
Kommt von irgendwoher 77
Kommt, ihr Leute, höret die Geschichte 23
Kommt, ihr Leute, hört euch dieses Liedchen an 15
Komponisten-Geburtstag 48
Königin Luise (F) 136
Königinnen 31
Königreich, Ein 18
Konzert für Horn und Orchester 48
Konzert für Klavier und Orchester 48
Kreuzweg der Leidenschaften (F) 128
Krimis sind meist sehr vulgär 81
Kubanischer Tanz 48
Künstleragentur, Die 48
Kutschen-Lied 48, 104, 143

L
Laat me nooit met jou alleen 49
Lachst du mich auch aus 8, 111, 166
Lage ist bedenklich, Die 80
Lampenfieber (F) 141
Langage des fleurs, Le 49
Lange blonde Haar, Das 48
Langsam bricht von fern 5
Laribum 48
Las Vegas 49
Laß dich niemals unterkriegen 48, 150
Laß mich nie mit dir allein 48, 101, 129, 166
Laßt Blumen sprechen 49, 113, 166
Laßt Blumen sprechen 49, 86
Laßt uns gemeinsam beim funkelnden Wein 67
Laterna magica, Die 49, 87
Leb wohl, Christina (F) 125
Leben ist ein Rummelplatz, Das 69
Leben ist so schön, Das 49, 95, 119, 167
Leben, nun ..., Das 52
Lehrsatz des Pythagoras, Der 60
Leider bin ich nichts als ein Spiel für dich 83
Leise spiel'n zum Tanz 83
Lerche singt: tirili, Die 48
Lerche und der Geiger, Die 49, 124, 167

Letzte Fußgänger, Der (F) 142, 184
Letzte Leierkasten von Berlin, Der 49, 86, 149
Letzte Rose, Die 49
Liebe am Bodensee (F) 115
Liebe auf krummen Beinen (F) 140
Liebe des Maharadscha, Die (F) 116, 117
Liebe ist das einz'ge Thema 49
Liebe ist das Schönste, Die 49
Liebe ist nicht allen Menschen bekannt, Die 20
Liebe, das Wort ist so einfach 52
Liebe, du größte Zauberin der Erde 49, 128
Liebe, Moral und Geld (F) 110
Liebende Herzen finden sich doch 49, 86, 167
Lieber Freund, höre zu 24
Lieber guter Mann im Mond 50, 100
Lieber Hans, in deiner Sendung 40
Liebes Publikum 21
Liebesbriefe (BW) 86
Liebesbriefe in alten Kommoden 50, 87
Liebescocktail (F) 130
Liebespremiere (F) 123
Liebesszene im Park 29
Liebling der Götter (F) 142
Liebst du mich 50, 85
Liechtensteinlied 42
Lied der Erzherzogin Maria Luise 50, 114
Lied der Fernsehansagerinnen 7
Lied der Magazinverwalter 30
Lied der Markgräfin 50, 115
Lied der Nachtigall 50, 97, 122, 167
Lied der Originale 72
Lied der Postleitzahlen, Das 50
Lied der Prinzenpaare 38
Lied der Radfahrer 22
Lied der Talkmaster 28
Lied der Taxi-Kitty 34
Lied des Casanova 50, 86, 167
Lied vom Ernst, Das 33
Lied vom Hi-Ha-Heu, Das 19
Lied vom Nichts, Das 50
Lied vom überflüssigen Ehemann 50, 87
Lied vom wilden Bill, Das 48
Lied von den abfahrenden Schiffen, Das 50, 101, 126, 167
Lied von den Stubenmädchen 51, 138
Lied von den Wundereltern, Das 51, 87
Liegestuhl und Wochenend, Ein 18
Liegst du im Leben schief 51, 150
Life's Melody 56
Liselotte von der Pfalz (F) 145

Titelregister

List'ning to the Violin 77
Little bird of love 50
Llegaron los músicos 58
Lockend erklingt eine leise Musik 63
Lockende Spiel, Das (F) 117
Lolita 84
Lorch am Rhein 51
Los bandidos de la selva negra (F) 137
Los! Wer? Du! Er? 51
Love Brings the Dawning 6
Love Song of the Night 50
Love was a mystery till 71
Lovely Like the Dawn of Spring 66
Lubow heißt Liebe 51
Luft ist gut im Lande, Die 39
Luftschutz 51, 148
Lustigen Weiber, Die (F) 116
Lyrische Szene 51
Lyrisches Intermezzo 51, 130
Lytt til fiolinens klang 77

M

M'hanno detto che ti chiami Bambolina 54
Maane, lyt nu engang 64
Mach dir nichts daraus 51, 100, 124, 167 f.
Mach doch dein kleines Fenster auf 69
Macht heut ein Mann mit mir Konversation 46
Madame Bovary (TV) 149
Madame Bovary-Melodie 11
Madame la terre, arrêtez vous 69, 175
Mädchen braucht, um glücklich zu sein, Ein 18, 86
Mädchen für alles 51, 149
Mädchen mit dem blauen Fleck, Das (F) 110
Mädchen ohne Grenzen (F) 134
Mädel mit Tempo, Ein (F) 113
Mädel, hör mir einmal zu 51
Mädel, laß doch das Schluchzen 74
Mädel, nicht weinen 51, 121
Madonna meiner Träume 51
Madonna, wo bist du 55, 168
Madonna, wo bist du (F) 111
Maidens today 59
Maienregen 51
Mal zur Sache, liebes Schätzchen 52
Man besingt sehr oft die Berge 30
Man Called Jones, A 22
Man darf nicht zu schwarz seh'n 52, 93, 118, 168
Man Doesn't Like to Be Alone 39
Man geht zum Tanz 52, 85

Man hat schon oft sein Hab und Gut 35
Man kann die Liebe nicht erklären 52, 87, 93, 106, 168
Man kann die Männer nie so ganz durchschau'n 52, 125, 168
Man kann doch nicht ununterbrochen schlafen 52, 141
Man kann nicht Tag und Nacht 46
Man kann ruhig darüber reden 52
Man kann ruhig drüber reden (Lied der Talkmeister) 28
Man kann sein Herz nur einmal verschenken 52, 95, 120, 168
Man kann uns drehen wie man will 52
Man kennt uns literarisch 18
Man kennt uns von dem Bildschirm her 30
Man muß auf alles vorbereitet sein 52
Man muß Besitz zusammenhalten 52, 87
Man muß vergessen, was war 19
Man muß verliebt in Salzburg sein 52
Man müßte eine kleine Bank ruinieren (TV) 147
Man müßte Scheich in Persien sein 52, 141
Man nehme etwas Unsinn 47
Man nennt es Liebe 53, 130
Man nennt es Liebe (F) 130
Man nennt mich den König der Toreros 5
Man pfeift heut auf die Sorgen 53
Man sagt, die Heimat der Samba 64
Man sagt: »Ich liebe dich« 53, 110
Man sieht die schönsten Masken 45
Man sieht einer Frau nicht ins Herz 53, 86, 98, 169
Man sieht, wenn auch die Zeit vergeht 60
Man soll öfter wieder 'mal ins Kino geh'n 53
Man soll viel mehr Bücher lesen 41
Man spielt nicht mit der Liebe (F) 126
Man spricht von Papas Kino 10
Man trifft die ›Drei‹ fast täglich 56
Man Who Could Walk Through Walls, The (F) 141
Manche langen Jahre sind vergangen 22
Manche Menschen geh'n an ihrem Glück vorbei 78
Mancher hat in seiner Jugend 19
Manches Lied erzählt 78
Manchmal bild' ich mir heimlich ein 75
Manchmal können viele Stunden vergeh'n 65
Mann geht durch die Wand, Ein (F) 141
Mann gilt es zu ehren, Einen 17

Mann sagt ›nein‹, Der 76
Mann von fünfzig Jahren, Ein 19, 88
Mann zu Haus, Ein 50
Mann, der nie eine Dummheit macht, Ein 19, 85, 155
Mann, so heißt es allgemein, Der 81
Männer gibt es nur von einer Sorte 56
Männer, die brauchen das, Die 53, 143
Männern muß man alles sagen 53, 86
Mannheimer Gartenschau-Lied 53
Manola 53, 117, 168 f.
Märchen 53
Märchen aus unsrer Jugend 53
Märchenprinz, Der (F) 127
Marie, so heißt die Frau von meinem Freund 57
Marion-Serenade 53
Mariti a Congresso (F) 119
Marsch-Chanson 53, 139
Marshall und ein Richter, Ein 19
Maschinenlied »Mensch mit Herz« 54, 117, 169
Matrosen-Chor 54, 86
Matroser ohoj 36
Mazurka 54
Meerspinne 54, 129
Mein Anwalt 54, 149
Mein Fräulein, ich verehre Sie 54, 90, 169
Mein Freund hat furchtbar lange Ohren 65
Mein Frisör weiß das viel besser 54
Mein ganzes Herz ist voll Musik (F) 139
Mein Herz hat mich hergeführt 25
Mein Herz klopft zum Zerspringen 54
Mein Herz liegt gefangen in deiner Hand 55, 99, 124, 169
Mein Herz schlägt laut 24
Mein Herz schlägt nur für dich allein 55, 134
Mein Herz will ich dir schenken 58
Mein kleiner Freund will nicht mehr mit mir reden 55
Mein Leben ist die Liebe 55, 169
Mein lieber Freund, Sie sind heut eingeladen 55, 95, 120, 169
Mein lieber Karl 55
Mein lieber Sklave Ottokar 55, 150
Mein liebes Mädel, wir müssen scheiden 55
Mein liebes, dummes Mädel (F) 112
Mein Liebling, wo bist du 55, 111, 168
Mein Lied 55
Mein Modell heißt Mona Lisa 55, 148
Mein Name ist Eliza 31
Mein Papa ein Genießer 65

Mein Schatz tanzt so gern Paso doble 55, 110, 169
Mein Schatz, der ist Postillion 63
Mein Schatz, ich geh 54
Meine Damen und Herr'n 58
Meine Damen, meine Herren 27
Meine Lieblingspuppe, die hieß Josefine 54, 102, 130, 169
Meine Tochter und ich (F) 144, 184
Meine Weihnachtswünsche 76
Meine Welt, die bist du 54, 119, 169
Meisten Büttenreden, Die 72
Meisten Diebe sind doch Dilettanten, Die 32
Melodie a. d. Film »Die Liebe des Maharadscha« 55, 116
Melodie a.d. Film »Una donna fra due mondi« 117
Melodie d'amour 55
Melodie des Lebens, Die 56, 169
Melodie einer Nacht 73
Melodie in Moll 56
Melodie moet in je zingen 69
Melodisches Intermezzo 56
Memories of Leningrad 71
Mensch ärgere dich nicht (TV) 148
Mensch hat außen ein Gesicht, Der 56, 121
Mensch mit Herz 54, 117, 169
Mensch sehr mutig 83
Mensch, er braucht ein Hobby, Der 43
Menschen in Not (F) 122
Menschheit wird bald numeriert, Die 50
Mes chers amis 55
Mezzanotte per me è un'ora dolce, La 57
Mezzogiorno ti vedo passare, A 54
Mi corazón te ofrezco 58
Mi par di sognar 34
Mi querido doctor (F) 145
Midernacht-Blues 57
Mijn levensgeluk heb jij in je hand 55
Millionen Herzen warten auf die Liebe 56, 134
Min froeken jag bennrad 54
Mir erschien die Welt mit einem Mal so schön 30
Mir fällt's wie Schuppen von den Augen 56
Mir geht's immer »Danke schön« 56, 115, 170
Mir ist ganz komisch zumute 37
Mir ist heut wie Sonntag 56, 93, 117
Mir ist so langweilig 57
Mir ist, als ob heut Frühling wär 56
Mir kann keiner was erzählen 56, 123
Mission for Mr. Dodd, A (F) 144

Mister Brown 56, 101, 127, 170
Mit dem Auto rum zu rasen 61
Mit dem Pfeil und mit dem Bogen 56
Mit der Drei geht alles besser 56
Mit diesem Tag geht meine Jugendzeit zu Ende 56, 85, 170
Mit dir ein Rendezvous 56, 127
Mit dir könnt' ich Pferde stehlen geh'n 56, 85
Mit dir möcht' ich nach Spanien 56, 86, 170
Mit einem Blick fing es an 35
Mit einem Glas Wein fing ich an 33
Mit euch, ihr Wolken 57, 102, 133
Mit Humor und guter Laune 57
Mit jedem meiner Schritte 35
Mit Marie möcht' ich mal auf den Funkturm geh'n 57, 149, 170
Mit Musik und guter Laune 57
Mitternacht – für zwölf Schläge 57
Mitternachts-Blues 57, 102, 137, 170 f.
Mitternachtszauber (TV) 147
MKW-Werbe-Musik 57
Modeschauen 57, 148
Moi, j'aime la vie 34, 161
Mon bijou 57, 171
Mon cœur a toi je donne 58, 171
Mona Lisa 57
Mond-Lied 57, 138
Moral (BW) 87
Moral tut sehr moralisch, Die 58
Moral und Liebe (F) 110
Moralisten-Song, Der 58, 87
Mord um Mitternacht (F) 120
More Than Love 37
Morgen kann alles anders sein 58
Morgen, Kinder, wird's was geben 76
Moritat »Die beiden Evergreens« 58, 148
Moritat vom verlorenen Sohn, Die 58, 100, 126, 171
Moritat von den zwei Soldaten, Die 58
Mujeres y rosas 64
Musik bei Nacht 58, 131
Musik bei Nacht (F) 130
Musik erfreut doch jedes Menschenherz 22
Musik im Café, Die 59, 94, 171
Musik ist Trumpf 59
Musik, die nie verklingt 58, 96, 121, 171
Musikalische Bauernhof, Der 48
Musikalische Fahrschule 58
Musikalische Szenen im Duett 58, 87
Musikalischer Gesangsunterricht 58

Musikalisches Reisebüro 58
Musikanten sind da 58, 92, 115, 171
Musikernummer 58
Musikladen, Hitparade 60
Muß ich immer alte Wege gehen 17
Muß man sich gleich scheiden lassen 59
Muß man sich gleich scheiden lassen (F) 131
Mustalaisen soitto 84, 179
Mutter, die schenkt' mir ein Goldringelein, Die 50
My Boy, warum bist du heute so ernst 59, 120, 172
My Golden Girl 59
My greetings 66
My Heart Has a Thousand Wings 31
My Lovely Darling 66

N

Na ja, Licht ist wunderschön 78
Na led're donk're nacht 44
Na ples sa tobom ako podem ja 76
Na, dann wollen wir 'mal feiern 59
Na, nun raten Sie mal 59
Na, wie wär's denn mit Erholung 60
Naar biiten 82
Nach Adam Riese 79
Nach dir hab' ich heut solche Sehnsucht 59
Nach einem Tag wie heut 59, 135
Nach hunderttausend Küssen 59, 133
Nacht gehört uns, Die (F) 107
Nacht mit Casanova, Die (BW) 85, 180
Nacht mit Casanova, Die (Ouvertüre) 59, 85
Nacht wird es im Urwald 39
Nächte leuchten 77
Nachtigall, Nachtigall 50
Nächtliche Impression 59
Nächtliches Ständchen 59
Nætternes Nat 64
Nah am Kamin 65
Naht ein Schornsteinfeger plötzlich 5
Nanett', Nanett' 59, 114
Napoleon ist an allem schuld (F) 118, 184
Napoleon tiene la culpa (F) 119
När rosorna står i blom 77
Narrentanz, Mummenschanz 59
Narrenzeit, schöne Zeit 59
Natten tillhör oss (F) 107
Nattlig serenad 67
Nature a bien trop, La 69
Nehmen wir 'mal an 29

Nehmen wir die blaue Donau 6
Nein, hat man so 'was schon gehört 12
Nein, ich bleibe nur Minuten 68
Nein, was muß ich alles machen 42
Nennen wir das Kind beim Namen 43
Neo-Nora 60
Nestroy-Medley 60
Neues Leben fängt an, Ein 19, 48, 93, 116, 155
Neulich abends um fünf 62
Nicht so eilig 60, 142
Nichts als Zufälle (F) 126
Nichts als Zufälle (Potp.) 60
Niemals war vom Glück ich so gesegnet 15
Niemand kann den Harmonien 67
Night Falls Softly 26
Night of Love, A 7, 152
Nightingale 50
Nimm kein Mädel aus Stralau 84
Nitschewo 60
Noch 'mal Lausbub sein 60
Noch einmal lieben 60, 147
Nordische Romanze 60, 172
Nosotros los ninos prodigios (F) 139
Nostalgie 60
Notte d'inferno (F) 142
Notte di valzer 21
Notte e nostra, La (F) 107
Nov zivot sad mora doc 19
Now that I've found you 26
Nu credeam sa ajung sa pot uita 84
Nuit c'est pour les voyous, La 57
Nuit emporte mon rêve, La 52
Nuit est a nous, La (F) 107
Nun wird's Weihnacht werden 21
Nun, da wär' der Bismarckhering 69
Nun, da wäre ich der Kaiser 30
Nun, ich bin mit dem Theater 11
Nun, man kennt uns von der Bühne 29
Nur allein aus einem Grunde 60
Nur auf die Minute kommt es immer an 60, 109, 172
Nur der Maschinen Gesang 54
Nur ein Schornsteinfeger 5
Nur nicht ängstlich 60
Nur zum Spaß jetzt etwas Blasmusik 60
Nyt soita viululla, mustalainen 84

O

O cuoricin di bambola 54
O Herr dort oben 61, 87
O leeve kleene blonde vrouw 54
O Señor 62, 140
O, ljuva natt 70
O, stjärnasång 70
O. K., Sir 82
Ob die Sonne scheint, ob's regnet 6
Ob dir vom Himmel die Sonne lacht 46
Ob du's glaubst oder nicht 5
Ob es Vormittag ist 61, 85
Ob in Hessen oder Bayern 47
Ob man auf dem Mars grad' wohnt 14
Ob mein Geliebter 62
Ob Schützenfest 75
Ob's die Avus war 81
Obwohl ich sonst nie neidisch bin 61
Obwohl wir nicht im Bild sind 61
Obwohl wir uns im Leben 61
Oft denk' ich noch heut an dich 18
Oft fällt ein Plan 79
Oggi par che più sorrida il sol 34
Ogni cuor, ho nel cuor tanta felicità 28
Ogni donna ha un dolce segreto 44
Oh lieve meid, ik hou van jou 54
Oh, das Reisen 61
Oh, você sabe, coração 30
Oh, was ist die deutsche Sprache 61
Oh, wie schön 61, 142
Ohne dich hat die Welt keinen Sinn 61
Ohne Furcht und ohne Tadel 61
Ohne Litzen, ohne Tressen 61, 87
Ohne Pfeil und ohne Bogen 61
Ohne, daß wir Blitzlicht lieben 14
Olympia 61
Oma aus Stuttgart, Die 61
On se voit dans un bal 21
On Sunday I Go Sailing 7
On sunday my sweetie will sail away 7
On the Top of the Mountains 32
One Likes Company at Night 39
Onkelchens Traum (TV) 148
Opas Kino ist nicht tot 62
Operettenmaskenball 62
Opern-Parodie 62, 84
Opfer des Herzens (F) 128
Ora va e il suo rintoccar, L' 57
Orpheus in der Unterwelt 62
Oui ou non 43
Oui, Monsieur 62, 134
Over our tea 77

P

Pack das Glück am Schopf 62
Packen wir 'mal aus 23
Pacsirta (F) 117
Paese delle balie, Il (F) 115
Palabra de amor, Una 23
Palotás 62, 122
Panoptikum der großen kleinen Tiere 62, 87
Panoptikum, Panoptikum 62
Papas Kino ist nicht tot 62
Parla un fiore 49
Parodistenkartenspiel 84
Party-Säufer, Der 62, 149
Passionata (F) 128
Pat und Patachon im Paradies (F) 117
Paulchen und die Mädchenschule (F) 127
Pendimi, portami, valzer d'amor 21
Peter und Heinz 61
Peter, Paul und Nanette (F) 114
Pfeifsolo 62, 150
Pfui, Papa 62, 87
Phantasie in Harmonien 13
Piatti e gran cassa 21
Picasso in der Liebe, Ein 19
Piroschka-Suite 62
Plötzlich Räuber 62
Plus jolie femme 14
Polizei hat in der Liebe nichts zu sagen, Die 63
Pony, mein Pony 63, 146
Portrait of an Unknown Woman (F) 132
Postillionlied 63, 97, 122, 172
Pour moi 74
Pour toi 26
Präludium 63
Prelude op. 4 63
Premier faux pas, Le 21
Prenons le même chemin 47
Priester und das Mädchen, Der (F) 139
Prima Wetter auf den Straßen 41
Primanerehre (F) 108
Primavera en Vienna 58
Printemps viennois 25, 58, 157
Pro und Contra 63
Proda del ballo 66
Profesor de mi mujer, El (F) 108
Professor Traugott Nägler, ja 44
Progoniera del Maharajah, La (F) 132
Pulnocní Blues 57

Q

Quand il fait doux 69
Quand mon cœur est heureux 38
Quand on cherche on trouve toujours 78
Quand on est torero 75, 176
Quando in un dolce abbandono 44
Quando tu sei con me 27
Que j'aime entendre la chanson 50
Que la vie est belle 66, 174

R

Rache des Jebal Deeks, Die (TV) 147
Ragazza dal livido azzuro, La (F) 110, 112
Ragazza non piàngere 51
Rätsel der Nacht (F) 125
Rattenfänger-Serenade 63, 172
Räuberballade 63, 113
Räuberhauptmann und Comtesse 14
Redet nicht so viel von den guten, alten Zeiten 63, 86
Réfléchir, hésiter, non merci 34
Regard, puis un geste charmant, Un 60
Regen im Mai 63
Regen, Regen, nichts als Regen 63
Reise in die Ehe (F) 116
Reise-Medley 60
Reisen 63, 148
Reiter-Marsch 29, 63, 104, 139, 172
Reiter-Quadrille 63
Rendezvous in Wien (F) 139
Rennfahrerlied 81
Retrato de una desconocida (F) 132
Revien, chérie 83
Rheinreise 63
Rhein-Walzer 63, 134
Rhythmus ist für alle Menschen ..., Der 23
Rien qu'un seul jour, tu m'as donné ton baiser 18
Right Rhythm for Young Girls 12
Rings im tiefen Schlaf die Natur 50
Ringstraße, sie kennt ein jeder 83
Ringsum im Hafen 64, 147
Romance andalouse 7
Romantischer Sonntag 64
Romantischer Walzer 64
Romanze f-moll 64
Romanze in Moll 64
Rosen im Herbst (F) 133
Rosen in Tirol (F) 121, 184
Rosen und Frau'n 64, 85, 89, 172
Roses and Women 64

Roses blushing all red 64
Rote Katze, Die (F) 108
Rote Mühle (F) 121
Rote Orchideen (F) 118
Rote Rosen am Zaun 64
Rousse m'adore 33
Rucksack voller Träume, Ein 19, 142
Rüdesheim am Rhein 64
Ruh dein liebes müdes Herz bei mir aus 64, 122, 172
Russische Fantasie 28

S

Sad Memories 15
Sag das noch einmal 64
Sag mir, wer du bist (F) 110
Sag mir, wer du bist (Intermezzo) 64, 111
Salon Dora Green (F) 110
Salzburger Geschichten (F) 135, 184
Salzburger Geschichten (Fantasie) 64, 172
Sambarina 64, 139
Sammelbüchsen-Song 64, 139, 173
Sankt Gallen 65
Sanoilla ken onnensa tulkitsee 84
Sanshoku sumire 17
Santa-Claus-Lied 65
Sa-ti cant iubrica 54
Schatz, wir fahren Schiffche 65
Schau nicht hin 51
Schauspielschule 65
Schenk mir fünf Minuten deinen Mund 65
Schenk mir noch einen Tanz 65
Schinderhannes, wie bekannt, Der 16
Schlager-ABC 7
Schlagerschule 17
Schließ deine Augen und träume 65, 95, 120, 173
Schlimme Männchen, Das 48
Schlitten gleitet durch die Nacht, Ein 19
Schlitten ist vorgefahren, Der 65, 125, 173
Schloß im Süden, Das (F) 111
Schloß im Süden, Das (Intermezzo) 65
Schloß in Flandern, Das (F) 116
Schlumpsi, der Ehestifter (F) 108
Schlumpsi-Foxtrot 65, 108, 173
Schluß mit allen großen Phrasen 22
Schnatter-Lied 65, 143
Schneeflocken-Reigen, Der 48
Schnell rauscht vorbei das Leben 53
Schnüffel-Tango 65, 143
Schon im 13. Jahrhundert 42

Schon in der Schule fing es an 44
Schon in längst vergang'nen Tagen 17
Schön ist die weite Welt 21
Schön ist die Welt 83
Schön ist so ein stiller Winternachtstraum 65, 115
Schon jedem Problem ging man auf den Grund 75
Schon Julius Caesar 8
Schön wär's, Liebling 66, 110
Schön wie der junge Frühling 66, 92, 115, 173 f.
Schön wie ein Juwel 66
Schon wieder hat sich einer 32
Schön, wie die Blumen blüh'n 75
Schöne Abenteuer, Das (F) 140
Schöne Frau'n, guter Wein 71
Schöne Wagen gibt es heut 80
Schöner Tag, ein Sonnentag, Ein 19
Schönste auf der Welt, Das 65, 138
Schönste Sinn auf dieser Welt, Der 65
Schönste Stadt der Welt ist Paris, Die 62
Schönste Tag im ganzen Jahr, Der 65, 138
Schönste Zeit des Lebens, Die 66, 173
Schreib mir einen Brief 66, 174
Schulze von der Aristokratie 66, 149
Schuß im Rampenlicht (F) 119
Schüsse in der Nacht (F) 109
Schwarze Blitz, Der (F) 138
Schwarze Orchideen 66, 125
Schwedische Nachtigall, Die (F) 122
Schwedische Serenade 66
Schweigend marschieren zu neuen Quartieren 19
Schwer an süßen Düften 77
Schwipslied 66
Schwyzer Oberkellner, Ein 19
Se giunge qui nel mio cuor 21
Se venisse un giovanotto 78
Sechs Tage Arbeit 46
Sehnsucht brennt so heiß in mir, Eine 17, 117
Sehnsucht nach der Heimat (F) 145
Sehnsuchts-Blues 66, 140
Seht doch mal den alten Adam 6
Sei gegrüßt 66, 139
Sei mir gegrüßt 66, 90, 110
Seine Majestät Gustav Krause (TV) 150
Seit ich dich geseh'n 16
Seit jenem Tage 25
Seit vielen tausend Jahren gibt es Liebe 56
Seitdem ich weiß, daß ich dich liebe 20
Seitensprünge im Schnee (F) 128
Selbst ein Baby in den Windeln 78

Titelregister

Sensation 32
Sento un fremito nel cuor 49
Serenade d'amour 67
Serenade der Nacht 67, 174
Serenade E-dur 66
Serenade f. Viol . u. Klav. 67
Serenade für dich, Eine (F) 115
Seul jour, Un 18
Show ist aus, Die 67
Si j'aime 37, 162
Si je vous dévoilés le secret 43
Si ton cœur est las 64
Sie hieß Annabella und war so schön 7
Sie ist eine wunderschöne Frau 68
Sie werden aus Kopenhagen verlangt 67
Sieh mich an 67, 147
Sieh, der Frühling ist gekommen 77
Sieht man hier die hohen Steuern 73
Signorina dal livido azzurro, La (F) 112
Sind die Zeiten auch beschwerlich 59
Sing mit mir 67, 98, 123, 174
Sing Show 67
Singende Tor, Der (F) 120
Sitz' ich 'mal im Fidelio 33
Sitzen an den Kanälen, Das 68
Skandal im Mädchenpensionat (F) 130
Skihaserl ahoi (F) 128
Skoen som den unga vaeren 66
Small Branch Full of Raindrops, A 18
So dann und wann 6
So ein Elferrat wie uns 67
So ein Garten 67
So ein Hobby 67
So ein Kuß kommt von allein 67, 91, 112, 174 f.
So endete eine Liebe (F) 114
So endete eine Liebe (Fantasie) 67, 114
So fängt Liebe an 67, 142
So gut wie morgen ging es uns nie (TV) 148
So hell und klar die Nacht 66
So kann es nicht bleiben 67
So sah ich nie die Sterne glühen 68
So schön wie heut 68, 97, 122, 138, 175
So was von schön 64
So wie die Sterne in endloser Ferne 19
So wie dort die Wolken hoch über dem Felde 15
So wie du lacht das Glück 69
Soft Lights 9
Söhne sagt man allgemein, Die 7
Soir de bal, Un 21
Soir descend, a paisant les combats, Le 19

Solang noch ein Walzerlied auf dieser Welt erklingt 67
Soll man sich heut etwas borgen 28
Sólo se da el corazón una vez 52
Some Sweet Soft Music 23
Son plus grand succès (F) 114
Sona musica 58
Sonate f. Viol. u. Klav. 68
Sonder you 57
Sonderbar, wie sonderbar 35
Song of the Nightingale 50
Song vom Dandy, Der 68, 86
Song vom Hosenband, Der 68, 86
Song vom kalten Buffet, Der 68, 86
Song vom Sinn der Gefühle 68, 86
Song vom Wirtschaftswunder 11
Song vom Zeitmangel 68, 86
Song von den Kanälen 68, 86
Song von den sieben Todtugenden 68, 86
Song von der Moral 68, 86
Song von der Schüchternheit, Der 68, 86
Song von der Society, Der 68, 86
Song von der Vergangenheit 68, 86
Sonnabendnacht im Hafen (Thema) 68, 148
Sonnabendnacht im Hafen (TV) 148
Sonne kommt und schwindet, Die 25
Sonne scheint jeden Tag, Die 68
Sono qui i musicanti 58
Spanische Tanzfantasie 69
Spanische Treppe 69, 124
Spaß mit dem Seniorenpaß 69
Spessart Inn, The (F) 137
Spezialitäten 69
Spiel (F) 125
Spiel auf dem Piano 69
Spiel des Glücks (F) 126
Spiel mit der Liebe (F) 125
Spiel'n s' wo ein'n Walzer von Strauß 20
Sport und Show 69
Sportsequenz 69, 148
Sprichwörtliches 69
Springtime in Vienna 25
Stadt Darmstadt läßt schön grüßen, Die 69
Städtestreit nach Noten, Ein 19
Ständchen »Mach doch dein kleines Fenster auf« 69, 122
Steigen Sie ein 69, 147
Stelldichein auf Rhein-Main 69
Stelle d'argento 70
Stern von Rio Grande, Der 53

Sterne im Zirkuszelt, Die 69, 132
Sterne über Colombo 70, 132
Sterne über Colombo (F) 132, 143
Sternenlied (Bei dir frag' ich nicht) 9
Sternenlied, Das 70, 102, 134
Stimmung! Es lebe die Nachkriegszeit 84
Stimmung, Stimmung 70
Stjärnasång 70
Störts es dich, wenn ich 70, 85
Straßen hallen Einsamkeitsgefühle, Die 11
Strom, Der (F) 122
Struwwelpeterlied 70
Stubenmädchen, Die 51
Stück vom Himmel, Ein 20
Stück vom Himmel, Ein (F) 137
Student und eine -dentin, Ein 19, 100, 127, 155
Stunde laß uns träumen, Eine 17, 87, 106, 155
Stunde, die du glücklich bist, Die (F) 143
Suite a-moll 70
Suite f. Chor u. Orch. 70
Suite in C 70
Sulla montagna 32
Suo piú grande successo, Il (F) 114
Sur le chemin du grand retour 19
Süße kleine Lady 70, 118
Süße Romanze 70, 138
Süße, kleine Puppe, du 70, 148
Sweet Dreams 83
Sweet Romance 70
Sweet Secret 44
Sweetheart Of The Gods (F) 142
Symphonischer Prolog 70

T

Ta hand om min fru (F) 123
Tag für Tag, Jahr für Jahr 19
Tag ist schöner als der andere, Ein 20, 146
Tag ist schöner als der andere, Ein (F) 146
Tag, der nie zu Ende geht, Ein 20, 141
Tag, der nie zu Ende geht, Ein (F) 141
Tages, Eines 17, 100, 125, 154 f.
Tages, Eines (F) 125
Täglich stehe ich vor deinem Fenster 37
Tal der Liebe, Das (F) 115
Tal des Lebens, Das (F) 115
Talent, das ist doch klar, Das 70
Tango 70
Tango appassionata 70, 130
Tanz der Silhouetten 71
Tanz mit dem Kaiser (F) 122, 184

Tanzstunde 71
Tarantella 71, 105
Tausendundzweite Nacht, Die 53
Taxi-Kitty (F) 128
Tee-Lied 55
Tell Me Who Are You (F) 111
Tempo, Tempo 71, 87
Thema b-moll 71
Thema in e-moll 71
Theo aus Montevideo 71
There's Something in Your Eyes 54, 71, 176
Therese Krones (F) 114
This is a Wonderful Day 31
Ti affido mia moglie (F) 123
Tief sind die Herzen der Frauen 44
Tigane, tu mi-ai ghicit durerea 84
Tigre de Colombo, Le (F) 132
Tingel-Tangel (F) 108
Tobis Trichter III (F) 120
Todo no es sino comedia 22
Toi ma tendre chanson du cœur 30
Toi que j'adore 37
Toi que j'adore (F) 113
Tonnenmann, Der 71, 149
Tote Liebe 71
Tränen der Liebe 71, 139
Transmudouse o mundo, um dia, para mim 30
Trapp-Familie in Amerika, Die (F) 138, 184
Trapp-Familie, Die (F) 135, 184
Trapp-Familie, Die (Ouvertüre) 71, 180
Traum-Boston 71, 89, 176
Träume 71
Traumland – Wunderland 71
Treck j'er niets van aan 51
Trees are sleeping, The 50
Trifft sich einmal 79
Trimm dich 17
Tschingdarassa 74
Tu y un bebe 58
Tú, corazón conoces mis 30
Tuffta – tuffta – tuffta 72
Tutto è bello intorno 82
Tutto il mondo parla di Nanette 72
Twens, Twist, Madison 72, 147
Two in a Sleeping Bag (F) 135
Tyttoe ja husaari 63
Tzigano tu mi hai rubato il cuor 84

Titelregister

U

Über die Seine führt eine Brücke 72
Über Tiere wissen wir Bescheid 72
Über uns, unter uns 58
Überall auf der Welt ... 19
Überall wohin ich gehe 73
Überfall-Chanson 72, 137, 176
Ui, jui, jui-ui 72
Um die Welt sich anzuseh'n 76
Um ein Haar 72
Um einen Kuß von dir 72
Um im Fernseh'n aufzutreten 48
Umarmt das Leben (F) 125
Una Parigina a Roma (F) 133
Und alles nackt 6
Und darum sind wir sauer 72
Und daß auch du 53
Und die ganze Welt spricht von Nanette 72, 114, 176
Und die Moral von der Geschicht' 62
Und eines Tages kam zu mir das Glück 20
Und er ritt mit seinem Diener 72, 87, 173
Und wer küßt mich (F) 110, 112
Und wir singen wundervoll 72
Ungarische Rhapsodie 72
Ungarland 55
Ungdomsvår, ljuva tid, som förgår 38
Ungetreue Eckehart, Der (F) 109
Unknown Melody 25
Uns gibt's nur einmal 72
Uns ist alles Wurst 72
Uns können alle 73
Uns zu Füßen brennt ein kleines Lagerfeuer 8
Uns Zwei, uns kennt ein jeder 57
Unser Geld muß in die Wirtschaft 72
Unsre Wirtschaft 73
Unsre wunderbaren Eltern 51
Unsterbliche Sehnsucht (BW) 85
Unverhofft ging das Glück vorbei 56
Urlaub mit Seniorenpaß 69

V

Valera rum bum 73
Vals parati y pra mi, Un 17
Valse bleue 39
Valse bleue in Moll 73, 101, 128, 176
Valse capriccio 73
Valse c-moll 73
Valse exotique 73, 133, 176
Valse mélancolique a-moll 73
Valse passion 73
Valse rubato 73
Valse tendre, valse blonde 7, 112
Valzer per te e per me, Un 17
Värdshuset i Spessart (F) 137
Vater braucht eine Frau (F) 129
Ven y dame tu mano 47
Vergiß das ganze Leben 73
Vergiß nie unsre Liebe 73
Vergiß, was gestern war 39
Verklungene Melodie 25
Verlieb dich nicht am Bodensee (F) 115
Verrat an Deutschland (F) 133
Viaggiamo 82
Viel zu schön ist die Nacht 59
Viele Grüße aus Hannover 73
Viele Hunde gibt es auf der Welt 18
Viele hunderttausend weiße Blüten 73, 92
Viele Lieder sind erklungen 64
Viele Platzerln auf der Welt 6
Viele tausend Jahre steht die Welt 28
Vieles gibt es zu berichten 52
Vieles hat der Herrgott erdacht 23
Vielleicht klingt's Ihnen Böhmisch 43
Viens et donne-moi ta main 47
Vier auf einen Streich 73
Vier unterm Dach (BW) 85
Villarino 74
Vis migen snule sympati 54
Vision 74, 128
Vita è uno splendor, La 49, 119
Vom Teufel gejagt (F) 128
Vom Theater 74
Von allen Königinnen, schön und jung 36
Von dem Bildschirm 74
Von der Höflingsschar umgeben 68
Von fern das Jagdhorn erschallt 41
Von Jugend auf 42
Von Sankt Pauli bis Haiti 74, 111
Von Zeit zu Zeit 74, 127
Voor ieder van ans speelt het ritme 23
Voor verliefde menschen 32
Vor circa hundertsiebzig Jahren 35
Vor dem Fest 74
Vor meinem Vaterhaus steht eine Linde (F) 133
Vorbei, vorbei 74, 120, 176
Vorhang fällt, Der (F) 119
Vorrei 25
Vorsicht, Mister Dodd (F) 144
Vorspiel E-dur 74

Vorwärts! Marsch, in die Schlacht 74, 146
Vrai marin, Le 74, 112

W
Waage ist mir zu vage, Die 9
Wah-Buh 39
Waltz Melodies (F) 118
Walzer a. d. Film »Herrliche Zeiten im
 Spessart« 74, 146
Walzer für dich und für mich, Einen 17, 96, 121,
 126, 139, 146, 154
Walzer mit dir, Ein 20, 123, 155, 179
Walzer mit dir, Ein (F) 123
Walzer-Fantasie 74
Walzer-Impression 74
Walzerkrieg (F) 111 f.
Walzerlied-Motiv 74
Walzertakt, junges Paar 21
Wann i den Bohrer seh' 83
Wann kommst du wieder 75
War's nur der Rausch einer Nacht 15
Wart nicht auf die große Liebe 75, 131, 176
Warum auch nicht 37
Warum bin ich denn bloß kein Torero 75, 95,
 120, 176
Warum bin ich so gern bei dir 75, 87
Warum bist du so traurig 81
Warum denn immer Blasmusik 75
Warum denn immer hasten 42
Warum denn rasten, rosten 16
Warum fuhr Columbus nach Amerika 75, 100,
 126, 176
Warum hast du ein Herz aus Stein 75, 128
Warum hat der Napoleon 75, 94, 119, 176
Warum ist in Wien gerade der Walzer zu
 Haus 75, 118
Warum ist mein Herz so schwer 77
Warum ist nur mein Herz so dumm 75, 132
Warum lügen alle Männer 75, 147
Warum muß man ständig aus dem Haus 68
Warum sind bloß alle Gläser stets so klein 35
Warum soll das ausgerechnet mir passieren 75
Warum vergißt du mich 75, 90
Warum, weshalb und wieso 75, 96, 120, 176 f.
Was bin ich 76
Was damals war und heut noch ist 12
Was das Leben auch bringt 27
Was der Frau gefällt 76
Was gestern noch nicht war 27
Was hältst du von der Liebe 76

Was ich Ihnen jetzt im Rhythmus sage 49
Was ich im Leben beginne 37
Was ist das Leben 76, 92, 115, 177
Was kann man alles mit fünf Mark 76
Was kleine Mädchen träumen (F) 107
Was man versteht unter Liebe 53
Was mir im Leben wichtig war 40
Was nützt mir die Krone 49
Was nutzt uns denn der Alltagstrott 67
Was schenkst du mir dann 76, 109, 177
Was soll der Streit 81
Was wär'n Behörden ohne Akten 76, 87
Was will diese junge Meute von heute 68
Was wir einst in Kindertagen 76
Weg Carl Maria von Weber's, Der (F) 114
Weihnachts-Couplet (Das sind die Gedan-
 ken) 13
Weihnachts-Couplet (Alle Jahre wieder) 76
Weihnachtswünsche, Die 76
Weihnachtszauber 76
Weil ein Meister nicht vom Himmel fällt 76
Wein nicht, Baby 76
Wein schmeckt einfach wunderbar, Der 59
Weiße Frau des Maharadscha, Die (F) 116
Weißt du 77, 116, 177
Weißt du noch, wie wunderbar 77, 141
Welcome 10
Welt ist gar nicht heiter, Die 79
Welt ist schön, Herr Kapitän, Die 77, 116, 177
Welt versinkt, Die 83
Welt, sie ist ein Karussell, Die 77
Weltmeister zu werden, Ein 76
Weltmeisterlied 72
Weltstar zu begrüßen, Einen 10
Wenn auch draußen Schnee liegt 13
Wenn das Leben zwei zusammenführt 12
Wenn der Mensch sich verliebt 75
Wenn der Mensch verliebt ist (F) 111
Wenn die Glocke zwölf geschlagen 77, 177
Wenn die Nächte leuchten 77, 177
Wenn die Sonne schlafen geht 59, 65
Wenn die Sterne glüh'n über Mexico 77
Wenn die Straßen hell im Glanz der Lichter
 glüh'n 60
Wenn die Violine spielt 77, 89, 107, 177
Wenn die wilden Rosen blüh'n 77, 131, 177
Wenn draußen lacht der Sonnenschein 77, 111
Wenn du das Heute versäumst 57
Wenn du einmal sehr einsam bist 64
Wenn du noch eine Heimat hast (F) 122

Titelregister

Wenn du satt bist 33
Wenn du und ich 77
Wenn du willst, wenn du kannst 77, 138
Wenn ein junger Mann kommt 78, 97, 121, 136, 177 f.
Wenn ein Kamerad auf Urlaub fuhr 27
Wenn eine schöne Frau dich lächelnd ansieht 77
Wenn einen ich ertappen will 14
Wenn einer einen Affen hat 72
Wenn es Dezember wurde 45
Wenn ich auch nicht weiß, wie du dich nennst 78, 130
Wenn ich das verraten habe 43
Wenn ich dich seh' 78, 142
Wenn ich durch die Räume geh' 75
Wenn ich früher fröhlich war 32
Wenn ich heut abend mit dir tanzen geh' 76
Wenn ich hier so täglich stehe 34
Wenn ich jetzt mein Leben seh' 68
Wenn ich mich zu einem Thema äußre 52
Wenn ich nachts am Fenster steh' (Auf dem blauen Meer) 8
Wenn ich nachts am Fenster steh' (Der Glücksstern) 27
Wenn ich nachts nicht schlafen kann 78, 85
Wenn ich nur wüßt' 78, 143
Wenn ich richtig singen könnte 61
Wenn ich von dir träume 71
Wenn in Paris auf dem Boulevard 40
Wenn in Paris der Flieder blüht 78, 103, 138
Wenn man dann und wann ein Orakel fragt 15
Wenn man die Liebe intensiv studiert hat 84
Wenn man die Liebe nicht kennt 35
Wenn man einmal auf den Busch klopft 78
Wenn man einmal nachdenkt 18
Wenn man schon auf der Welt 75
Wenn man sich lieb hat 15
Wenn man sich verliebt 35
Wenn man sucht, wird man finden 78, 113, 178
Wenn Männer Ferien machen 23
Wenn mir der Wind seine Reisen erzählt 57
Wenn oft still über Nacht 25
Wenn sich auch die Zeiten ändern 78
Wenn sich zwei versteh'n 28
Wenn Sie einen Butler suchen 13
Wenn Sie gestatten 70
Wenn uns auch der Spießer haßt 31
Wenn unser Berlin auch verdunkelt ist 78, 86, 149, 178
Wenn wir alle Engel wären (F) 135
Wenn wir uns nicht hätten 78, 136
Wenn wir zwei zu zwei'n auf den Bummel geh'n 79
Wenn zwei sich lieben so wie wir 79, 87
Wenn's auch Lüge war 78
Wenn's in meinem Leben ums Erleben geht 19
Wer bei uns lacht 79
Wer das glaubt, ja der wird selig 79
Wer ging noch zum Finanzamt 5
Wer hat die Liebe erfunden 79
Wer im Film viel Böses tut 79
Wer kennt nicht die Mona Lisa 43
Wer schätzt nicht das Kriminelle 8
Wer schenkt mir Liebe 79, 85, 98, 178
Wer und was du auch bist 21
Wer weiß, wozu es gut ist 79
Wetterkartenlied 42
When Two Lonely Hearts 28
When two people love 28
Whisky, Wodka, Wienerin (F) 139
Wie ein Troubadour einst in alter Zeit 36
Wie geht es dir, mein Schatz 79
Wie hat man's schwer 26
Wie heißt es doch so wunderschön 44
Wie lange läßt du mich noch schmachten 60
Wie man's macht, man macht's verkehrt 79
Wie schnell vergeht die Kinderzeit 26
Wie schön ist Autofahren 58
Wie schön ist doch die Welt 80
Wie schön war dieser Sommer 25
Wie schön war doch mit dir die Zeit 82
Wie schreibt man Glück 80
Wie sie alle rennen und rasen 60
Wie soll denn das bloß enden 80, 86, 176
Wie verschieden ist die Welt 80, 85
Wie wird die Zeit vergehen ohne dich 80
Wie wird es denn das Wetter 8
Wieder mal ein Tag 79, 140
Wieder versöhnt 79, 137
Wieder wird es Frühling 79
Wiedersehen, Das 79
Wiegenlied, Ein 48
Wiener Intermezzo 79
Wiener Lied 79
Wilde Auguste, Die (F) 134
Wildeck, Obersuhl lädt ein 80
Winter, der ein Sommer war, Der 80
Winternachtstraum (F) 115
Wir als saturierte Menschen 68
Wir bauen uns ein Häuschen 80, 104, 138

Wir berichten hier von Dingen 79
Wir bieten Ihnen singend 25
Wir bleiben immer kritisch 45
Wir fahren in die Welt 48
Wir fragten uns was int'ressant 80
Wir fünf stammen aus den Ländern 17
Wir fünf, wir feiern ungeniert 40
Wir gehen gerne in die Luft 40
Wir gehen uns entgegen 80
Wir gründen eine feine Familie 80, 87
Wir haben einen neuen Wagen 80
Wir haben nicht nur Namenstag 50
Wir haben nun zur Fasenacht 80
Wir haben stets 'nen Mann dabei 80
Wir haben uns die Hand gegeben 36
Wir haben uns gut verstanden 80, 107
Wir haben uns gut verstanden (F) 107
Wir kommen nun zum guten Schluß 80
Wir laden Sie heut alle hier 63
Wir lassen uns nicht unterkrieg'n 81, 91, 111, 178
Wir Leute mit dem feinen Air 66
Wir liegen auf der Bärenhaut 81, 150
Wir machen den Krimi erträglich 81
Wir machen eine Rosenschau 81
Wir machen heut ein Weihnachtsspiel 59
Wir probieren alles aus 81
Wir reisen mit Musik (Thema) 81, 148
Wir reisen mit Musik (TV) 148
Wir sagen uns: »Auf Wiedersehn« 81, 85
Wir schreiben Glück 80
Wir sind alle Marionetten 81, 106
Wir sind als zwei Autoren 44
Wir sind beide quizlebendig 81
Wir sind das Brot der Polizei 81, 87
Wir sind des Kaisers heimliche Armee 81, 119
Wir sind die Mädchen für alles 51
Wir sind die Männer mit den schnellen Kisten 81
Wir sind im Herzen alle jung geblieben 81
Wir sind Telehausbesitzer 81
Wir sind von Herzen friedlich 79
Wir sind vornehm 81
Wir steh'n hinter den Kulissen 82
Wir stehen selber unsren Mann 81
Wir tragen die Folgen 82
Wir tranken auf das Glück 82
Wir turnen für das Vaterland 82, 87
Wir von der alten Garde 61
Wir von der Powenzbande 82
Wir wandern 82, 101, 129, 144, 178
Wir war'n liebe Buben 60

Wir waren glücklich und verliebt 23
Wir waren mit die ersten 84
Wir werd'n das Kind schon richtig schaukeln 82, 98, 178
Wir wissen alles, was ringsum passiert 32
Wir Wunderkinder (F) 138, 185
Wirbt ein Mann um eine Frau 48
Wird ein kleiner Zweig gebrochen 51
Wird's am Berg am Abend zu kalt 56
Wirtshaus im Spessart, Das (BW) 87
Wirtshaus im Spessart, Das (F) 137, 185
Wirtshaus im Spessart, Das (Walzerlied) 82, 87
Wissen Sie noch 69
Wissen Sie, bei so 'ner Herrschaft 82, 87
Wissen Sie, ob das Glück Telefon hat 82, 128
Wo der Freiheit Banner wehen 32
Wo die Lerche singt (F) 117
Wo du bist, da bin ich auch 50
Wo ein Willi ist 82
Wo ist der Mann 66
Wo ist die Uhr für den Mond 80
Wo man singt, da laß dich nieder 58
Woche im Deutschen Fernseh'n, Eine 17
Wochentags immer (F) 144
Wochentags immer (Thema) 82, 144
Wodka ist ein Zauberwort 51
Wohin fährt man denn heute 58
Wohin läuft denn der Mann 82
Wohin wir auch immer reisen 81
Wohl die allermeisten Leute 35
Wollen Sie den Streß vergessen 82
Woman Between Two Worlds, A (F) 117
Womit kann man glücklich machen 83, 115
Wovon träumst du, kleine Tatjana 83
Wozu sind die Straßen da 83
Wunder der Welt, Die 83, 148
Wunderschöne Frau 83, 89
Wunderschöne Galathee, Die (F) 127
Wunderschöne Urlaubszeit, Eine 17
Wünsch dir das nicht 83, 87
Wünsche gibt es ja so viele 76
Wutlied 83, 143

Y
Yo sueño 37
You Are the Most Beautiful Girl 14
You Don't Play Around with Love (F) 127
You Gave Me Love 66
You're My Lucky Charm 15

Z

Zahnjodler, Der 83
Zärtlich klingt ein Lied 36
Zärtliche Musik und du 83, 96, 121, 178 f.
Zärtliche Träumerei 83
Zärtliche Walzermusik 83, 123, 179
Zauber der Liebe 83
Zauberlied der Nacht 50, 97, 122, 167
Zaubermeister, Der 48
Zeit der Rosen, Die 83, 123
Zeit vergeht im Sauseschritt, Die 31
Zeit verrinnt im Fluge, Die 17
Zeiten, die sehr hektisch, Die 13
Zieh am Automaten was für mich 8
Zigani 54
Zigenare, du tog mitt hjärta 84, 179
Zigeuner haben keine Heimat 84, 179
Zigeuner, du hast mein Herz gestohlen 83, 91, 179
Zigeuner, je hebt mijn hart gestolen 84
Zigeuner, your gipsy music calls me 84
Zigeunerromanze 84
Zij ziet hem en hij ziet haar 49
Zingt met mij 67
Zirkus Laribum, Der 48
Zta dat' ces mi tad 76
Zu einem heit'ren Kartenspiel 84
Zu einem Jodeltreffen 84
Zu einem Jubiläum 84
Zu einem Kölner Stammtisch 84
Zu einem Schlager-ABC 84
Zu einer kleinen Party 84
Zu Pro und Contra 63
Zu seiner Gattin sprach Geheimrat Kraus 15
Zu Weihnachten, da wünscht man sich 76
Zu Wien gehört der Prater 16
Zu zweit geht alles besser 61
Zuerst da hab' ich mich rasiert 45
Zuerst die Wiener Würstchen 72
Zum Beispiel hier die Feuerwehr 30
Zum Beispiel ich, die Dubarry 39
Zum Blauen Bock (TV) 148
Zunächst da kommt der Frühling 7
Zunächst einmal historisch 42
Zunächst einmal, Sie sehen selbst 29
Zur Stunde der Gespenster 68
Zur Tanzstunde hier 71
Zürich-Lied 43
Zusammenbruch-Song 84, 139, 179
Zwar reden viele noch in diesen Tagen 55
Zwei im Sonnenschein (F) 111
Zwei Tränen sind unsere Liebe 84
Zwei und zwei 84
Zwei unter Millionen (F) 143
Zwei unter Millionen (Thema) 84, 104, 143
Zweitausend schon vor Christus 51
Zwischen den Bräuten (F) 114
Zwischen zwei Herzen (F) 112
Zwölf Mädchen und ein Mann (F) 141

Autorenregister

Dieses Register enthält nur Autoren von Einzeltiteln und Bühnenwerken.

Alcioni, G. 44
Alm, Arne 38
Astor, Bob 57
Axelsson, Astrid 70

Baerstadt, Fred 12
Balz, Bruno 7, 10, 13, 14, 15, 19, 26, 28, 31, 32, 34, 36, 40, 45, 49, 50, 53, 55-57, 63, 64, 75, 77-80, 83, 85, 86, 113, 122, 124, 131, 149
Baudoin, René 57, 63
Beckmann, Hans Fritz 77, 116
Billinger, Richard 50, 115
Binicki, Aca 19, 76
Biundy 19, 30
Blanken, Nico 37, 38, 47, 51, 55
Bleyenberg, Bob 38
Blot, Max 84
Boot, Ben 15
Bouwmester, Perin 52
Bradtke, Hans 12
Brée, Else 75, 80
Brüll, Karl 11, 60, 64, 85
Bussmann, Hans 57, 149

Cab, Marc 19, 30
Carson, Henry 54
Chamfleury, Robert 43, 55
Charles, H. 7
Cis, Jean 18, 26, 84
Connelly, Reginald 26, 54, 66, 71, 84
Cremer, Hans Martin 77, 81, 111
Crystal, Sandy 26

Dalm, Rudy van 54
Debroy, R. 7
Dehmel, Willy 5, 6, 7, 8, 9, 11-28, 30-83, 85-87, 111-125, 127-144, 147
Dekner, Hanns 7, 111
Drath, Flory 48, 71
Dunk, Han 28

Eich, Günter 51, 58, 126
Eichborn, Justina von 20, 63, 146
Ekkers, Bart 44

Faber, Hermann 37, 47, 77, 78
Felix, Oskar 14, 15, 16, 36, 40, 44, 45, 50, 56, 61, 67, 70, 73, 78, 85
Fichelscher, Walter F. 74, 85
Flatow, Curth 16, 29, 74, 86, 127
Flessburg, Alexander 5
Frankenfeld, Peter 34
Freudenberg, Menne 46, 107
Friebe, Friedrich 16, 18, 20, 26, 34 , 63
Friedrich Christian, Prinz zu Schaumburg-Lippe 12, 79
Fujita, Tamao 33

Gatta, C. della 28, 49, 119
Gilbert, Robert 16, 35, 46, 55, 110
Gili, Giacomo Mario 57
Ginsberg, Jerry 21
Goetz, Curt 86
Greeb, Ulla 25, 39, 49, 51, 72
Grothe, Franz 6, 18, 21, 22, 24, 26, 29, 33, 46, 49, 53, 55, 66, 75, 76, 80, 83, 110
Gutbrod, Curt Hanno 82, 87

Haag, Stan 63
Hachfeld, Eckart 6, 11, 13, 20, 23, 25, 32, 43, 45, 46, 48, 51, 54, 55, 58, 62, 63, 66, 69, 71, 81, 148, 149
Halton, Theo 23, 36, 64, 71, 79, 85
Hamann, Edith 27, 114
Hannes, Hans 22, 35, 66, 74, 111, 115
Hansen, Max 80
Hardt-Warden, Bruno 60
Hellberg, Patrice Nia 36
Hermany 47, 67
Hertha, Kurt 27
Hirche, Peter 42
Holck, Alfred 21
Holler, Ulrich 40
Hrakawa, Hiroshi 17
Hubberten, Hans 28

Karlick, Gerd 21, 66, 110
Käutner, Helmut 21, 36, 37, 47, 75, 132, 144
Kerr, Charlotte 53, 65, 78, 83, 142
Kiritescu, N. 84
Kleine, Werner 17, 125
Korsten, Gé 57

Autorenregister

Kotzerka 10, 149
Kouta, Rauni 63
Kremer, Ludwig 37, 47, 77, 78
Krist, Peter 54
Külb, Karl Georg 59, 85
Kunze, Michael 20
Kuessner, Lutz 20

Lamy, Rudolf 32, 135
Larici 54, 70, 82
Lavelli, A. V. 30
Lehmann, P. 11, 142
Leissle, Walter 24, 68
Lemarchand, Henry 22, 37, 47, 50, 52, 67
Liesegang 86
Llenas, François 69
Lombardo, Carmen 71
Löwenberg, Rudolf 19, 39, 74
Lützkendorf, Felix 9, 18, 29, 34, 36, 49, 50, 51, 53, 58, 79, 82, 86

Mair, Carlene 50
Mann, Harry 80
Marietti, Jean 30
Marischka, Ernst 17, 20, 32, 34, 37, 38, 44, 52-54, 56, 65, 69, 75-77, 114, 115, 117, 119, 121, 130, 136, 141
Mayring, Philipp Lothar 34, 55, 59
Melakosi, Erkki 63
Merlin, Gwen 23
Meurs, André 49
Monosson, Leo 54
Morlock, Martin 60
Mostar, Herrmann 33, 38, 68, 86
Müller, Borge 64

Nachmann, Kurt 51, 65, 138
Nazelles, Réne 21, 60
Neri, Ennio 54
Nestroy, Johannes 60
Nettesheim, Horst Eugen 77
Neumann, Günter 6, 9, 11, 22, 27, 30, 32, 36, 38, 40, 51, 53, 64, 74, 79, 84, 87, 137, 139, 140, 145, 149
Nichols, Reg 80
Niessen, Rhinus 32, 37, 39, 48, 69
Noack, Barbara 19, 24, 45, 88
Nus, Willy 52, 69

Ohlsen, Rolf 6, 128
Otowa, Takashi 17

Peterson, Curt Harald 36
Pola, Edward 76
Potérat, Louis 38
Pothier, Charles Louis 18, 26
Pribeagu, J. 54

Rainford, Pete 47
Rameau, Paul H. 6, 10, 11, 21, 23, 24, 32, 34, 39, 45, 55, 57, 60, 64, 67, 69, 70, 72, 81, 83
Ramo, Luciano 21, 34, 37
Rauch, Fred 9, 16, 19, 28, 33, 35, 36, 44, 47, 51, 60, 69, 71, 80
Rex, Willy 57
Ross, Adrian 59
Rostgaard-Roehne, Kay 6
Rotter, Fritz 8, 15, 18, 21, 22, 24, 26, 29, 33, 37, 48, 49, 53, 55, 57, 59, 60, 64, 65, 75-77, 80, 83, 84, 107, 109, 111, 149
Rubens, Eddie 26, 64
Rybrant, Gösta 77
Rymkiewicz, M. Alexander 57
Ryynänen, Roine Richard 77

Schäuffele, Fritz 46
Scheffel, Joseph Victor von 85
Schenk, Heinz 5-14, 16-34, 38-48, 50-53, 55-65, 67, 69-84, 148
Schoyen, Rolf Hiort 54
Schreiner, Klaus Peter 54
Schulenburg, Hermann 25, 38, 50, 112, 114
Schwabach, Kurt 13, 76, 84, 109
Schweikart, Hans 30, 133
Schwenn, Günther 6, 10, 11, 14, 17, 18, 21, 22, 27, 32, 33, 35, 37, 39, 42, 48, 49, 52, 53, 57, 58, 61, 62, 65, 76, 78, 80-83, 87, 142
Schwenzen, Per 10
Siegel, Ralph Maria 15, 36, 50, 56, 67, 75, 126, 130
Siré, Ralf 49
Stani, Hanns 35
Steinbacher, Judith 48
Stellman, Marcel 7
Stemmle, Robert Adolf 17, 39, 63, 113
Stoll, Kat 19, 21, 46, 76
Stollberg, Wera von 7, 83
Strahov, Sergije 53
Styne, Stanley 29

Tamin, Alf 14
Tazzonelli, Arnoldo 27, 117
Thoma, Ludwig 87
Trute, Wilhelm 32

Uetrecht, Fred Erich 19
Ulrik, Sven 67

Vainio, Juha 84
Valentijn, Dick 84
Valentin, Albert 78
Veber, Serge 21, 34, 37, 66

Wegener, Wolfgang 39, 56
Weyrich, Fred 35, 51, 55, 84
Wilczynski, Karl 6, 8, 11, 14, 17, 22, 23, 25, 46, 47, 54, 61, 65, 66, 69, 72, 79, 108-110
Wildberger, Michael 47
Wilde, Oscar 86
Witt, Herbert 13, 140

Quellenverzeichnis und Literaturhinweise

Wolfgang Adler, Schlagerchronik von 1892–1959, Berlin 1987, 2. erw. Aufl.
Harald Banter, Ein Leben mit richtigen und falschen Noten, Regensburg 2002
Kerstin Bartel, Der Paul-Lincke-Ring, Goslar 1991
Alfred Bauer, Deutscher Spielfilm-Almanach 1929–1955, 2 Bde, München 1976 u. 1981
Helga Belach (Hrsg.), Wir tanzen um die Welt, München 1979
Hans-Joachim Beyer und Georg Herzberg (Red.), Deutsches Filmjahrbuch, 3 Bde., Wiesbaden 1955–59
Karl Robert Brachtel, Mister Evergreen vom Tegernsee. Franz Grothe wird 70 Jahre alt, in: et cetera Heft 2/1978, München
Chronik deutscher Unterhaltungsmusik. Hrsg. vom SPIDEM Spitzenverband Deutsche Musik, Bonn 1991
Der Film der Weimarer Republik, Hrsg. Gero Gandert, Berlin 1993
Deutscher Kurzspielfilm 1929–1940
Deutscher Tonfilm 1929–1972
Klaus Eidam / Rudolf Schröder, 100 Jahre Will Meisel, Berlin 1996
Günther Engelmann, Zur Situation der Unterhaltungsmusik, in: Das Orchester 2/1963, Mainz
Film-Blätter
Film-Echo
Filme von A bis Z, Lexikon des Internationalen Films (Online Service von 2001, Frankfurt/Main)
filmportal.de (Deutsches Filminstitut, Frankfurt/Main)
50 Jahre Münchner Symphoniker. Hrsg. Freundeskreis der Münchner Symphoniker e.V., München 1996
Gedächtnisausstellung Franz Grothe 1908–1982 (Projekt Evergreen-Index, Hrsg. Reinhold Schmitt-Thomas), Frankfurt/Main 1983
J. C. Glenzdorf, Glenzdorfs internationales Filmlexikon, Bad Münder 1960
Ingrid Grünberg-Rinkleff, Grothe, Franz, in: New Grove Dictionary, Bd. 10, S. 444 f., London 2001
Handbuch der Katholischen Filmkritik
Hofmeister Jahresverzeichnis, 1927 ff., Leipzig

Illustrierte Film-Bühne (Filmprogramme)
Illustrierte Film-Kuriere (Filmprogramme)
Internet Movie Base (IMDB)
Alan Jefferson, Elisabeth Schwarzkopf, dt. von Maurus Pacher, München 1996
Axel Jockwer, Unterhaltungsmusik im Dritten Reich, Diss. phil., Konstanz 2004
Keller's Musik-Katalog
Ulrich J. Klaus, Deutsche Tonfilme, 14 Bde, Berlin 1988-2004
Hans-Jörg Koch, Das Wunschkonzert im NS-Rundfunk, Köln 2003
Lexikon des Internationalen Films, Hamburg 1995
Maurus Pacher, »Mit Musik geht alles besser – Zeitgeschichte in Lied und Schlager«, in: Jubiläumsausgabe et cetera, München 1979
–, Franz Grothe, in: et cetera Heft 17, München 1983
–, Mister Evergreen vom Tegernsee, Monographie (et cetera special), München 1985
–, Musik, Satire, Politik und tiefere Bedeutung, in: 50 Jahre Hans Sikorski Musikverlage, Hamburg 1985
–, Pacher, Sehn Sie, das war Berlin, Frankfurt/Main-Berlin, 1987
[Maurus Pacher/Wolfgang Schäfer], Franz Grothe zum 90. Geburtstag, in: GEMA-Nachrichten 158, November 1998
Pipers Enzyklopädie des Musiktheaters, Bd. 2, München 1987
Reginald Rudorf, Gershwin aus Germany, in: et cetera Heft 16, München 1982
Wolfgang Thiel, Filmmusik in Geschichte und Gegenwart, Berlin 1981
Hans Alex Thomas, Die deutsche Filmmusik. Von den Anfängen bis 1956, Gütersloh 1962
Die Tobis 1928–1945. Eine kommentierte Filmografie, München 2003
Das Ufa-Buch, Hrsg. von Hans-Michael Bock und Michael Töteberg, Frankfurt/Main 1994
Konrad Vogelsang, Filmmusik im Dritten Reich, Hamburg 1990
Jens-Uwe Völmecke, Die große Zeit der Filmschlager, in: Sikorski Magazine, Heft 03/05, Hamburg 2005

Quellenverzeichnis und Literaturnachweis

–, »Mister Evergreen« zum 100. Geburtstag, in: Sikorski Magazine, Heft 01/07, Hamburg 2007
Helga Wendtland, Geliebter Kintopp, Ergänzungen, Überläufer, Berlin 1999
Karl-Heinz Wendtland, Geliebter Kintopp. Sämtliche deutsche Spielfilme von 1929–1945, 8 Bde., Berlin o.J.
Kay Weniger, Das große Personenlexikon des Films, Bd. 3, Berlin 2001

Privatarchiv Eberhard von Berswordt
GEMA, Berlin-München
Franz Grothe-Archiv, Berlin
Franz Grothe-Stiftung, München
Friedrich Wilhelm Murnau Stiftung
Städtische Musikbibliothek, München
Transit-Film GmbH, München

Besonderen Dank für freundliche Unterstützung bei der ersten Auflage Uwe Borns, Karl Robert Brachtel †, Gerda Grothe †, Orel Mikes, Maurus Pacher, Michael Paech, Wolfgang Schäfer, Elke Schölling, Henning Siebs, ARD (Hessischer und Norddeutscher Rundfunk), ZDF und allen im Werkverzeichnis aufgeführten Verlagen.
Bei der zweiten Auflage gilt besonderer Dank Hans Buchholz, Walter Erpf, Gerhard Riethmüller †, Alexander Schatte, Maritta Schmalenstroer, Andreas Thiele, Günter Vollmann, Jens-Uwe Völmecke.

Verlagsverzeichnis

Edition Accord Musikverlag GmbH & Co. KG, D-20305 Hamburg
Crescendo Bühnen- und Musikverlag GmbH, D-81620 München
Allegro Theaterverlag s. SMV Schacht
Alpenland Musikverlag Alfons Bauer, D-81379 München
Alrobi Musikverlag s. Dreiklang-Dreimasken
Musikverlag Karl Andersson (ehemals Kiel)
April Musikverlag GmbH s. EMI Songs Musikverlag
Paul C. R. Arends Verlag oHG, D-83251 Rimsting
Badenia Musikverlag Willi Sommer, D-68775 Ketsch
Bavariaton-Verlag GmbH, D-81620 München
Beboton-Verlag GmbH, D-20148 Hamburg
Anton J. Benjamin Musikverlag GmbH, D-10787 Berlin
Musikverlag Albert Bennefeld, D-10585 Berlin
Musikverlag Eduard Bloch, D-64295 Darmstadt
Boosey & Hawkes Bote & Bock GmbH. & Co., D-10787 Berlin
Bosworth & Co. Ltd. Musikverlag, D-10117 Berlin
Bote & Bock s. Boosey & Hawkes
Charles Brull Ltd. & Co., D-81620 München
Rolf Budde Musikverlag GmbH, D-14179 Berlin
Musikverlag Capriccio s. Chappell
CCC-Ton Schacht & Co., D-22085 Hamburg
Chappell & Co. GmbH & Co. KG, D-20457 Hamburg
Edition Cinevox Hans Gerig, D-51427 Bergisch Gladbach
Musikverlag City Irene Retford s. Boosey & Hawkes
Theater-Verlag Desch GmbH, D-80638 München
Musik-Edition Discoton GmbH, D-81620 München
Dreiklang-Dreimasken Bühnen- und Musikverlag GmbH, D-81620 München
Edifo S. A. Musikverlag, CH-8048 Zürich

EMI Epos Musikverlag GmbH, D-20305 Hamburg
EMI Songs Musikverlag GmbH & Co. KG, D-20305 Hamburg
Erimusic s. Plessow
Musik-Edition Europaton Peter Schaeffers, D-20354 Hamburg
Musik-Edition Film-Hansa s. Europaton
Filmton s. Neue Verlags-GmbH
Fürstner Musikverlag GmbH, D-55116 Mainz
Fünf Sterne-Musikverlag Hans Sikorski KG, D-20148 Hamburg
Musikverlage Hans Gerig KG, D-51427 Bergisch Gladbach
Gowin-Music Gotthard Fürstenfelder, D-65520 Bad Camberg
Heinrichshofen's Verlag GmbH & Co. KG, D-26389 Wilhelmshaven
Hohner Verlag AG, D-55116 Mainz
Edition Kasparek s. Chappell
Hartmut Kiesewetter Musikverlag, D-22761 Hamburg
Alfred Klabunde Musikverlag, D-50169 Kerpen
Musikverlag Piero Leonardi s. Chappell (Edition Meridian)
Edition Meisel GmbH, D-10707 Berlin
Edition Melodia Hans Gerig KG, D-51427 Bergisch Gladbach
Melodie der Welt J. Michel KG., D-60313 Frankfurt
Edition Modern, Musik- und Bühnenverlag Hans Wewerka, D-80796 München
Mondial Edition Kurt Desch s. Desch
Monopol-Verlag GmbH, D-10707 Berlin
Musik- und Bühnenverlag Mozart Edition GmbH, D-83423 Bad Reichenhall
Neuer Theater-Verlag GmbH, D-20148 Hamburg
Neue Verlags-GmbH, D-77652 Offenburg
Edition Pacific, D-82377 Penzberg
Papageno-Verlag Dr. Hans Sikorski (GmbH & Co.), D-20148 Hamburg
Peermusic (Germany) GmbH, D-22231 Hamburg

Verlagsverzeichnis

Edition Erich Plessow Musikverlag, D-10707 Berlin
Presto Musikverlag Hans Gerig KG, D-51427 Bergisch Gladbach
Edition Primus Rolf Budde KG, D-14199 Berlin
Prisma Musikverlag s. Budde
Puma Musikverlag GmbH, D-10707 Berlin
Quint-Musik-Verlag GmbH & Co. KG, D-82110 Germering
D. Rahter s. Boosey & Hawkes
REA Musikverlag Edition s. EMI Epos
Edition Rialto Hans Gerig KG, D-51427 Bergisch Gladbach
Ring Musik GmbH, D-60318 Frankfurt
Musikverlag Roehr s. Bosworth
Edition Royal Deutsche Tanzmusikproduktion E.K., D-22551 Hamburg
Peter Schaeffers Musikverlag s. Europaton
August Seith E.K., D-81543 München
Sidemton-Verlag E.K., D-51427 Bergisch Gladbach
Musik-Edition Ralph Maria Siegel s. Chappell
Intern. Musikverlage Hans Sikorski GmbH & Co. KG, D-20148 Hamburg
N. Simrock Musikverlag s. Benjamin

SMV Schacht Musikverlage, D-22085 Hamburg
Stockholms s. Sweden Musik
Sweden Musik AB, S-10396 Stockholm
Edition Swington Willi Fruth, D-82194 Gröbenzell
Edition Takt & Ton GmbH s. Budde
Tauentzien Musikverlag s. Budde
Verlag Otto Teich, D-64295 Darmstadt
Teoton s. Chappell
Tempoton-Verlag Hans Sikorski (GmbH & Co.), D-20148 Hamburg
Tonart s. Puma
Edition Turicaphon AG, CH-8616 Riedikon
Ufaton-Verlagsgesellschaft mbH, D-81620 München
Universum Verlag's AG (Basel) s. Arends
Vineta-Musikverlag Klaus R. Nagel, D-68259 Mannheim
Josef Weinberger Bühnen- und Musikverlag GmbH, A-1160 Wien
West Ton Verlag GmbH, D-60313 Frankfurt
Wiener Bohème Verlag GmbH, D-81620 München
Wiener Verlagsanstalt s. Weinberger